在当代中国，坚持发展是硬道理的本质要求就是坚持科学发展。以科学发展为主题，以加快转变经济发展方式为主线，是关系我国发展全局的战略抉择。要适应国内外经济形势新变化，加快形成新的经济发展方式，把推动发展的立足点转到提高质量和效益上来，着力激发各类市场主体发展新活力，着力增强创新驱动发展新动力，着力构建现代产业发展新体系，着力培育开放型经济发展新优势，使经济发展更多依靠内需特别是消费需求拉动，更多依靠现代服务业和战略性新兴产业带动，更多依靠科技进步、劳动者素质提高、管理创新驱动，更多依靠节约资源和循环经济推动，更多依靠城乡区域发展协调互动，不断增强长期发展后劲。

——中国共产党第十八次全国代表大会报告

紧紧围绕使市场在资源配置中起决定性作用深化经济体制改革，坚持和完善基本经济制度，加快完善现代市场体系、宏观调控体系、开放型经济体系，加快转变经济发展方式，加快建设创新型国家，推动经济更有效率、更加公平、更可持续发展。

——中国共产党十八届三中全会《中共中央关于
全面深化改革若干重大问题的决定》

　　大力推进改革创新，把发展的强大动力和内需的巨大潜力释放出来，以转变经济发展方式的主动、调整经济结构的主动、改革开放的主动，赢得在经济发展上的主动和国际竞争中的主动。

——2013 年中央经济工作会议

怎么转

——转型的启示

中共中央统战部
全哲洙◎主编

中华工商联合出版社

图书在版编目（CIP）数据

怎么转——转型的启示／全哲洙主编. -- 北京：中华工商联合出版社，2013.12
（民营企业转变发展方式优秀案例）
ISBN 978 - 7 - 5158 - 0802 - 4

Ⅰ.①怎… Ⅱ.①全… Ⅲ.①民营企业—转型经济—案例—中国 Ⅳ.①F279.245

中国版本图书馆 CIP 数据核字（2013）第 281615 号

怎么转——转型的启示

主　　编：全哲洙
出 品 人：徐　潜
责任编辑：李红霞　邵桃炜
封面设计：戚开刚
责任审读：郭敬梅
责任印制：迈致红
出版发行：中华工商联合出版社有限责任公司
印　　刷：北京天宇万达印刷有限公司
版　　次：2014 年 2 月第 1 版
印　　次：2014 年 2 月第 1 次印刷
开　　本：710mm×1000mm　1/16
字　　数：235 千字
印　　张：15.75
书　　号：ISBN978 - 7 - 5158 - 0802 - 4
定　　价：39.80 元

服务热线：010 - 58301130
销售热线：010 - 58302813
地址邮编：北京市西城区西环广场 A 座
　　　　　19 - 20 层，100044
http：//www.chgslcbs.cn
E—mail：cicap1202@sina.com（营销中心）
E—mail：gslzbs@sina.com（总编室）

工商联版图书
版权所有　侵权必究

凡本社图书出现印装质量问题，请与印务部联系。
联系电话：010 - 58302915

编审委员会

前　言

坚持科学发展，加快转变经济发展方式，是关系我国发展全局的战略抉择。党的十八大报告指出，要适应国内外经济形势新变化，加快形成新的经济发展方式，把推动发展的立足点转到提高质量和效益上来。这一重大部署，反映了我们党对经济发展规律更全面、更深刻的认识，为推动经济持续健康发展指明了方向。

党的十八大以来，以习近平同志为总书记的党中央，科学把握国际金融危机给我国发展带来的深层次影响和现阶段我国经济运行中面临的深层次矛盾，坚持稳中求进工作总基调，统筹稳增长、调结构、促改革，实施一系列既利当前更惠长远的政策措施，在激发民间投资活力和企业发展动力的同时，加大经济结构战略性调整力度，使我国经济运行保持在合理区间，并呈现出稳中有进、稳中向好的积极态势。特别是在经济下行压力较大的情况下，中央始终坚持宏观政策要稳、微观政策要活、社会政策要托底有机统一，保持政策定力，创新调控思路和方式，适时适度进行预调微调，有效引导和稳定社会预期，为推进结构调整创造良好宏观环境。同时，在巩固农业基础地位、化解产能过剩、防治大气污染、发展战略性新兴产业和现代服务业、实施创新驱动发展战略、培育新的消费热点等方面，出重拳、用实招，促进了经济增长质量和效益的显著提升。党的十八届三中全会通过的《中共中央关于全面深化改革若干重大问题的决定》，把加快转变经济发展方式，推动经济更有效率、更加公平、更可持续发展，作为深化经济体制改革的重要目标，并特别强调完善发展成果考核评价体系，纠正单纯以经济增长速度评定政绩的偏向，加大资源消耗、环境损害、生态效益、产能过剩、科技创新、安全生产、新增债务等指标的权重，更加重视劳动就业、居民收入、社会保障、人民健康状况。所有这些，都表明了党中央坚持科学发展、和谐发展的坚定决心和信心，表明加快转变经济发展方式已成为不可逆转的时代潮流。

转变经济发展方式的主体归根到底是企业。我国民营企业已占全国企业总数的80%，没有民营企业发展方式的转变，就难以实现整个经济发展方式的转变和整个经济结构的优化。多年来，在科学发展观指引和中央政策措施推动下，一大批民营企业在转变发展方式、提升发展水平方面进行了积极探索和实践，取得初步成效，在复杂多变的经济形势下保持了良好发展势头，成为转型升级的先行者和受益者。但我们也要清醒地看到，我国大多数民营企业还属于加工贸易型、资源依赖型、能源消耗型企业，尤其是众多中小企业依然面临着产业层次不高、创新能力不足、核心技术不多、人才储备不够等诸多问题，真正打赢转变经济发展方式这场硬仗，形势还很严峻，任务还很艰巨。同时，当前民营企业转变发展方式也面临难得机遇。十八届三中全会对全面深化改革作出重大部署，确立市场在资源配置中的决定性作用，把非公有制经济提升到与公有制经济同等重要的位置，提出要坚持权利平等、机会平等、规则平等，废除对非公有制经济各种形式的不合理规定，制定非公有制企业进入特许经营领域具体办法，鼓励发展非公有资本控股的混合所有制企业，必将极大释放改革红利，为民营企业转变发展方式提供更大空间和更优环境。广大民营企业只有抓住难得历史机遇，顺势而为，乘势而上，下大力气做好、做足、做实加快转变发展方式这篇大文章，才能尽快走上创新驱动、内生增长的发展轨道，在转型升级中提质增效，实现稳健发展。

转变发展方式可谓知难行更难，关键是要有一批企业家敢为人先，有一批企业勇于探路，以转型发展的成功实践发挥引领示范作用。为此，2010年以来，中央统战部连续四年开展了民营企业转变发展方式优秀案例征集评选和宣传推广活动，回应"怎么转"这一时代之问。继《怎么转——转型的力量》、《怎么转——转型的智慧》推出后，第三部民营企业转变发展方式优秀案例集《怎么转——转型的启示》又付梓出版。本书入选的22个优秀案例，是从各地推荐的近百个案例中精选出来的，展示了不同规模不同行业民营企业转变发展方式的风雨历程，为广大民营企业提供了可供参考的转型方向和实践路径。这些典型企业，有的坚持走"专精特新"发展道路，实现经营战略由多元化向归核化转变；有的致力于原始创新，在技术和产品研发上实现了由模仿者到跟随者再到引领者的转变；有的适时调整优化产业布局，在战略性新兴产业、先进制造业、现代农业和现代服务业等领域取得一席之地；有的逐步推进生产、市场、品牌、管理、人才等方面的国际化，实现发展战略由立足国内向内外兼顾转变；有的重视现代企业制度建设，实现家族经营模式向现代公司治理结构转变等。希望这些案例对广大民营企业探寻转型路径、实现转型发展有所启发、有所借鉴。

　　本书由中央统战部经济局主持编写。各省（区、市）党委统战部推荐案例企业并承担了案例撰写的有关组织工作，案例评审组成员深入案例企业进行调研、对案例写作进行具体指导，相关领域的专家学者对案件进行了点评，企业主要负责人高度重视并积极参与案例撰写，中国民（私）营经济研究会和中华工商联合出版社承担了许多具体工作。在此，一并表示感谢！

　　向社会推出更高质量的民营企业转变发展方式优秀案例，是我们的真诚愿望和不懈追求，热切期待社会各界给予更多关注，提出更多宝贵意见和建议。

2013 年 12 月

目 录
CONTENTS

建设专业化运营的产业服务平台

——北京联东投资（集团）有限公司案例

皇甫月英　黄　颖

案例摘要

北京联东投资（集团）有限公司（简称联东集团）1991 年从一家建筑模板修理厂起步，经历了 20 多年的艰苦奋斗，在发展为集墙体和桥梁模板的研发、设计、生产、销售、租赁、服务为一体的现代化模板企业之后，居安思危，积极探索企业发展的新路，经过十余年的不断实践，逐步完成了从传统制造业到服务型企业的战略转型，围绕产业园区的规划、建设、招商、运营提供全方位服务，成为目前国内开发规模最大、产品系列最全、入驻企业最多的产业园区专业运营商之一，不仅走出一条前景广阔的转型发展道路，也为我国经济开发区建设、城乡土地资源高效利用、生产要素优化配置提供了可资借鉴的思路和良好示范。

引子：在企业用地瓶颈中发现市场的"蓝海"

20 世纪 90 年代初，在有着建筑业和建筑服务业历史传统的河北唐山，联东集团的创办人刘振东看准即将来到的中国城市建设高潮，决心顺应趋势，探索创业发展之路。1991 年，刘振东凭借 3000 元的银行贷款，创办了自己的企业——联东建材厂。两年后为寻求更大的市场空间，建材厂迁往天津。1993 年年底，联东建材厂的模板租赁业务在天津取得了长足的发展，产品和声誉逐渐被天津乃至周边地区的市场所接受，成为天津模板市场上规模最大、市场占有率最高的企业。1999 年，联东将总部迁入申奥在即的北京，并先后成立北京模板、天津百兴、北京钢构、西安模板等分、子公司，开启了面向全国的市场布局。

在天津市场已经获得成功的联东很早就成立了北京办事处，因此对开拓北京市场原本信心十足，没想到在寻找生产场地时却费尽周折——市场上没有可直接租赁的生产厂房，于是联东作出了去北京购买土地自建生产基地的决定。经过多方努力，终于在北京光机电一体化产业基地找到了一块 50 亩的土地。

在筹建企业生产基地的过程中，联东深切地感到：企业特别是打算建厂、选择办公地点的中小企业面临着共同的难题：自建厂房找地难、取得政府信任获批土地难、占压资金大、建设周期长，企业因不具备建厂相关的专业能力和资源常常导致成本陡增；而租赁厂房除了难以取舍的价格、位置等因素外，更加困扰企业的是可供租赁的厂房普遍存在简单搭建、配套不全的问题，面积、层高、承重、厂房设施等方面大多不能满足企业生产办公要求。租到合适的厂房往往需要耗费大量的时间和精力。

同时，联东决策层看到，从 20 世纪 80 年代第一批经济技术开发区批准建设以来，我国各地掀起了近 30 年的开发区建设热潮。这些开发区的建设为各个相关地区的招商引资和经济发展作出过一定的历史贡献，但是当经济发展方式从粗放转变到精细、从扩大外延转变到提升内涵、经济发展的目标从规模扩张转变为品质优化时，政府主导的开发区建设中的问题也日益严重地显露出来：产业雷同、资源浪费等。在一些经济发达地区，矛盾突出表现为：一方面土地资源稀缺，代表新的经济发展方式的新兴产业因无地可用而无法进入；另一方面早期入驻开发区的企业因进入衰退期或效率低下，占地后又没有退出机制，造成实际上的土地资源大量闲置。政府、企业及学界对此非常关注。

联东在北京建厂遇到的难题，使刘振东萌生了转型进入新产业领域的念头——市场需求存在，又没有对应的服务产品，这就是"蓝海"。联东有丰富的建筑业经验，尝试做工业园区开发应该有先天的优势，可不可以在填补市场或社会分工的空缺中寻找到新的发展方向？刘振东决心一试。

建设光联工业园，试水工业园区开发

为了验证上述判断，取得实践经验，刘振东在与光机电一体化产业基地管委会洽谈购买北京联东模板这块地的过程中，同基地管委会领导多次探讨了由联东来建设一个能为入园企业提供全方位服务的新型工业园区的可能性，联东为此组成了专门的调研工作小组，对国家有关鼓励工业园区建设和促进标准化厂房建设的政策进行了深入的学习理解，对全国各地的各类开发区建设进行了广泛的调研。通过调研，刘振东逐渐明确了自己的构想：打造一个综合服务的平台，为进入工业园区的企业提供从设计建设到维护保养的全方位服务，以商业的、市场的方法降低成本、提高土地使用效能，并从中获取企业的投资回报。

此时，作为传统建筑设备制造租赁行业企业的联东正处在全盛时期，要涉足一个全新的行业，对领导者的悟性和智慧、员工的思想和情绪、公司的创新能力和组织效能无疑都是重要的考验。作为尝试，联东决定先按照自己的构想，做一个"小"工业园区，试一试园区建设开发这个新行业的水有多深。当企业向光机电一体化产业基地管理委员会正式提出购买土地建设工业园区的要求时，管委会给出了相当于周边土地3倍的价格，作为让联东试水工业园建设的条件。

用高地价换来试水新行业？公司内部引发了激烈的争论。2003年3月7日，联东召开民主决策会，商议购地计划，会上企业高管纷纷质疑，多数人主张继续在经营比较成功的建筑设备制造与租赁行业发展，不赞同高成本进入相对陌生的领域。老员工直接发问："我们的模板业务做得好好的，订单都排到明年了，为什么要转型？为什么要做大家都不熟悉的工业园？"

刘振东在尽量做管理团队思想工作的基础上，坚持了自己的判断并果断地行使了决策权，向大家阐明依据主要有五个方面：一是联东已经站在建筑模板行业的巅峰之上，但巅峰可能也意味着没有向上的路可走了，联东要及早选择一个前景更为广阔的产业、一个更大的舞台，来体现自己企业生命的价值；二是放眼全国的经济开发区建设，各类产业园区的建设如火如荼（这一年全国各类开发区规划面积已大于城镇建成区面积），如果能在这样广阔的舞台上找寻到适合自己的角色，联东的发展前景将更广阔；三是在市场和生产服务不对称的"蓝海"中寻找企业发展的未来，方向没有错；四是领导者对市场机遇的把握以及深入市场调研的科学决策程序、技术路线没有错；五是较为严苛的用地条件说明我们尝试的发展转变目前难以被人理解，难以取得思维定式的认可，更应当增加我们在新领域取得领先优势的可能，坚定我们打造优秀企业品牌的决心和信心。

综合分析这些因素后，刘振东提出：探索有利于联东的新业务领域，是着眼于企业未来发展的长远构想；树立联东在工业园建设中的品牌效应，需要联东人拿出创业的激情！

2003 年 6 月，北京联东投资（集团）有限公司注册成立，联东开始兴建集光机电、科工贸于一体的国际化工业园区——光联工业园。

光联工业园一期厂房共 3 栋，厂房建成后最重要的工作就是招商。工业园区招商面对的是企业客户，客户除了对厂房、设施的要求外，对影响企业综合运营成本的周边交通、物流状况等要求也很高。这样的招商工作没有经验可以借鉴，联东设立专门的招商队伍逐步摸索。从 2004 年 3 月开始，先后有百纳维尔（现天宇手机）、东港印刷、微特彩印、力富高塑料制品有限公司等优秀企业入驻，出租率超过了 50%。

一期厂房的出租工作逐步打开局面，坚定了联东探索新业务的决心，但也在运营中发现了新的问题，市场对产品提出了新的挑战。光联工业园一期厂房均为单层标准化厂房，存在多种局限：其一，土地利用率低；其二，业态局限，通常只能针对加工制造企业，无法满足高端制造业以及其他更多行业企业的需求。针对这些问题，企业及时对光联工业园的二期、三期建设规划作出调整，推出了多层智能化标准厂房组合，设置两层厂房作为生产区域，外挂四层办公区域，满足了企业生产、仓储、办公等多种需求，到 2008 年，光联工业园厂房出租率超过了 80%，更多优质企业入驻了园区。

对北京光联工业园的开发尝试，使联东步入了一个发展前景更为广阔的领域，迈出了转变发展方式关键的第一步。

图1 北京光联工业园鸟瞰图

建联东 U 谷，定位产业园区专业运营商

北京光联工业园运营的成功，给了联东集团极大的信心，与此同时，在认真总结光联工业园建设和运营的经验教训基础上，联东开始筹划第二个园区的建设。

当时的工业园（包括光联工业园）基本上都是提供传统的厂房出租、出售，从产品类型上说，多数集中于满足中低端产业企业生产、仓储需求。但事实上，更多企业在选择厂房、办公场所时还会考虑产品外观是否能够提升企业形象，功能配套是否能够满足企业更多的需求，如办公、研发、员工餐饮住宿条件等，从客户需求角度来说，对总部办公、研发中试、厂房定制、配套设施等需求，现有的市场并不能很好地满足。另外，多数工业园在引进企业时相对随意，对企业所处行业、持续经营能力等较少考虑，更没有发挥产业积聚效应、提升资源利用效率的考虑。

经过企业团队的审慎研究，一致的看法是产业园区的建设和服务领域现在还是一片竞争不太充分的"蓝海"，只要集中精力钻研突破，就完全有可能在这个领域里充分施展拳脚，实现更大的抱负，在更大的场景内复制已有的建设和服务模式，争取在产业园区开发建设和服务的较窄的专业领域里再次领先！联东决心把判断和追求付诸行动。

2005 年 4 月，联东集团在北京通州区马驹桥镇的环保工业园内开始了公司的第二个园区建设项目。项目最初命名为"北京国际汽车电子园"，定位于发展汽车及电子产业的园区，后更名为"联东国际工业城"，进一步丰富了行业定位。随着园区规模的不断扩大，园区企业类型更加多元化、丰富化，2006 年，联东联合中国著名战略策划咨询机构"王志纲工作室"，历时四个多月的考量、斟酌，最终定名为——"联东 U 谷"。U 谷模式自此开始酝酿。

企业在产业园区的发展定位明确后，很快制定了分板块规划、聚焦重点业态招商的策略，围绕医药、电子信息、能源环保、精密机械四大重点产业，每一个板块都率先引入龙头企业，吸引产业链上下游企业集聚，同时制定园区企业退出机制，形成良性循环，保障土地的有效利用和持续的税收贡献。

由于对入驻企业类型有限定，在招商过程中必然碰到很多困难，当时联东的品牌影响力尚未形成，却对目标客户"百般挑剔"，不仅要求行业匹配，要是行业内的龙头企业、知名企业，还要求入驻企业有持续发展的优势和潜力，能够保证税收的持续性。所以，在项目运营过程中，经营团队经常会产生究竟是保业绩、保生存，还是保税收、谋发展的思想斗争。每当遇到这样的观念碰撞，刘振东总会鼓励大家坚守目标，"耐得住寂寞"才能积累形成竞争优势。截至目前，"联东 U 谷·金桥产业园"已建成面积 100 多万平方米，签约企业 300 余家，包括多家上市公司及世界知名企业，预计项目建成后可容纳企业 500 余家。

2007 年，经过多次审慎的考察和调研，联东作出了企业发展的又一个重大决策：北上沈阳——开辟联东 U 谷的第一个外埠项目（后来被命名为"联东 U 谷·沈阳沈北产业园"）。当然，在成长为专业产业园区运营商的路上，联东也遭遇过利益诱惑和信念考验。在沈阳，由于在项目建设过程中与当地政府建立了良好的信任关系，考虑到做产业园区的难度和对区域发展的带动效应，当地政府将一块具有较大升值潜力的住宅建设用地交给联东开发建设。得到地之后，项目组很快完成了开工准备。然而正当项目工作人员信心十足地推进工作时，却接到总部停止开发、退回建设用地的指令。住宅地产利润丰厚，前期费用已经投入，此时却要止步退出，面对这样的决定很多员工不理解，其至对这宗"赔本"的做法有所抱怨。但刘振东依然坚持了这一似乎不合常理的决定，因为联东历来秉承的战略是要在自己进入的领域中做到领先，住宅地产固然高回报，但也是高风险、高竞争，以联东当时的实力，在强手如林的住宅地产领域想要分一杯羹，难度之高、风险之大可想而知。企业推动业务开展的过程中，始终应该明白自己应该做什么、不应该做什么，即坚持自己的战略，不因外界诱惑乱了自己前进的脚步。在产业园区建设领域，当时还没有哪家企业形成核心优势，联东经过一段时间的摸索，在项目运营、客户资源方面已经有了一定的积累，走在了行业的前面，将这种专注坚持下去，才有可能成为行业的领军者。

渐渐地，这种坚持开始显现出效果，围绕生物制药板块，北京金桥园区相继引进银谷世纪药业有限公司、萌蒂制药、康龙化成新药技术有限公司等优秀企业，围绕机械制造业引进北京中纺锐力、信邦电子等优秀企业，同时带动相关企业入驻，逐渐形成了围绕生物制药等产业的集聚效应。

2009年无锡市北塘区政府先后3次对联东运营的北京光联工业区、金桥产业园进行细致考察，并与大陆及台湾等多地产业园区进行比较后，选定了联东作为合作方，共同建设无锡北塘产业园区。2010年1月27日，联东集团与锡北开发区政府正式签约。对于最终选定联东作为合作开发伙伴，北塘区政府一位官员的说明是："在我们考察过的所有园区中，你们的园区环境不是最好的，建筑立面也不是最漂亮的，但唯有你们是真正的产业园区，入驻的都是企业，这是我们最看重的。"

培育产业园区运营 U 模式

早在2006年建设第二个园区项目的过程中，联东就多次遇到如何确立企业转型方向和新的产业形态诸多问题的困扰。不同意见和主张常常在工作中碰撞和冲突，为此，企业经营团队开展了一次次深入的讨论，共同提高认识，梳理出联东正在打造的新的产业形态性质、新的业态下所应有的经营理念，以及与新业态和新的经营理念相匹配的品牌形象。新理念和新品牌形象为联东今后的发展明确了方向并在实践中逐步完善，成为联东发展方式转变的方向和经营业态，是对联东经济功能和社会责任追求的重要诠释。能反映联东新业态和新经营理念的模式就是——"联东U谷模式"（见图2）。

图2 联东U谷模式

联东集团对这一模式是这样定义的：在"产业微笑曲线"（见图3）基础上构建的，提供企业发展与产业升级的载体，即着力于整合政产学研商等产业资源以及策划、设计、施工等行业资源，进行市场化、规模化运作，实现开发、招商、运营全程管理和控制，通过总部商务、科技研发、生产制造及配套服务产品的开发与建设，实现第二、三产业的匹配和互动，形成主要服务于生产科研企业，有业态聚合、功能聚合和资源聚合特点，有群体规模和价值链效应的产业集聚平台。

图3 产业微笑曲线

联东希望企业和政府作为产业园区两端的客户，都能在这样的模式下寻找到所需要的价值：对企业而言，产业园区可以在区位交通、园区配套、增值服务上发力，帮助企业提高投产和综合运营效率；通过科学的规划和建设，提供有品质的产品，提升企业品牌形象；同时，项目的持续经营和升级换代，可带来物业的持续升值，提高入驻企业的投资价值。

对政府而言，区域整体开发和持续经营，可提高资源单位产出质量，促进资源集约化；构筑企业成长平台，形成企业集群，上下游企业聚集产生规模效应，推动产业集聚化，快速成规模形成城市形象；此外，产业园区强大的招商能力和持续的运营可带来开发税收和产业长期税收，并为解决区域就业、吸引高端人才、带动区域繁荣和升值作出贡献。

经过深入分析研究，联东还发现，由于城市建设有退有进，企业组织出现脑体分离，研发、营销、财务等部门开始向资本、信息、人才集中的地区集聚，生产环节从企业组织中单列出来，向交通便利、成本低、方便取得主要生产资料的区域流动。为此，联东再次调整经营业态，由单一形态的产业园调整为两类标准化产品——产业综合体和总部综合体。

产业综合体位于城市的开发区或新区内，以打造功能性、规模化的产业发展载体为手段，以培育和运营第二、三产业为目的，以先进制造业为核心、生产性服务业为支撑、配套设施为补充，形成产业发展的集聚平台，其产品主要有现代化标准厂房、定制厂房、中试研发及相关服务配套设施等，联东之前开发的北京金桥产业园项目、沈阳沈北工业园项目即属于产业综合体。

总部综合体在城市中心或副中心区域，以打造高品质、规模化的总部载体为手段，以培育和运营总部经济为目的，形成以总部首脑企业为核心、聚合上下游及现代服务业等高端产业资源、发展总部经济的企业集群，其产品主要包括独栋总部办公、高层办公、酒店公寓及商业设施等。

经过全面的研究，联东清楚地认识到：联东U谷模式的核心竞争力是资源高效利用，因此区域经济越发达、土地资源越稀缺，越需要应用联东U谷的模式来"腾笼换鸟"，实现产业升级。为此联东形成了自己的城市和区域投资评价体系。评价标准包括城市力、区位力、市场力、政府力四大类 50 项具体指标，并经过数据比较，形成了三级目标城市和区域进入战略，即 A 类区域必须进入、B 类区域重点进入、C 类区域项目选择进入。

2010 年 8 月，第 53 届世界博览会的召开让上海成为全国乃至世界关注的焦点，就在这一年，联东集团将事业延伸到上海这个世界瞩目的金融中心。在此之前，联东的工作人员从 GDP、城市化率、人均收入、房价、二三产比重五大维度对中国重点城市进行了综合评估，把上海作为打开长三角布局的关键一步。联东的市场调研人员经过数星期的实地考察，遍访 17 个行政区，55 个经济开发区，锁定了 8 个重点目标，开始了紧锣密鼓的接洽谈判。2010 年 11 月 19 日，上海金山项目正式签约。

2011 年 5 月 19 日，"联东 U 谷·南上海国际企业港"项目隆重举行奠基仪式，当天即有 10 家优质企业与项目签订认购协议，不仅实现了项目招商工作开门红，也说明联东的品牌得到了中国最发达经济地区的认可。

除了对选择进入区域开展评估，"联东 U 谷"还致力于园区的科学规划和服务拉动。按照入园企业的规模、产业类型进行合理布局，避免因企业不同类型、性质而造成的互相干扰，并在可能的情况下有益于企业间的互助和集聚；根据对企业生产科研需求的深入研究，不仅提供各类标准化的生产设施，并可以根据企业的特殊要求提供个性化的定制服务；功能区划分能满足企业在同一园区内生产、科研、办公等不同的功能需求；园区内的综合服务区为企业的运营提供配套的保障服务，比如企业所需的会议、餐饮设施，员工的宿舍、食堂、文体设施等。为了保证服务的质量，联东不仅通过"租售结合"长期保有园区的一部分资产，从而保证各项服务的稳定提供，还建设了一支专业的服务队伍，由公司出资，在不盈利或微利状态下独立运营，并要求他们不断地通过服务创新、扩大服务范围来改善园区服务品质、提升服务水平，体现园区的核心价值。现在联东旗下的园区正在不断推出能为入园企业带来增量价值的服务产品，为入园企业特别是中小企业提供与公共管理和社会资源的衔接。园区可提供工商、税务、环评、劳动、消防等政府审批手续的一站式服务；为入园企业提供招工、融资、外汇、理财等企业运营必须的社会资源或服务的对接，定期组织集中的用工招聘会，组织由多家银行组成的金融服务顾问团，为入园企业提供量身定制的金融服务，由于有园区对企业的多方位了解和服务，银行业为园内中小企业提供金融服务也更有信心。

联东U谷通过前端的分板块重点招商实现产业集聚，通过中端的运营服务打造企业快速发展的平台，同时建立企业经营后期的退出机制，主动引导那些在税收、业态类型等方面不再符合园区招商政策的企业自动撤出，将其持有的物业代租或代售给其他符合要求的企业，确保了园区的产业集聚优势明显和产业集聚效应持续。

成效与启示

联东在产业园区领域形成的联东U谷模式，以市场的、商业的、服务的方式对所涉及的社会资源进行整合，通过细化社会分工，填补服务缺位，实现节约入园企业交易成本、时间成本、运营成本，从而达到节约社会总成本的效果；通过提高土地容积率，能源使用效率，增强园区活力达到了提高单位土地投资收益和地方税收的效果。

目前，联东U谷已成功进驻北京、天津、沈阳、上海、南京、无锡、苏州、宁波、济南、青岛、烟台、广州、重庆等城市，入园企业超过2300家，正在成为国内规模最大、产品系列最全、入驻客户最多的产业园区建设者、运营商和服务商。在2012年国务院发展研究中心企业研究所和中国指数研究院联合发布的排名中，联东U谷位居"中国产业园区十强企业排行榜"、"中国产业园区品牌价值排行榜"两榜之首，品牌价值达27.39亿元。在产业园区的规划、建设、招商、服务方面积累了丰富经验，形成了相当的规模和实力，取得了行业领先的优势。

联东从一个传统的制造业企业转变为一个与土地高效利用相关，为生产科研型企业的建立与运营提供全程服务的企业服务商；从一个资源消耗型企业转变成为促进社会资源优化配置和高效利用的节约型企业；从一个在城市建设潮流中随波逐流的建筑装备供应商转型为服务于产业园区建设市场化，夯实中国城镇化建设产业基础的服务型企业；从一个业务范围有限的地方民营企业转型为以全国联网布局为阶段目标、以跨国营销为主要发展方向的现代化企业。

这一转型过程带给我们的启示是：

居安思危未雨绸缪。回顾转型之路，企业领导人前瞻性的思考起了决定性作用。联东在建筑模板与钢结构业务规模化发展的时期开始探索向产业园区运营领域的转型之路，在中国城市建设高潮开始显现退势的时候，联东集团已经在新的产业中历练了将近十年，并形成了品牌优势和一定的市场占有率。

做百年企业争取战略性成功。在企业的发展过程中，机会非常重要，但是要成为百年企业，除了把握机会，更要通过对国家政策和国内外市场的深入研究，认清行业发展的方向，提早布局，争取战略主动。这种战略性谋划要贯穿企业生命的全过程，始终考验着企业领导人的智慧。联东能做到今天在产业园区运营领域的领先地位，源于十余年前的战略性判断和实践探索。

有所不为才能有所为。联东探索向产业园区运营商转型之际，正是国内住宅地产市场蓬勃发展之机，众多住宅地产商获得了丰厚的收益，这些企业的经济收益和眼球效应不断冲击着企业经营者和员工心态，是诱惑也是挑战，在这些挑战面前，如何坚守自己的选择？用刘振东的话来说就是：在一个行业里做到领先，做出品牌才是做企业的境界，一定要有所不为才能有所为。企业核心竞争力的形成需要时间的积累。

坚持产业发展和经济社会发展相促进。产业是城市的灵魂。城镇化建设要产业先行，切实做到产城融合，依靠产业的发展支持城市建设，同时通过城市基础设施配套的逐步完善促进产业结构的升级。没有坚实的产业基础，没有产业发展催生出来的就业、居住、消费等需求，城镇化是不完善的。联东U谷为产业发展所提供的产品及服务不仅顺应了市场经济的需要，促进了产业集聚发展，更促进了社会资源的优化配置和土地、能源等稀缺资源的高效利用，对中小企业的发展环境改善作用明显，符合中国社会经济转型发展的大方向。

（推荐单位：北京市委统战部）

专家点评

　　本案例主题集中，内容生动，可读性很强。案例以简练的笔触叙述了企业发展的三个阶段跨越，即从建筑模板修理，到集墙体和桥梁模板的研发、设计、生产、销售、租赁、服务为一体的现代化模板企业，再到产业园区专业运营商，转型升级的脉络非常清晰，体现出企业领导人善于思考、具有战略思维的优良素质以及不同寻常的突出业绩。

　　案例所总结的四条经验，也具有启人心智的示范意义。如何以传统制造业转向现代服务业，并非一切企业所为，但应是一切企业所思。联东集团是一家很有思维性（即思维含量）的企业。作为一个优秀案例，很有必要在更大范围内加以宣传推广。

——全国工商联副秘书长、中国民（私）营经济
研究会常务副会长兼秘书长　王忠明

企业家语录

　　★ 当前业务还处于黄金时期，就着手思考和部署企业转型。在最好的时候做最坏的打算。

　　★ 企业领导人居安思危、未雨绸缪的意识，将决定转型的第一步能否成功迈出。

　　★ 转型的方向一定是更好适应经济发展下一个新阶段，面向未来的高端产业。

　　★ 唯有不断创新、不断尝试及探索，耐住寂寞，才有可能获得转型的成功。

——北京联东投资（集团）有限公司董事长
刘振东

探寻生态洗护新时代

——台州竹之语生态日用品有限公司案例

陈献之　刘绍翔

案例摘要 ///

　　台州竹之语生态日用品有限公司创立于 2006 年，是一家生产"天然生物洗护用品"的高科技环保型企业。公司架构"新理念、新材料、新工艺、新产品"的发展布局，以"开创生态洗护新时代、共筑健康环保中国梦"为己任，以"传承千年洗护文化、创造无毒无害生活"为目标，产品从"快眠宝"寝具成功转型为竹之语洗护用品，研制出"可以喝的清洁剂"，企业实现了"华丽转身"。目前，该公司已成功开发了以天然生物洗护、祛除农药残留、生物杀菌、全降解、零污染为主的五大系列生态洗护产品，探索出一条成功的转型升级之路。

引子：健康环保事业吸引王明荣的目光

　　竹之语公司的前身是台州快眠宝有限公司，主要产品是凉席、香枕、绒毯等床上用品。该公司产品以盛产于浙江黄岩西部的毛竹为原料，由于质量过硬、外形时尚美观、价格适中，备受消费者青睐，企业经营红红火火、风生水起。

　　2003 年 10 月份的一天晚上，公司董事长王明荣正在家里观看中央电视台播出的"同一首歌"节目，那是一场关于走进天津白血病之友的文艺晚会，看到白血病患儿戴着口罩住院治疗，并且其中有相当一部分是受环境污染引发时，不禁心情十分沉重。那一夜他失眠了，他说，那场晚会深深震撼了自己。从那时起，他觉得自己应该为人类健康和环境保护做点什么。

为此，他决定去日本、韩国及法国、英国、德国等国家考察，寻找公司未来的发展方向。但有一点是明确的，公司必须向生产环保类产品方向转型。经过考察，他发现工业化给人们生活带来便捷的同时，也带来了潜在的危害。在日本考察时，他看到了《远离经皮毒》和《打败经口毒》两本书中关于石化类洗护用品对人体毒害、环境污染的描述触目惊心。王明荣开始思索，洗护用品有没有纯天然、非石化、无污染的可能？后来，他又在《绿色中国》杂志上看到《合成洗护剂的"难洗之隐"》一文，这使他萌发了生产非石化、无污染洗护用品的想法。

在理念转变中选择研发新领域

调研中王明荣发现，欧美一些发达国家逐渐意识到石化类合成洗护用品可能带来的各种危害，研制出了纯天然洗护用品，并在欧美各国得到普遍使用，而此时的中国仍是石化类合成洗护用品一统天下的市场。那一段时间，他不断深思，能否研制出中国的纯天然和生物可降解的洗护用品，来抵御或清除"经口毒"和"经皮毒"，让人们每天都在无毒无害的环境中度过，过着安全、健康的生活？同时也为生态文明和美丽中国建设作一份贡献？而且，纯天然必然是世界洗护用品未来的发展方向，如果竹之语投入大量人力物力，研发纯天然、全降解、无污染的洗护用品，一定能开创中国洗护用品市场新局面，面临着很大的商机。

当王明荣满怀信心地把蓝图和盘托出后，却遭到在场过半成员的质疑。公司营销总监梁奕直截了当地说："现在国内石化类洗护用品一统天下，市场竞争十分激烈，仅竹之语这样一个'小不点'，如何去挑战国际巨头？"也有人指出，即使真的生产出纯天然的有机洗护产品，国民对这个"新事物"认不认同、接不接受也是问题。甚至有反对意见说，公司现在各类寝具产品利润有三四成，销路很好，主动放弃这个市场是"自取灭亡"。问题持续争论了整个下午，却始终难以达成共识。

怎么办？公司决策层决定请教专家学者，深入了解石化类洗护用品。据北京大学医学部毒理系张宝旭教授介绍，石化类合成洗护用品所含的表面活性剂和荧光增白剂作用于人体皮肤后，能使人产生过敏反应，罹患皮炎和湿疹等病症；合成洗护用品有害成分能破坏肝脏的颗粒体，不但影响肝功能，而且引发肝硬化，进入肾脏后会引起肾功能弱化，生育功能下降，严重时还会引发癌症。合成洗护用品还会造成严重的环境污染，含磷洗衣粉清洗衣物后的污水排放到湖中，会使湖水富营养化，造成大量藻类爆发。尤其是不可再生的石油资源作为石化类合成洗护用品的生产原料，会越来越少，价格持续走高，必然催生天然有机洗护市场的消费。

科学的决策才能让人信服，才能使想法"落地"。与多位教授、专家接触后，公司决策层从国际市场现在及未来需求什么、国内市场与国际市场的关系、中国当前的国策及今后的产业发展走向、政府当前的产业政策、气候变化带来的影响、局部战争带来的影响、宗教的影响、公司的财务能力、产品研发及营销团队如何组建九个方面，对研发新产品的可行性进行了系统论证，决策层的认识终于趋于一致。同时，竹之语研发天然有机洗护用品的设想，也得到了中国林科院亚林所、浙江林科院等多家国内权威科研单位的支持与合作。为保险起见，公司转型期仍保持着竹制寝具的生产，直到2011年才彻底"脱钩"。

竹之语生态洗护新品初现曙光。

在材料变革中研创洗护新产品

据相关资料分析，预计到21世纪中叶，全世界洗护用品需要量将上升至1亿~1.2亿吨，洗护用品在全世界的需求量是十分庞大的。同时也表明一个问题，如果继续使用石化类原料，那么，洗护用品的市场需求愈大，对石化类原料的需求就越大，对人类及环境的危害也愈大。

传统的洗护用品采用石化原料——表面活性剂、荧光增白剂、乙二醇醚、甲醛、磷酸盐等——是由于其能很好地将污迹溶解于水中。既然决定研制纯天然、零污染的洗护用品了，那么原来的石化原材料是绝不能用的。有没有替代石化原料的新材料？"快眠宝"系列寝具的成功，依托的是优质的毛竹资源。竹子浑身上下都是宝，除了用来生产床上用品，它们还能干些什么呢？

竹之语公司坐落于浙江台州黄岩，台州濒临东海，山也比较多，是个倚山临海的地方。台州不仅有大片的竹林，也有丰富的水产，那里的百姓不仅有用竹木灰作清洁剂的习惯，也有用墨鱼板作洗护剂的习俗。可否用竹子和墨鱼板作为清洁剂的生产原料？

王明荣想到小时候家乡老一辈人用竹汁润喉、用竹木灰沥水作天然洗护剂的情景。竹子本身还有杀菌消炎的作用，手划破了，拿竹子皮敷在流血的地方，马上就能止血。在古代台州，小宝宝来到人间的第一桶洗澡水，就是竹汤水。他还想到了用海漂蛸清洁污渍的情景。小时候他在学写毛笔字时，不小心把墨汁弄到衣服上，祖母就把衣服放在水里，用海漂蛸（乌贼内骨）去搓脏的地方，墨渍一下子就洗掉了。

就这样，公司从千百年来黄岩民间老百姓用竹子和一些草药烧制成草木灰用于清洁的做法中得到启发，决定对竹子等进行深度开发，研发全天然生物洗护用品。公司邀请了浙江林学院（现浙江林业大学）木工程研究所的林良民教授参与产品研发，林教授得知竹之语要运用新材料制作纯天然、零污染的洗护用品，认为这是一件造福子孙、功德无量的事，积极参与到研发中。在各位专家的大力帮助下，竹之语最后获得了成功。

新的材料在工业设计方面对洗护产品是革命性的，因为它完全颠覆了洗护产品在人们心中的固有印象——污染环境、危害健康，开创了洗护产品的健康新时代。

在工艺创新中实现行业新发展

虽然信心满满，但产品研发的过程还是异常艰难。2008 年 8 月 26 日，经过一年多时间来各种小试、中试，第一瓶有机洗护液终于在这一天研制出来了。当舀取一勺样品闻了闻后，大家却傻了眼：原料都是纯天然的，但制出的样品却散发出一股怪怪的烟熏味。

一般的石化类洗护用品都会加入芳香剂，用后衣物、身体等都会散发香味，而运用纯天然、零污染的原材料——竹子和海漂蛸——生产出来的洗护用品非但没有竹子的清香，还发出阵阵怪味，与发出香味的石化洗护用品相比，这样的产品市场怎么会接受？

同时，传统石化洗护用品的制作工艺较为简单，但是，以竹子和海漂蛸为原材料的纯天然、零污染的洗护产品工艺极其复杂。由于竹子离开泥土后便失去生命活力，化学成分会发生变化，某些原材料如竹汁等更是有保质期，这些都对天然有机洗护用品的制作工艺提出了较高要求。

面对重重难关，公司内部的各种质疑声又起来了。此时决策层也陷入了困惑："我们能不能攻破工艺技术上的难关？难道这一年来的大投入都打了水漂？难道真的放弃？"

经过多方思考、连日讨论，决策层最终决定：继续投入，抓紧攻关。研发团队坚信制作工艺思路没错，只需对样品后期工艺再做调整。

针对当时研发力量薄弱的现状，公司借助"外脑"，问计于中国工程院、北大医学部等专家，与中国林科院亚林所、浙江林科院等多家科研单位开展合作，实行"自主创新、联合创新、引进创新"并举，用现代生物工程技术提升传统工艺。

功夫不负有心人。经过三年的研发，投入了1000多万元的经费，经历了150多次实验室小试、投产中试，最后，在中国工程院院士张齐生的指导下，公司终于成功掌握了1000度高温提炼竹油的工艺技术，研制出了竹之语天然清洗剂的清洁、杀菌配方，同时，公司还为此项工艺技术申请了中国发明专利。从此，公司有了"独门绝技"，拥有了核心竞争力。这一工艺的创新极大地冲击了传统的洗护用品行业，成为洗护用品生产工艺发展史上新的里程碑，指引了行业新发展方向。

目前，在我国洗护用品市场中，石化类的洗护产品独占天下，但是这些产品同质化现象较为严重，许多企业纷纷打价格战，以求能在激烈的行业竞争中存活下来。然而，随着全球低碳时代的到来，污染加剧、电脑辐射等危害健康问题的出现，我国洗护产品行业的发展必将以纯天然、零污染为重要趋势前景。竹之语洗护产品的面世打破了石化类洗护产品独揽市场的局面，带来了行业新发展，带领我国洗护用品行业正式进入纯天然、零污染的时代。

在随后的上海世博会上，零污染体现得更是淋漓尽致——世博会零碳馆的所有洗护用品都来自竹之语。2010年4月上旬，王明荣与零碳馆外联人员第一次见面时问的一个问题是："零碳馆保洁使用的清洁剂、洗手液是什么产品？"在听到回复说整体安排给了保洁公司后，王明荣直言不讳地说："那使用的肯定是石化类的洗护用品。零碳馆用石化类的洗护用品保洁，还能称之为零碳馆吗？"

当天，王明荣带着试试看的心态留下两套竹之语的产品资料和样品，就回去了。出乎意料，没过几天零碳馆竟打电话约王明荣详谈具体合作方案。按照世博会常规赞助条件，选用产品经过审批后，对相应的场馆要赞助1000万元现金和数百万元实物。这对竹之语这样的中小企业来讲，虽算不上难以企及，但也是很高的赞助门槛了。但王明荣坚信，质量过硬的产品是最具有说服力的。最终，世博局特批，竹之语成为上海世博会唯一一家没有现金赞助，而只提供了100万元产品的企业。

在中国市场，从闻所未闻到唯一一家没有现金赞助进入上海世博会的企业，戏剧般转变的背后到底发生了什么？原来王明荣走后，零碳馆负责人立马认真审阅了国内外各大权威检测机构对竹之语作出的检测报告，惊奇地发现：竹之语产品经口至胃毒性检测无毒，生物降解率接近百分百，是典型的无毒、无污染的产品。因此，被称为"可以喝的清洁剂"。

"工艺很震撼。"这是零碳馆和竹之语签订合作协议时，零碳馆馆长陈硕对王明荣发出的由衷感叹。竹之语成功进驻上海世博会，依靠的正是原材料和产品工艺的创新。

在产品升级中引领市场新需求

2009年3月，竹之语第一款用纯天然的绿竹植物资源与海洋生物资源研制而成的有机洗护用品终于面世了。经浙江省方圆检测中心和浙江省疾控中心对样品各项理化指标的检测，竹之语研制出的洗护液无毒、无刺激，不对人体造成任何危害，相关指标远远超过国家标准。至此，竹之语转型成国内首家天然生物洗护用品生产企业，成为中国绿色生态日用品行业的领跑者，更重要的是，它的产品别人现在模仿不了。

这样的洗护用品真的是无毒、生态的吗？习惯了使用传统石化洗护产品，竹之语这样的新产品，人们对其宣称是生态、无毒、无污染持怀疑态度。面对众人的质疑，竹之语用事实说话，台州黄岩至今还流传着竹之语用清洁剂救池鱼的故事，足以说明竹之语产品是生态、无毒、无污染的。

有一段时间，竹之语公司厂区池塘里养的鱼一夜之间全部从塘底浮到水面，大口大口地喘着气，这些鱼本来都是好好的，这是为什么呢？后来一查，是附近企业在清洁厂房时污水排入所致，不能眼睁睁地看着这些鱼全都死掉啊，董事长王明荣得知消息后，当机立断，用清洁剂去救鱼！

用清洁剂救鱼，在一般人眼里看来，这无疑是一个疯子的行为，而王明荣却坚持要这么做。他叫工人从车间里抬来两大桶（约50市斤）的清洁剂，全部倒入池塘中。不到半个小时，奇迹发生了，刚才还张着嘴巴拼命喘气的鱼都欢快地钻回水中了。

看来，用植物和生物等新材料做的产品就是不一样。

"我的清洁剂是用竹子等新材料做的，是全天然的，不仅对空气能进行净化，而且对污水、污渍及农药残留能进行生物杀菌、生物净化、生物降解。我的清洁剂不仅可以养鱼，而且可以浇花。将来，我想把该产品用到农作物上，给庄稼杀菌、给土壤改良。"王明荣对自己的产品相当自信。

竹之语产品生态、无毒、无污染的形象逐渐深入人心，竹之语产品引领了市场的新需求，中国终于有了一款自己的纯生态洗护用品。人们对洗护用品的选择不再局限于传统的石化洗护用品，竹之语产品开创的生态时代冲击着洗护用品市场，不断引导人们消费绿色生态洗护产品。

众所周知，任何一款产品进入欧洲市场绝非易事。为保护自身市场，近年来，欧盟颁布了大量技术法规和标准，并制定了相应的合格评定程序。其中有的标准要求苛刻，甚至缺乏充分科学依据，直接或间接地构成了对进口产品的技术性贸易壁垒，欧盟技术壁垒也由此获得全球"最厚壁垒"的称号。而竹之语只有跨越这道壁垒，产品才有资格在欧盟市场流通。

2009 年 3 月底，全球最大的检测机构——英国 SGS 检测机构根据欧洲洗护用品和英国药典标准，对竹之语产品进行全面检测。报告显示，竹之语各项指标全部达标，其生物降解率甚至达到 99.6%，竹之语获准在欧洲市场上市。

此后，突破欧盟技术壁垒的竹之语根据欧洲家庭消费习惯生产的多款餐具洗洁剂、洗衣液、家居清洁剂等产品，源源不断地出口到德国、英国、法国、意大利、荷兰、西班牙等欧洲国家。2011 年 10 月，全球公认的欧盟有机认证机构德国色瑞斯也发来了认证证书：竹之语各项指标达到最高检测标准，通过欧盟有机农产品认证。消息甫出，在海外市场引起了强烈反响，竹之语成为中国第一家产品品质达到全球最高标准的企业。

通过欧盟有机认证，竹之语的海外市场得到进一步扩展和提升，让公司全体员工欢欣鼓舞。但这不是竹之语的终极愿望，因为即使一个月发十个集装箱的出口产品，都是把安全、健康、环保给了老外。竹之语想做中国的民族品牌，中国市场才是竹之语的终极市场。让竹之语为国人所用，让中国人特别是中国的宝宝安全、健康，让中华大地环保，才是竹之语更值得承担的社会责任，让生态健康产品和理念传遍中华大地，才是竹之语的最终梦想。

成效与启示

十年来，竹之语从一家名不见经传的寝具制品企业转变为国内首家产品品质达到全球最高标准的有机洗护产品生产企业。企业生产的各种纯天然洗护用品远销欧盟、日本等国际高端市场，产生了显著的积极影响。怀着强烈的社会责任感和民族荣誉感，竹之语把打造"中国民族品牌"、开创中国有机洗护时代作为又一次转型发展的契机，并初步取得成效。2010 年竹之语被评为浙江省科技支撑项目；2011 年被评为浙江省农业科技型企业。

回顾竹之语历次转型历程，给我们带来了以下几点启示：

要有准确的洞察力。2007 年 10 月，党的十七大召开，并首次提出了

"生态文明"理念。报告指出，建设生态文明，基本形成节约能源资源和保护生态环境的产业结构、增长方式、消费模式。实践证明，竹之语从竹制寝具生产转向有机洗护用品研制，向绿色产业进军，目前看来这次尝试是成功的。公司的转型方向顺应国家政策与产业发展规划，在转型发展过程，竹之语也一直得到省、市、区各级党委、政府以及科研院所的关怀和支持。这种准确的洞察力始终贯彻在竹之语发展的整个过程，从一个细节就可以看出，2006 年 6 月，王明荣来到台州市行政服务大厅工商窗口，申请注册"台州竹之语生态日用品有限公司"，却被工作人员告知系统词库中没有"生态"一词，不能登记使用，当时全省也没有一家公司注册为"生态公司"。但王明荣强烈地预判出，建设生态文明、发展绿色产业肯定是国家未来的发展方向，自己公司的发展方向就是创制绿色生态的有机洗护产品，为何不能注册为"生态公司"？后在王明荣的多次努力和担责保证下，"竹之语生态日用品有限公司"最终成功注册。由此可见，企业的洞察力不仅体现在是否符合国家产业发展的规划，更要有引领行业发展的意识。

要有科学的决策力。竹之语在转型之初，不仅系统全面地分析了研制有机洗护用品的可行性，而且在产品投放市场过程中，决策层根据产品的特点和客户的消费特点，通过调研，首先选择了开拓欧盟市场作为发力点，以成熟的欧盟市场的发展壮大，逐步带动国内市场的开拓。在这一过程中，竹之语所有重大转变的决策都是建立在管理团队虚心听取业内外专家的意见的基础上，建立在多次深入调查研究的基础上，建立在决策层反复讨论决策的基础上。目标选择的科学性和市场定位的准确性在公司成功转型的过程中，发挥了"四两拨千斤"的作用。

要有独特的竞争力。在竹之语研制天然有机洗护产品之初，国际洗护市场甚至整个中国市场都是外国企业的天下。当时的竹之语规模还很小，但公司坚信自己的技术水平，能够生产出由中国纯天然原料研制出的有机洗护产品，与国际公司一争高下。竹之语在国际市场与跨国企业竞争并摘下欧盟最高品质标准的桂冠，源于自己独有的原料基地和人力资源团队，源于在工艺技术攻关和行业先进技术研发中摸索出的成功经验，源于对一种难以被他人复制模仿的核心竞争力的探索。立足创新、依靠自身的技术和管理人才加大科技研发投入，同时借助科研院所的指导和支持，提高企业的自主研发能力，通过掌握核心竞争力占领技术制高点。

（推荐单位：浙江省委统战部）

专家点评

竹之语华丽转身，从一个销售竹制寝具的传统企业，转型升级为研发、生产纯天然洗护用品的高科技企业。其战略选择及转变历程，对当前民营企业的转型升级具有重要的启发意义。

企业转型升级通常有两条路径：一是专业化，二是多元化。而多元化又可细分为同心圆多元化、水平多元化、垂直多元化和混合多元化。竹之语利用竹资源开发的纯天然有机洗护用品，与原先的竹制寝具在用途上是完全不同的，但在销售方面仍然存在密切的相关性，即均属家庭用品。因此，竹之语所选择的是一条水平多元化的转型升级道路。综观竹之语的发展历程，其成功转型主要在于抓好了三个重要环节：战略定位、科技进步和市场策略。

竹之语的经验表明，企业转型升级没有统一的模式。每条路径都有各自的要求和关键点，企业必须结合自身的实力和状况作出恰当的选择。只有适合的，才会是正确的。

——浙江理工大学经济管理学院院长、博士生导师　胡剑锋

企业家语录

★ 传承千年洗护文化，全力打造民族品牌，创造"无毒无害"的生活，让非石化、无添加、真正天然绿色的洗护清洁产品走进千家万户，为健康中华民族，绿色中国大地作贡献，给子孙后代留下一片净土！

——台州竹之语生态日用品有限公司董事长

打造投影产业的世界品牌

——深圳雅图数字视频技术有限公司案例

李　毅　　陈　霞　　张雪影

案例摘要 //☑

　　深圳雅图数字视频技术有限公司（简称雅图）是一家集投影技术研发、高端制造和新媒体艺术、数字连锁影院发展于一体的文化科技集团公司。自1998年创立以来，雅图颠覆传统产业架构理念，通过技术转型、营销转型、产品转型，致力于创造世界品牌，通过投影改变和丰富人们的生活方式，重新定义投影行业发展模式，已成为中国投影市场领导品牌和世界投影机产业中极具成长力量的新兴品牌。

引子：诞生在国内投影行业萌芽期的雅图

　　1991年美国富可视公司研制出第一台投影机，成为当时全球投影机第一品牌。20世纪90年代中期，随着索尼、松下、惠普、日立、爱普生等企业的进入，这些国际知名的大企业处于投影行业的优势地位，占据了投影机产品的主要市场。

　　当时，国内投影机产业尚处于萌芽期，投影机市场基本被国外投影机产品占据。从产品上看，国内的产品体积较大，重量为8~10千克，十分笨重，不易移动；从技术上看，主流投影机的亮度不足（只有300~500流明），易发热、持续工作时间短，重新启动缓慢；从销售上看，市场供不应求，二级渠道销售价比出厂价格高出很多，利润空间巨大。当时的市场状况对国内企业步入这个产业具有极大的诱惑，国内多家计算机设备的知名企业争相进入。

那段时期，雅图创始人谢敬也跃跃欲试。1996 年，谢敬通过在美国一家投影机公司工作的同学第一次见到投影机。让谢敬惊讶的是，这个小盒子居然比汽车还贵，"可见附加值很高"；而更让谢敬感到不可思议的是，他的同学竟然经常坐飞机去对产品售后维修，"在当时看来还是比较奢侈的"。经过进一步了解后，谢敬发现，国内已经有人开始投资研发投影机，但"研发"出的原型机过于笨重，没有得到市场认可。在已经开始注意研究投影产品技术的谢敬看来，失败的原因是对国际上已经成型的技术和产品借鉴不足。谢敬分析，中国未来的投影机市场广阔，行业特点是前期艰难，后期的高门槛却能保证发展空间。"对手看似强大，但起步只比我们早五六年。"谢敬说，"这就像打仗，可以伺机在国际企业的技术包围中找到缺口，冲到前面。"

就这样，1998 年，从政府技术管理部门辞职的谢敬带着他历时两年的研究成果来到深圳，成立了雅图数字视频技术有限公司，开始了数字视像技术产品的研发、生产和销售，成为中国数字 LCD 投影技术的研发生产的先行者。

技术转型：从被动追随向主动创新转变

公司成立之初，雅图吸取一些企业的教训，采取了学习和模仿他人技术与产品的做法，以市场上主流的投影产品为模版来研发产品。谢敬觉得制造投影机涉及的许多高端技术并不是刚刚成立的雅图能够自主掌握的，企业需要通过学习、模仿的方式在市场上站稳脚跟。雅图当时确定的技术路线是以世界知名品牌索尼的技术为参照标准，尽快实现国内制造的、为市场所接受的成型产品，打破国外产品对中国高端市场的垄断。

1999 年，雅图终于制造出第一台国产数字液晶投影机，并为市场所接受，实现了中国投影机制造的突破。雅图开始向外界证明，企业具有当时国内一流的产品制造和适应市场需求的能力。

虽然初试就获成功，但 2000 年的一次遭遇却提示了雅图人应当随时警觉危机。当雅图公司自认为已经具备一定的经营实力，希望能够跟一家美资背景的芯片公司达成合作时，几经联系，对方的态度竟然不屑一顾。了解得知，这家外资企业坚持只跟几家世界500强以内拥有先进技术的公司打交道，根本不把雅图这样不知名的企业放在眼里。

一台投影机里集合了新材料、精密光学、精密电子、精密机械、散热元件、计算系统、操作系统、智能互动技术等一系列全球顶尖技术，搭建一个研发平台就需投入几千万元，每开发一个新产品也需要投入几千万元，每一个新产品的研发周期最少要用两年。先行企业相对领先的投影产品及强大竞争力为后来进入的企业设置了"品牌、技术、渠道"多重门槛。随着英特尔、柯达等世界名企相继退出投影行业，一些国内知名企业也因在这个行业受到强烈冲击而陆续退出。怎样才能在这个领域内生存下去？

公司的一次经营会议上，大家在讨论中逐渐统一了关于下一步发展的认识：尽管能够做出产品，但如果核心技术不是自己的，做出产品必须借助外界的力量，在行业内就难免处在被动地位，随时可能被淘汰。谢敬指出："要赶超世界名牌企业，我们必须有所改变。"会议决定，在制造成型产品的基础上，将重点放在技术创新方面，走以品质为支撑的技术创新之路，逐渐改变雅图在业界中专业技术没有优势的状况。

在电子信息产业里，国内企业通常是走"贸—工—技"的路线，雅图此时却走了一条相反的路径：先做技术再做市场。他们开始专注于技术，坚持不懈。每年把全年销售额的8%用于新技术研发，将技术创新作为支持雅图公司持续发展的引擎。凭借多年的持续投入巨额资金和凝聚一些志同道合的业内人士，雅图逐渐凝聚了一支上百人的研发队伍（其中本科以上学历占70%，硕士以上学历占15%），对技术创新的追求给予了他们无限的动力和激情，他们饿了吃盒饭，困了睡车间，不避艰苦，夜以继日地奋战在技术攻关与产品研发的第一线，坚信能够凭借自己扎实的技术攻关占据行业中的有利地位。

突破在不久后出现。一家外资企业的投影机线路板出现故障，数名工程师折腾了几个昼夜，仍然一筹莫展，最后决定把线路板发往美国本部修理。谢敬闻讯立即带着公司的技术团队赶去，向他们争取这次修理的机会。对方满腹狐疑地看着他们，不相信国内有团队能够解决"洋机器"的问题，经过雅图团队的再三争取，勉强答应给予他们三天的期限来尝试解决问题。三天的时间十分紧迫，但谢敬率领雅图团队迎难而上，组织技术人员排查故障，终于在三天内成功修复线路板。这一次雅图实力的展现，得到了这家外企老总满意的评价，也开启了双方后续合作的大门。

雅图顺势而进，把国外产品存在的技术不过关问题当作实现行业赶超的机会。通过努力，雅图的持续投入开始结出硕果。凭借申请获得专利技术 183 项，其中有 120 项是全球一流的关键技术发明专利，终于实现了从被动依附到自主研发的转变，实现了从追随世界名牌到学习模仿、从局部超越到平等竞争再到创新领先的转型。不仅成为国内行业技术领先的企业，同时受邀向八家世界著名企业输出专利技术、核心部件及产品，技术创新能力处于世界前列。

营销转型：从捆绑营销向体验营销转变

如何让市场加大对企业的认同？由于雅图成立时间短，缺乏品牌知名度和客户基础，研发出性价比高的产品却无人问津，营销活动曾处处碰壁。究竟该怎么做才能打开市场？为了争取客户认同，雅图曾经采取的做法是：每次参加展会都特意把展位与微软、联想、康佳、富士康等著名品牌挨在一起，希望用这种"捆绑营销"的方式显示自己产品的性能与地位，吸引客户关注。

然而，市场并没有出现雅图期望的反应。客户一致的态度是：产品不错，但就是不买，买的还是国外名牌。一线城市强烈的品牌意识成了雅图的软肋。

2000 年 12 月，谢敬与公司高管及国内各分区销售经理对营销策略问题专门进行了一次讨论。"一线城市的销售情况很不好，这个大家都已经知道了。卖产品的时候客户都承认我们的产品真不错，可就是不愿意买，因为咱们店的旁边全是国际品牌，客户还是愿意在名牌上掏腰包。因此，现阶段快速提升品牌认知度是首要大事。"谢敬请大家畅所欲言，寻求解决办法。

公司副总陈德裕说："我建议将销售重点调整为二三线城市，那里经济水平相对落后，世界 500 强企业也还未意识到国内二三线城市的重要性。大城市的人爱选品牌，我们现在这个阶段的确争不过，那就退居二线，迅速抢占二三线市场。而且在那里宣传的话，我们的成本也能节约不少。只要这些城市认可了我们的品牌，我们今后就能站稳脚跟了。"国内销售中心副总经理肖云波对陈德裕的观点也表示赞同。

一线销售经理汪小龙则提出另一个建议："我们平时做产品推广的时候经常会参加各种招投标活动和展会，现在，我们更应该挑选关注度高的活动来提升产品的知名度，在展会上我们可以用体验营销的方法来打动客户，让他们亲身体会到我们产品的性能，这样可能会对品牌现状的改观有所帮助。"国内销售中心大客户部总监单长忠对此表示赞同。

会议综合几位高管的意见作出决定：转向二三线城市，用体验营销的方法、借助媒体和专业人士的宣传力量，迅速提升雅图品牌的影响力，打响营销活动的翻身仗！

2001 年，一次精心组织的体验营销活动在武汉举行。五台来自不同厂家的投影机一字排开，白布遮住了它们各自的品牌标识，请经销商们根据投影效果进行"有奖竞猜"。来自华中五省的 100 多位经销商参加了这次"有奖竞猜"活动。结果，雅图投影机屡次被猜为当时最畅销的索尼、松下或爱普森的机器，让所有参与者惊讶不已。结果，这种"以效果取胜"的互动游戏极大地刺激了参会者，雅图终于提升了经销商的认同度。经过专业人士和媒体的宣传，一年多以后，雅图投影机在中国二三线市场迅速走红、站稳脚跟。

在 2001 年的另一次体验式营销活动现场，雅图投影机再次大放异彩。当时，某直辖市政府正在举办投影机招投标活动。谢敬闻讯后立即携带着公司的产品赶往现场，利用体验营销充分展现雅图投影机清晰流畅的画面效果，顺利拿到了参与此次投标的邀请函。次年 4 月，雅图公司更凭借这种体验营销模式，先后在土耳其和印度取得数千万美元的订单，东南亚市场占有率进入前三名。

"桃李不言，下自成蹊。"不再需要任何推销语言，客户们在体验中感受到雅图系列产品的魅力，开始果断地作出他们的购买决策。每一次的产品展示，都能签下一大摞产品订单。应用体验营销的做法，不仅很快扩大了企业的市场份额，更大大提升了雅图公司在业内的知名度。目前，雅图在全球已经拥有 5 家分公司、20 多个办事处以及 700 多个经销商，成长为行业内能与世界 500 强企业比肩竞争的重要中国力量。

品牌转型：从"中国的雅图"到"世界的雅图"

当之无愧地成为中国投影行业老大的雅图开始将眼光投向世界。谢敬的说法是："目前雅图的市场份额已经名列全球前五，各方面都要跟国际靠拢，将品牌建设作为输出中国文化的窗口和平台，不断提升国际竞争力。如果不走国际化的道路，我们很难与世界级企业平等竞争。"

2007 年率先在美国发难的全球金融危机给予了雅图国际化跨越发展的机会。由于世界宏观经济形势严峻，全球经济下行，竞争压力增大，美国、日本等经济体增长乏力，许多企业尤其是跨国企业为应对经济冲击而施行战略收缩与调整、全球投影第一品牌美国富可视旗下的 SMT 公司（斯曼特微显示技术有限公司）因经营不善被迫出售。如果雅图能收购成功，SMT 就可能成为雅图国际化扩张的跳板。

2007 年 1 月，雅图召开关于全球收购的战略研讨会，谢敬关于收购SMT 公司的建议得到了公司高管梁向东、施义峰和李泽坤等人的积极响应。梁向东有些担忧的是："SMT 的行业地位和全球影响力不可忽视，很多国际大财团正虎视眈眈，我们想要从这么多竞争对手里夺魁绝非易事！"李泽坤则提出："鉴于处于相对弱势的情况，建议广泛寻求支持，组建专业的资本运作团队协助雅图筹划和实施收购。"雅图最终启动了对 SMT 的收购工作。计划在收购成功后，努力整合其核心业务和技术，剥离其附属业务，争取 2 ~ 3 年在渠道、品牌、市场拓展等各方面实现国际化突破，成功进入欧美主流市场。

在当时众多希望参与收购 SMT 的公司中，相对日立、索尼这些国际大公司，雅图由于资金、规模等原因被排在第二梯队，不能参与核心谈判。等待无异于放弃机会，雅图的专业团队另辟蹊径，很快设计出一个非常吸引对方的收购方案：通常在收购活动中，一家公司被收购后，还有很多扫尾的工作，比如债务清算、账目清理、原注资方的退出等，这些工作很多应是原有股东来做的，收购方避之不及。但雅图在方案中提出可以把这些东西打包承接过来，目标公司一方如果同意向雅图出售SMT，即由雅图负责后续所有工作。SMT一方对这个方案很感兴趣，立即把雅图从第二梯队放在第一梯队。经过几轮谈判，雅图最终成功收购SMT，全面拥有SMT原有的核心技术、研发团队、生产基地和国际知识产权，并将其改名为AMT。

为了合理利用资源，雅图强势地把目标公司内原来各出资方派驻的管理人员剔除掉，只保留核心研发团队，并给予研发团队充分尊重，使其工作效率更高、运营成本更低。在此基础上，AMT和雅图双方共享产品设计和生产平台，以此降低生产成本；双方在统一平台上进行产品规划，使产品对市场的覆盖更为充分，并利用各自的研发优势共同提高技术上的竞争力。

经过两年多的磨合，AMT令雅图的研发体系如虎添翼，使雅图一举跃居全球投影机研发制造前三强。首先，为雅图向世界各大品牌提供ODM、OEM加工服务提供了坚实的上游保障；其次，打破了欧美、日系知名品牌主导国际及中国市场的局面，帮助雅图提前完成国际化布局；最后，为雅图的产品走向全球、消除知识产权壁垒奠定了良好的基础。

2009年，在全球金融危机持续蔓延，各大公司仍在收缩和调整的时候，雅图国际化的发展步伐依然坚定、稳健。为加快拓展海外渠道，雅图相继吸纳佳杰科技、北京华彩，分别代理雅图的ASK与PROXIMA海外品牌，形成了拓展雅图企业品牌全球传播的渠道系列，为未来几年的经营业绩高速增长做足准备；同时雅图全面收购富可视的品牌、渠道和专利，实现市场开拓从东南亚、中东、北非等成功进入欧美主流市场的目标。

2011年，通过96家海外代理商在80多个国家和地区建立起营销网络，雅图的产品行销全球158个国家和地区，一举打破美国和日本品牌主导全球市场的格局，成为业内世界知名品牌。2013年6月，雅图北美分公司在洛杉矶正式成立，迈出了进军欧美主流市场的坚定步伐。

产品转型：助推传统投影产业的变革

在互联网时代的大变革背景下，放眼全球，投影机产业正面临着深刻变革。首先是行业外的竞争，大尺寸液晶面板的经济切割周期到来，使得液晶电视杀入了投影机的阵地。无论家用、商用，甚至教育市场都同样面临液晶电视的挑战。其次是移动互联网背景下智能手机和平板电脑的快速崛起，使得分享变得更加容易，面对面的大型会议被更加及时、方便的各种在线协同所分化。加上对碎片时间的利用更具优势，就潜移默化地改变了用户的社交和娱乐方式，并大量蚕食了用户的完整时间。最后是日本制造业的集体危机使日系厂商无暇应对快速多变的市场，研发投入不足，快速败下阵来。

这些新的环境变化，使得雅图机遇与挑战并存，因此重新进行战略梳理就显得尤为重要了。雅图 15 年来积累了很强的技术优势和客户优势，在这一方向继续前进是雅图不变的目标，正如"登山"。沿着登山之路，雅图不仅可以继续推动雅图品牌的崛起，还可以用 ODM 的形式去迅速弥补日系溃败留下的市场空间。同时，面对移动互联网这股浪潮，雅图将勇于创新，正如"冲浪"。通过内置 Andriod 智能组件，加上 APP 对云端资源和内容的有效整合与时尚的外观设计，重新定义影像商业模式，使之以多种形态进入家庭和个人消费市场。

概括起来讲，新环境下雅图的新战略就是"产业登山，创新冲浪"，重新定义影像商业模式，占领大众客厅的同时，研发移动和可穿戴式新型投影设备，创新和改变人们的生活方式，从而由投影行业内的国际知名品牌成为消费者普遍知晓和认可的大众消费知名品牌。

2010 年开始，全球家用投影市场需求增加，智能电视成为消费热点。国家又将新型激光显示列入"十二五"战略新兴产业，宏观形势向好。雅图经营团队认真探讨和分析宏观经济与行业形势，作出了"继续以技术创新为核心竞争力，加快研制具有高附加值、高技术水平的新产品"的重要决策，力争在全球化市场竞争中，持续占据产业高端位置。

为此，雅图启动了新型激光智能投影终端研发项目。依据专业小组的市场调研数据，组建研发团队对项目关键技术可行性、器件、研发进度进行分析，开展对产品的系统研发、设计定型与试制，2012 年已经完成了样机的全部研发生产制造及试用工作。新产品做到了电脑、电视、投影机三机合一，产品最大的好处在于小巧轻灵、讯号接收灵敏、影像缩放、网络登录随意，便携性强。用户随时可以利用比传统投影机小而轻巧的新产品，借助一面光滑的白墙或荧幕实现无线上网或电视节目的影像投放。仅需约 0.54 米就可以投射出 80 英寸画面，不仅投射距离大大缩短，而且可以根据房间或墙面的大小调节荧屏画面幅度，能够始终保持画质高清、流畅。其带来的影院视觉效果和移动便利，对家庭文化娱乐消费方式是一种改变，可以满足主流的商务、教学等多种应用需要。新型激光智能投影终端等系列新产品的推出，正在改变传统投影产品为主导的行业现状，引发投影行业和影视家电行业的革命。

成效与启示

截至 2013 年 6 月，雅图研发的产品在显示领域共拥有 183 项专利技术，同时向国外 8 家著名企业输出专利技术、核心部件及产品，是全球唯一同时拥有 DLP、LCD、LCOS 三项技术与产品的企业，研发实力在行业内居于世界领先地位。时至今日，雅图已建立了 12 个技术创新平台，与美国德州仪器共同组建 ACTO – TI 联合实验室，与索尼、东芝等顶尖品牌都建立了全球战略合作伙伴关系，建成了全球最大的投影机研发制造基地，拥有全球最完备的投影产品线 80 余款，其产品 28% 全球领先、32% 全球前四、40% 全球前十。

现在，雅图已经成为国家部级工程核心供应商及各级政府的重点采购基地，成为中国 LCOS 联盟和 3LCD 国际技术联盟骨干成员，先后获得"国家文化出口重点企业"、"国家高新企业"、"国家火炬计划重点高新技术企业"、"中国教育装备行业最受欢迎十大民族品牌"、"全国电教产品投影设备十佳品牌"等一系列荣誉奖项，其专门研发的本地化、差异化产品，更是成为文化共享工程、远程教育、电影下乡、政府信息化建设工程的首选品牌。

2009年以来，雅图更是连续三年实现高于100%的增长率，发展速度引起全球同行业的震惊和敬畏。

雅图集团转变发展方式带给我们的启示是：

以技术创新带动公司成长和转型。投影机产业是一个既具有着广阔市场前景，也存在着很高技术准入门槛的领域。国内一些知名企业都曾经尝试进入这个领域，但又先后退了出来。雅图公司能够占据排头，与企业坚持技术创新，打造公司核心竞争力，带动公司成长和转型密切相关。

以前瞻性战略布局助力发展转变。从14年前名不见经传的小企业，到现在不仅成为中国国内投影机品牌的领导者，更在全球专业市场与索尼、三星等国际品牌形成互有优势的竞争对手，这种转变背后蕴藏着雅图全球性、开放性、前瞻性的战略布局。从技术到营销，再到产品设计的创新和功能整合，雅图公司依靠前瞻性的决策，逐步形成专业竞争优势，助力企业走向产业高端和行业前列。

开放、包容，不拘一格用人才。雅图拥有以专业研发团队为骨干的员工群体，员工人均28岁，其中研发人员占80%，由企业带头人谢敬精诚凝聚的专业技术研发团队和营销、财务、经营人员共同组成的管理团队，在企业转变发展方式过程中适时关注行业动态，把握市场先机，创造技术奇迹，是企业形成持续创新能力、不断保持市场竞争力的有力支撑。同时，雅图实现了中国团队领导跨国团队，来自日本、美国、德国、韩国等世界各地的许多业内精英被雅图吸引，在雅图上演跨国文化的完美融合。

（推荐单位：广东省委统战部）

专家点评

雅图敏锐把握世界影像行业发展前沿，不仅实现了从一间实验室到一座厂房，再到一个工业园直至全国四大基地的外部转变，更实现了行业技术、营销方式和产品创新领域的转变和升华，成功从传统投影制造业转型为跻身全球前五名的现代型企业，改写了行业多年为国外品牌垄断的局面。雅图的转变，为民营企业特别是科技型企业提升经营效率、创新发展思路提供了良好的示范和借鉴。

——中国电子商会副会长、深圳电子商会会长、高级工程师　王殿甫

企业家语录

★ 企业家要把创建民族品牌和提高企业国际竞争力当作自身应该承担的责任，不管民营企业还是国有企业，都应该不回避竞争，勇于找高手强手过招。要做专做精，做大做强，实现同世界500强企业平等竞争，就必须坚持自主创新，提升软实力。

——深圳雅图数字视频技术有限公司董事长

谢敬

差异化竞争　内涵式发展

——方大特钢科技股份有限公司案例

何云峰

案例摘要

如何在激烈的市场竞争中走好自己的发展之路？这是困扰国内不少中小企业的难题，方大特钢科技股份有限公司（简称方大特钢）面对这一难题给出了自己的答案。作为一家在规模、资金、技术、资源、地域上均没有优势的民营钢企，方大特钢以"四个转向"发展思路为主导，主动推进企业转型升级，在钢铁行业普遍不景气的情况下逆势而上，综合竞争实力由原来处在钢铁行业最后几名迅速跻身于行业前列，为国内钢企尤其是中小钢企发展方式转变提供了一种新的思路。

引子：寒冬中的逆势而上

中国钢铁工业在改革开放30多年时间里得到飞速发展，特别是钢铁产能迅猛膨胀，自1996年粗钢产量突破1亿吨大关、跃居世界第一以来，在随后的10多年里，粗钢产量均居世界第一位，而且新建的产能还在不断增加。据统计，2011年中国粗钢产量已达到6.88亿吨，接近世界钢产量的一半。中国钢铁工业的发展壮大，不仅为国民经济的发展作出了重要贡献，同时对世界经济的繁荣和世界钢铁工业的发展起到了积极的促进作用。

但是，遍地开花、重复建设的钢铁企业也给中国钢铁业带来十分严重的后果：产能严重过剩，供求矛盾突出，资源需求对外依赖程度加剧，主要钢铁产品集中度下降，产品结构同质化严重，行业效益不断下滑，竞争变得激烈而残酷。2008 年国际金融危机爆发后，随着国内外经济发展步伐放缓，钢铁消费需求大幅下降，行业利润急剧下降，企业生产经营运行变得更加艰难。中钢协统计数据显示，2011 年全国 77 家重点大中型钢企的利润总额同比下降 4.51%，平均销售利润率仅有 2.4%。进入 2012 年，中国钢铁业形势进一步恶化，行业利润降至"冰点"，出现了进入 21 世纪以来首次全行业性的亏损，部分企业亏损严重，而且亏损面还在不断扩大，形势异常严峻。

就在中国钢铁业寒意浓浓、哀鸿遍地的艰难时刻，位于江西省南昌市青山湖区艾溪湖畔一家年产钢仅有 300 万吨的小企业却逆势而上，尤其是经济效益实现了惊人的提升，交出了一组十分"靓丽"的数据：2010 年，实现销售收入 121.60 亿元、利税 7.71 亿元、利润 4 亿元，同比分别增长 10.97%、93.83%、589.89%；2011 年，实现销售收入 133.34 亿元、利税 15.86 亿元、利润 9.84 亿元，同比分别增长 9.65%、105.73%、145.82%；2012 年，实现利润 7.84 亿元，其中归属于上市公司股东的净利润 4.97 亿元，按同口径计算，同比增长 5.27%。

这一变化让行业人士惊讶不已，原本以为在如此严酷的行业环境下，这家本就十分困难的企业会因为支撑不下去而最终走向衰亡，却没曾想到短短几年时间发生了如此翻天覆地的变化，这家企业就是方大特钢。方大特钢前身为南昌长力钢铁股份有限公司，是南昌钢铁有限责任公司（简称南钢）控股的上市公司。2009 年因筹措技改资金需要，南钢实施改制重组，辽宁方大集团实业有限公司（简称方大集团）通过竞拍，获得南钢 57.97% 的股权，成为控股股东。改制重组后，"南昌长力钢铁股份有限公司"更名"方大特钢科技股份有限公司"，成为民营控股的股份制企业。

方大特钢化蛹为蝶、华丽变身的神奇秘方是什么？让我们把时钟逆时针拨回到 2008 年，探寻这一惊人变化的奥秘。

临危受命，明晰企业破局之道

2008 年 2 月，江西省有关部门作出了调整方大特钢主要领导人的决定，在新余钢铁素以勇于开拓创新、严格管理著称的钟崇武被大家寄予厚望，调任到方大特钢，成为这家企业的主要负责人。

到了方大特钢后，钟崇武一边和公司管理层，指挥干部员工应对雨雪冰冻灾害；一边认真了解企业情况，开始了事关企业前途命运的思考。表面上看，这家有着 50 多年历史的企业还在正常生产，但实际上内部已是千疮百孔，问题重重，危机四伏。罕见的雨雪冰冻灾害又给了这个本就羸弱的企业致命一击，仅 1 月份的亏损就高达 9000 多万元，2 月份的情况可能还要更加糟糕，生产经营已难以为继。

怎样才能带领这样一家垂死的企业走出困境？钟崇武感到肩上的担子前所未有地沉重。这年的春节，钟崇武没有回去与家人团聚，而是夜以继日地紧张思考，常常到了后半夜，有的员工还看到他办公室和住所的灯都亮着。经过深思熟虑，他终于有了清晰的思路。

2 月 23 日，元宵节过后的第三天，钟崇武郑重地向 1000 多名班组长以上干部和盘托出了"四个转向"的企业发展思路：从追求多元化发展转向产业链延伸发展；从单纯追求规模转向追求品种、质量、效益，提高发展质量；从追求做大转向做精做优做特做强，先做强后做大；从做建材为主转向同时做工业材，最终以做工业材为主，调整产品结构，实施普转优、优转特，提高产品附加值。实施以差异化为核心的低成本、精品、差异化相组合的竞争战略，把企业打造成细分市场产业链的龙头企业，建成全球最具竞争力的弹扁、板簧、易切削钢精品生产基地。这一发展思路，是钟崇武经过数十个不眠之夜冷静思考的结果，也凝聚着他对钢铁行业发展的多年思考及企业管理工作的经验和智慧。

从多元化发展转向产业链延伸发展

鸡蛋，是放在一个篮子里好，还是放在多个篮子里好？这一关于多元化经营与专业化经营长久以来的利弊之争，在企业界、学术界是一个仁者见仁、智者见智的话题。在中国钢铁业步入"寒冬"后，沉寂许久的"把鸡蛋放在多个篮子"的论调又开始喧嚣尘上，不少钢铁企业重新涉足非钢产业，试图通过发展非钢产业，寻求新的经济增长点，解决企业面临的生产经营困难，但方大特钢却反其道而行之，专注做好钢铁主业和与钢铁主业相关的产业。

20 世纪末，在钢铁业利润开始趋薄的时候，当时的方大特钢为寻求新的经济增长点，做大总量，想在非钢产业有所发展、有所突破。恰逢原江西省冶金集团下属的某汽修厂想通过对外发展业务，解决富余员工安置的问题，找到方大特钢寻求在汽车销售和维修方面进行合作。双方一拍即合，以合资的方式，于 2004 年成立了江西长力汽车销售服务有限公司（长力 4S 店），注册资金 1000 万元，方大特钢持股 90% 以上，是控股股东。这是方大特钢多元化发展的一次重要尝试。然而，自成立之日起，这家 4S 店就一直亏损，平均每年亏损额高达 330 多万元，到 2009 年账面净资产仅剩下 104 万元，而负债却高达 1400 多万元，长力 4S 店实际已经破产，成为拖累主体的沉重包袱。

为解决 4S 店问题，2009 年 8 月 20 日上午，方大特钢管理层在会议室召开了党政联席会，4S 店的管理层列席了会议。主持会议的钟崇武开门见山地抛出了自己的想法："退出 4S 店，甩掉这个包袱，轻装前进。"

当时方大特钢面临的实际情况是：第一，钢铁主体自身面临着重重困难，尤其扭亏攻坚的任务十分繁重，根本腾不出精力来理顺这一块。第二，钢铁主体自身的经营资金十分紧张，自身尚无暇顾及，根本拿不出多余资金来填补 4S 店的窟窿。第三，由于缺乏汽车销售、维修方面的人才，导致经营成本高、经济效益差，无法和真正专业的 4S 店竞争。第四，也是最重要的，新的发展思路确定后，企业必须集中精力，把有限的资源全部投入到做好主业及与主业相关的产业上来。钟崇武把这些情况作了深入细致的剖析，取得了公司及4S店管理层的理解和支持。会议决定，方大特钢持有的汽车4S店全部股权采取出售或租赁的方式进行处置，以出售的方式作为优先处置方案。通过与合作方艰苦谈判，最终就4S店处置的问题达成一致，在双方共同努力下，2009年底成功将4S店出售。方大特钢随后还通过注销解散、整体出售等方式，处置了正力贸易公司、钢华蔬菜保鲜公司等其他长期亏损的非钢产业。仅此，企业每年可减亏数百万元。

在退出非钢产业的同时，方大特钢集中精力抓好主业及与主业相关的产业，积极向上游拓展，加大矿山企业收购力度，取得了明显成效。目前，方大特钢已拥有辽宁本溪同达铁矿、湖南汝城矿业等矿山企业，探明储量超过1.2亿吨，结束了长期没有矿山的历史。2012年，铁精粉产量67万多吨，销售收入占公司主营业务收入的4.37%。

从单纯追求规模转向追求品种、质量、效益

长期以来，把企业规模做大，进入中国500强乃至世界500强，是许多民营企业的梦想。作为传统产业的钢铁工业，扩大产能规模，追求规模经济效益，也曾是很多钢企奉行的金科玉律。尽管在50多年的发展历程中，方大特钢由于各种原因没能追赶上同行的扩张步伐，但追求做大的情结在不少干部员工中依然根深蒂固地存在。

但钟崇武在上任后却做了两件"格格不入"的事情。第一件事，在有关部门呈报的炉容1800立方米高炉的总承包合同上没有签字。这座高炉是公司前任班子留下的"十一五"技改规划中的重点工程，是企业到"十一五"期末实现年产钢400万吨、销售收入200亿元的重头戏，分量不低！工程总投资7.87亿元，上级主管部门已备案审核，项目立项、技术协议谈判、商务招标谈判等前期工作也均已完成，就等他签字上马，但他在认真了解有关情况和反复权衡之后，没有草率地签字。第二件事，在他的主导下，公司技改部门放弃原有年产钢400万吨的规划，以300万吨钢为规划进行等量淘汰，重新修改"十一五"规划方案，修改后的方案主要内容

是：一是收缩炼铁、炼钢产能。新建高炉炉容由 1800 立方米缩减至 1050 立方米，转炉维持原有 3 座不变。二是挖掘和提升特色优势产品的能力。完善转炉精炼设施，提升品种钢冶炼水平；新建一条具有国内先进水平的优特钢生产线，与改造后的弹扁线形成专业化生产，提升弹扁质量，降低成本。三是加大节能减排力度。淘汰小电炉、小烧结机、小高炉等落后装备，配套建设焦化干熄焦、烧结机余热发电、高炉煤气余压发电、热电联产等节能项目。规划总投资预计 23 亿元。

要规模、要销售收入，还是要质量、要品种、要效益？在方大特钢前任班子制定"十一五"规划时也曾是争论的焦点，虽然最终在上级主管部门的支持下，规模扩张占了上风，形成了 400 万吨、200 亿元的规划方案，但这场争论并没有就此真正平息。因此，钟崇武在 1800 立方米高炉上的"大脚刹车"和在规划方案上的"重翻烧饼"，又重新点燃了这场争论。

反对的人认为：钢铁企业讲究规模效益，定位为 300 万吨太小，难以产生规模效益，在上级主管部门那里也通不过，况且在同行产能还在扩张的情况下，方大特钢产能定位却止步不前甚至倒退，着实让人难以理解。在一次专题讨论会上，坐在钟崇武对面的一位副总工更是不客气地说："省内某钢企重组九江钢厂后，已完成了 500 万吨以上的产能布局，另一家钢企在三期工程完成后，产能将达到 800 万吨，省外与我们同时期建厂的安阳钢厂、济南钢厂早就过了千万吨，我们却停止不前，这样的思路让人看不懂。"

赞成的人则认为：一方面，从行业的发展趋势看，国内钢材市场严重趋于饱和，限制产能成为方方面面的共识，企业已失去了产能扩张的环境和时机。另一方面，从企业自身情况看，处在南昌市中心，被城市包围着，既远离矿山、港口，土地容量、环境承载能力也有限，不具备规模扩张的条件，如果硬要搞 400 万吨，在这里能不能摆得下都是个问题？即使摆下了，已有的公辅设施要大动，投入巨大，而搞出来的东西仍是普材，投入产出效益很差。经过拉锯式的反复讨论，新的方案最终赢得了多数人的理解和支持。

方案确定后，方大特钢管理层决定，对老弹扁线改造、焦化煤场改造等投入少、见效快，自己有能力建设的项目立即着手实施；对缺口的技改资金，通过引进战略投资者引入资金解决。在省委、省政府以及省国资委等相关部门的支持和帮助下，企业于 2009 年 10 月完成改制工作，成功引入资金雄厚、实力强、信誉好的战略投资者——方大集团。

2010 年 5 月和 7 月，在方大集团董事局主席方威先生亲自安排下，公司部分高管和中层管理人员，分两批到赫赫有名的德国巴登钢厂参观。巴登钢厂位于德法交界的美丽的莱茵河畔，产能只有 200 多万吨，员工 700 多人，装备也比较一般，但就是这样一家小钢厂，凭借惊人的高效构筑起强大的竞争力，2008 年的人均钢产量 2800 多吨、人均产值 140 多万欧元，是世界钢企中的"小巨人"。

巴登钢厂之行虽然短暂，但所见所闻给考察组成员留下了深刻印象。回到厂里后，大家纷纷通过在内部报纸发表体会文章、召开小型座谈会等方式，从不同侧面对巴登钢厂的情况进行介绍。大家一致认为：巴登钢厂的产能虽然只有 200 多万吨，但在竞争激烈的欧洲市场却活得很精彩，如果方大特钢能把这 300 万吨钢做好，同样能在激烈的市场中占据一席之地。

在方大集团的大力支持下，方大特钢按照新的规划方案，实施大规模的技术改造。通过技术改造淘汰后，不仅提升了企业的装备水平，而且大幅度减少了烟尘、粉尘和二氧化硫污染，提高了能源综合利用效率。目前，方大特钢已实现了"四利用一降低"，即利用高炉、焦炉、转炉煤气发电，利用高炉余压发电，利用焦炉熄焦显热、烧结余热发电，利用含铁尘泥、氧化铁皮、除尘灰生产烧结矿，能源消耗大幅度下降。已形成年自发电量达到 4.2 亿千瓦时的能力，自发电量占企业总用电量的 34% 以上。吨钢耗新水已降至 2.93 立方米、吨钢排水已降至 0.98 立方米、吨钢烟粉尘排放量已降至 0.98 公斤，均达到同行业先进水平。吨钢综合能耗逐年下降，2012 年吨钢综合能耗比 2008 年下降 70 多公斤标煤。方大特钢多次被评为省市节能减排先进企业。

在提升装备水平的同时，方大特钢大力推进标准化体系建设，强化质量、成本等内部管理，提升管理"软实力"。过去乱涂乱画的质量检验记录台账，如今整齐地记录着质量检测数据；原来拥堵的厂区道路，如今因检验效率提高而实现了车辆进出有序；原来散落在铁路沿线、公路两旁的废钢、生铁以及其他原料，现在已被清理一空；原来现场乱堆乱放的各类备品备件，如今已被刷漆上油，分类整齐地堆放到库房；原来每年动辄成千上万份（本）的纸质文件、记录台账，如今已被内部办公 OA 系统、生产调度自动化系统所取代。目前，方大特钢吨材成本低于省内同类企业，在区域市场内具备较强的竞争力。主要技术经济指标持续改善，2012 年有多项指标进入了行业对标企业前三名行列。客户投诉的质量异议事件大幅度下降，与 2008 年比，2012 年的质量异议减少了一半多。

从做普通建材转向做细分市场的龙头

方大特钢有两个特色的产品——弹扁、板簧，做了几十年，积累了一定的生产技术经验。到 2007 年底，弹扁产量达到 40 多万吨，板簧产量达到 10 多万吨，国内市场占有率分别达到 35%、10% 以上，均列第一位，在行业已具有了一定的影响力。但是，方大特钢管理层却依然看到了繁荣之中的隐忧：尽管从市场占有率看弹扁、板簧做到了国内最大，但是大而不优不精不特，在成本、技术、质量上并没有优势，后续发展缺乏有力支撑，天津大强、淄博南金兆等后起之秀，凭借着装备、区位、资源、成本以及靠近消费市场等优势，正在发力蚕食方大特钢的市场。

针对这种情况，公司管理层决定实施弹扁战略，钟崇武亲自担任工作小组的组长。战略的主要内容是，通过技术改造，解决产品质量不稳定和交货能力不足的问题，实现专业化生产，提高弹扁的交货能力和产品质量，降低生产成本；通过加大研发、检测投入，解决产品档次不高、规格不齐全的问题，开发中高端产品，拓宽品种规格组距的覆盖面，形成配套销售，增强市场竞争力。目标是通过实施弹扁战略，做大做强弹扁、板簧产品，提高市场竞争力，使方大特钢成为细分市场的龙头企业。

弹扁战略要推进、要实施，除了技术要有突破和积累外，更为迫切的是需要技改投入。2008 年 4 月的方大特钢才刚刚从巨额亏损的阴影中走出来，大病初愈，非常虚弱。在这样困难的情况下，公司管理层还是决定启动老弹扁生产线改造。这条生产线于 2002 年初完成大修，大修后不仅能够生产弹扁，还能兼顾生产窄带、圆钢等多个品种。在怎样改造这条生产线上，公司出现了两种观点：一种认为，这条老线改造时间不长，加热炉、主轧机、飞剪等主要设备的性能还很好，如果利旧，一是投入少，负担轻，只要3000多万元，对于尚处在困境中的方大特钢来说，比较现实；二是还能保留窄带、圆钢等有市场需求、还能赚钱的产品，可以弥补弹扁季节性销售的"短板"。另一种则认为，要实施弹扁战略，做大做强弹扁，就要咬紧牙关作出牺牲，不能简单地修修补补，而应该瞄准国内先进水平，实施专业化的彻底改造，该报废的报废，该抛弃的抛弃，这种改造虽然投入大，要1亿多元，但能以一流的装备、一流的指标、一流的产品，专业化的生产提升弹扁的市场竞争力，支撑公司弹扁战略，是值得的。在对这两种方案的利弊反复进行比较、权衡后，公司管理层最终决定，对老线进行专业化的彻底改造。

2009年2月底，老弹扁生产线改造顺利完成。改造后，该生产线的产能由30万吨迅速提高到60万吨，翻了一倍，同时把推钢式加热炉改造为步进式加热炉，增加高压水除鳞工艺，较好地解决了弹扁生产的内外质量问题。在2010年初国家实施汽车下乡政策，弹扁需求呈爆炸性增长的时候，显现了巨大的作用，方大特钢一改过去旺季交货不及时的弊病，保质保量地按时交货，赢得了客户的信赖，弹扁的品牌和市场形象得到大大提升。改造后的情况证明，尽管当时报废的设备达到了上千万元，技术改造的费用也多出了8000多万元，但换来的是弹扁产能、质量和品牌形象的大幅度提升，换来的是巨大的经济效益。

2009年三季度，在国家4万亿政策的刺激下，建材需求猛增，价格不断上涨，螺纹钢的利润一度大大超过了弹扁。很多弹扁客户担心方大特钢会减少弹扁的供应量，转向生产螺纹钢。但是面对螺纹钢高额利润的诱惑，方大特钢并没有动摇推动弹扁战略的决心，依然在生产安排上优先保证弹扁客户的需求。正是由于这一举措，使客户看到方大特钢做好弹扁的巨大决心，纷纷把订单转向方大特钢，同时新的客户不断涌入，市场份额进一步扩大。2009年，方大特钢弹扁的国内市场占有率达到44%以上，比2007年提高了近10个百分点，当年被东风二汽评为"最佳供应商"。2010年，弹扁产量达到86.94万吨，板簧产量17.88万吨，市场占有率分别达到46%和20%以上。2011年、2012年，在汽车市场整体下滑的情况下，弹扁国内市场占有率始终保持在52%以上，超过国内排名第二的弹扁生产企业30多个百分点。

目前，方大特钢已具备年产弹扁100万吨的能力，产品涵盖高中低三个档次13个品种、600多个规格，是国内品种规格最全、产能最大的弹扁生产企业，形成"矿山—冶炼—弹扁—板簧"特色产业链。弹扁是金融危机后方大特钢始终保持盈利的产品，产量连年增长，国内市场占有率稳居第一位，多次荣获全国用户满意产品、江西名牌产品称号，出口到东南亚、南美、北非的一些国家和地区，并逐步配套供货给奔驰、通用、本田等国际著名汽车生产商。汽车板簧中"长力"、"红岩"、"春鹰"三大知名品牌被中国质量管理协会、中国汽车工业协会列为全国首批"推荐商品"，国内市场占有率连年保持第一，配套供应一汽、二汽、重汽等国内重点汽车生产商，在克莱斯勒汽车公司中国采购评估中综合排名第一。

方大特钢做大做强弹扁、板簧的同时，还在积极寻找新的细分市场龙头产品。2008年6月，上海某金属材料公司的总经理、高级工程师来到方大特钢技术中心，希望合作开发生产一种新型易切削钢。公司管理层经过研究认为，这种新型易切钢是易切钢产业发展的潮流和方向，是很有前景的产品，符合企业发展战略。经过与上海公司谈判，由双方共同成立研发领导小组，采用合作的方式进行开发生产。方大特钢负责生产准备及生产工作，上海公司派技术人员到方大特钢协助制定冶炼、轧制工艺方案并现场指导。

经过一年多的艰苦试炼，2009年10月，这种新型易切削钢研发生产终于获得成功。该产品性能优于国内外同类型产品，具有深拉不开裂、高速易切削、环保等特点，可完全替代含铅易切削钢，广泛应用于电子、五金、汽车零部件等领域，减少铅等有害元素对环境的污染，不仅填补了国内市场的空白，而且在国际市场上也有较强的影响力。自2010年投放市场以来，该产品得到主流用户的充分认可。新型易切削钢的成功研发，为企业培育"矿山→冶炼→易切削钢"产业链，创造新的增效点奠定了坚实基础。目前，方大特钢正在加大市场开拓力度，扩大客户群，力争在2013年产销量突破10万吨。

成效与启示

方大特钢在钟崇武及其管理团队的带领下，坚持内涵式发展，在遭遇钢铁市场寒流的情况下，另辟蹊径，通过实施"四个转向"的发展思路，转变发展方式，在短短几年时间里企业脱胎换骨，涅槃重生，迅速从濒临破产的边缘起死回生，发展得到了质的飞跃。2012 年，实现利税、利润分别为 14.22 亿元和 7.84 亿元，与 2008 年相比分别增长了 151.24% 和 4255.56%。

方大特钢通过实施"四个转向"的发展思路，转变发展方式，迅速成长为弹扁、板簧、易切削钢的龙头生产企业，具备较强的市场竞争力。销售利润率由 2008 年的 0.31% 提高到 2012 年的 6.21%，比行业平均高出 5.9 个百分点。2012 年，企业净资产收益率 17%、吨产品利润 150 多元，在行业上市公司及对标企业中名列前茅（见图 1）。

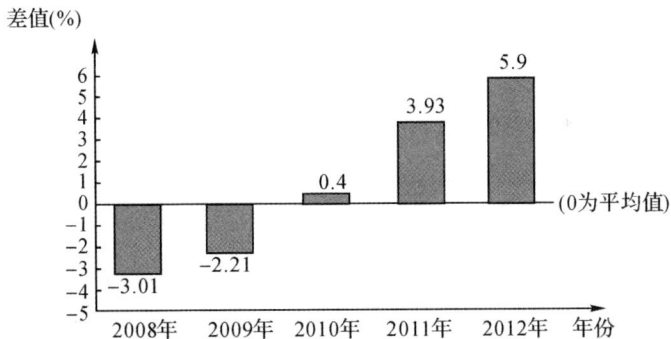

图1　方大特钢与全国行业平均销售利润率差值图

方大特钢通过实施"四个转向"发展思路，转变发展方式，近几年以三分之一资源消耗创造（或超过）国内同行千万吨级企业的利税、利润水平，成为资源节约型、效益型企业。员工收入大幅增长。2009～2012 年的员工收入实现"四连增"，2012 年员工年收入 5.96 万元，是 2008 年的 2 倍多。在提高员工收入的同时，方大特钢还实施了一系列关爱员工的举措：员工享受免费工作餐；员工及其配偶住院医疗费的自付部分（医保范围内的）给予全额资助；员工每月享受 50 元的通信话费补贴；为 70 周岁以上离退休人员每月发放 100 元捐赠金等，使员工享受看得见、摸得着的实惠。方大特钢积极投身于社会公益事业，改制重组以来累计向社会捐款 3000 多万元，超过建厂 50 年的总和。

方大特钢转变发展方式后，先后获得中国证券首届"金紫荆奖最具成长性上市公司"和"最具社会责任感上市公司"、"中国品牌 100 强"、"中国品牌年度价值奖"、"中国绿色能源十大先锋企业"、"第十四届中国上市公司金牛奖百强"、"科学发展观示范研究基地"等荣誉称号。

从行业落后水平到跻身行业先进，从岌岌可危、垂死挣扎到充满蓬勃生机和活力，方大特钢在中国钢铁业发展进入"寒冬"的困难时刻演绎了惊人的逆转，所走过的崛起之路给人以如下启示：

确定一个符合市场经济规律，符合企业自身实际的发展思路和竞争战略对企业战略转型而言至关重要。只有确立正确的发展思路，企业才能激烈市场博弈中找准主攻方向，才知道如何取，如何舍，在哪里布局，在哪里落子。方大特钢在发展思路上不盲从，不跟风，确定并坚持"四个转向"发展思路，实施差异化的竞争战略，走内涵式发展之路，比较成功地推进了企业转型升级。

推进企业战略转型有时需要具有偏执精神。"只有偏执狂才能生存。"这是安迪·格罗夫的管理名言。在这位管理大师看来，企业穿越战略转折点就是行进在一条艰难崎岖的悬崖小道上，既充满了诱惑，也有很多陷阱，稍有不慎，就容易掉入万丈深渊。如果没有偏执的精神，企业转型就容易迷失目标，掉入陷阱。方大特钢在推进企业转型过程中，目标坚定，方向一致，不屈不饶，在困难面前不气馁、不放弃，在诱惑面前不动摇、不偏向，才成就转型后的辉煌。

推进企业战略转型需要一个好的带头人和一个好的管理团队。曾经率军队横扫欧洲的法国统帅拿破仑说过，一头雄狮率领的一群绵羊，能战胜一只绵羊率领的一群狮子。正所谓千军易得，一将难求。方大特钢转型过程中，企业带头人钟崇武发挥的作用和地位非常明显。方大特钢转型的背后，钟崇武突出的管理能力、大胆创新的勇气、坚忍不拔的意志都起了决定性作用。在他的带领下，公司管理层群策群力，发挥自己的主观能动性和创造性，认真贯彻执行公司的各项决策，使企业战略转型得以顺利推进。

（推荐单位：江西省委统战部）

专家点评

　　企业转型升级是当前我国政府积极倡导的深化经济改革工作中的重要命题，也是国内很多企业正在面临的重大选择，但真正能够付诸行动却需要勇气与睿智。

　　方大特钢新一任领导班子以对企业发展的独特思考，以先人一步的巨大勇气，在钢铁行业"规模为王"的年代，立足实际，主动转变发展方式，走内涵式发展之路，推动企业转型升级，正是我国企业所需要的创新精神。

　　在钢铁业普遍不景气、全球金融危机影响没有完全消除的形势下，方大特钢特立独行，做专做强，不仅迅速使其综合竞争实力跻身于行业前列，更为国内一些正在尝试走出困境的企业做出良好示范，值得认真总结并加以推广，促进钢铁产业升级和竞争力提高，实现持续健康的科学发展。

——冶金工业规划研究院院长　李新创

企业家语录

　　★ 学习、创新是企业基业长青的基因！

　　★ 理想、责任、目标是创新的动力，学习、思考、实践是创新的源泉！

　　★ 多数人知道失败是成功之母，很少人知道成功是失败之母；要想基业长青，不能沉迷成功，固守经验，必须不断进取，持续创新！

　　★ 真话一般都不好听，好听的不一定都是真话。

——方大特钢科技股份有限公司董事长、党委书记

钟崇武

从工民建到精密机械配件制造

——四川仟坤建设集团有限责任公司案例

谢译波　邵云飞　周述军　刘佩章

案例摘要

　　四川仟坤建设集团有限责任公司（简称仟坤集团）是一家以建筑起家的企业，创立于2000年。公司经过三年多的发展，成为绵竹市名列前茅的建筑公司。出于对主营业务前景的担忧以及创始人从事实业的梦想，2003年仟坤集团收购成立鑫坤机械。通过技术研发、设备更新和市场开拓等方面的努力，鑫坤机械逐步掌握了汽车发动机零部件的开发和生产技术，并成为发电设备零部件叶片的全面解决方案提供商，实现了从建筑产业向精密机械配件制造产业的转型。

引子：建筑业有没有明天？

　　"我要吃上回锅肉"，仟坤集团创始人谢世千在这样的原始动力下开始了自己的"致富梦想"。在他先后经历了开小餐馆，承包红砖厂，经历镇办砖厂厂长和建筑公司经理历程后，时间来到了21世纪初。当时，中国内地房地产和建筑业迎来了发展的黄金时期，地处四川省龙门山脉下的绵竹市也开始了旧城改造。谢世千看准这个时机，创立仟坤房地产开发公司，买断绵竹市土门镇建筑公司，成立仟坤建筑公司，开始了创业之路。创业之初，公司员工仅30余人，连办公场所都是租借的。

　　刚开始，仟坤建筑公司只能接一些小工程，但无论工程大小，谢世千都高度重视。作为老板，他几乎每天6点钟就戴着安全帽出现在工地，深入了解每一个建筑工地的施工进度，事无巨细，亲历亲为。仟坤建筑对建筑质量的重视使得仟坤建筑屡屡荣获建筑质量奖杯奖项。仟坤建筑一步一步成长为具有房屋建筑工程、市政公用工程施工总承包双壹级资质的企业，仟坤房产也具有了国家二级房地产开发资质，成为绵竹房产和建筑行业的标杆企业。

当建筑、房地产做得风生水起之时，时刻关注国家产业政策走向的仟坤也在思考企业未来的发展方向。虽然做建筑和房地产见效快、回报高，但是受国家宏观政策调整影响大，风险也较大。在公司早期，仟坤高层领导对仟坤房地产和仟坤建筑未来发展的思路主要是以绵竹市的市政建设、房地产这两大主要业务为依托。但随着形势发展变化，与政府有关的市政建设业务停滞不前，而立足绵竹的房地产市场在当时看来市场空间也有限。基于对公司现有主要业务增长前景的担忧，谢世千一直在寻求创办实业和多元发展机会。

从工民建到机械配件制造，转变主营业务

"不要改制，不要收购！" 2003 年年底，情绪激动的员工把土门镇政府大门围了个水泄不通。这些员工来自绵竹市土门镇的三箭机床附件厂（以下简称三箭机床厂），而该厂在 2003 年 10 月被仟坤改制，成为一家民营机械加工企业，取名鑫坤机械。

三箭机床厂成立于 1987 年 5 月，最初为成都刀具刀具厂生产平衡机床的零部件——方铁，20 世纪 90 年代中后期开展汽车发动机连杆的代工生产业务，但由于经营不善、销路不畅等原因，到 2003 年初三箭机床厂已拖欠银行贷款达 1000 多万元，资不抵债。

基于濒临破产的实情，2003 年初，作为主管单位的土门镇政府决定改制机床厂，并邀请仟坤建筑参与。仟坤建筑经过详细的调查了解后，对机床厂高额负债和销路不畅心有余悸。此外，许多仟坤建筑的高层都认为，公司管理人员都是"泥巴腿"出身，干不了"高科技"的活。虽然谢世千认为这是一次介入"实业"、摆脱集团业务过于依赖建筑的机会，但迫于

强大的内部阻力和大量的贷款，双方并未取得实质性进展。2003年下半年，在镇领导的再次邀请下，仟坤集团决定接手。

鑫坤机械成立后主要面临三个困难：第一是如何获得员工的支持。当得知工厂卖给民营企业后，原三箭机床厂的职工情绪有些不安。他们一方面担心改制成民营企业后，工资待遇无法保障；另一方面担心民营企业收购工厂，并没有经营好工厂的打算，于是出现了开篇围堵镇政府的那一幕。当谢世千得知事件发生后，马上来到员工身边。他站在高处，拿起扩音喇叭对着大家喊话："你们不要担心，所有工资、保险我都会给你们办好！也请你们相信我，我保证在两年之内把厂办得红红火火，绝不会拖欠你们一分钱！我谢世千是土门人，接手机床厂后肯定会尽自己最大努力把厂子办好。"在得到公司负责人的保证后，员工的情绪逐渐稳定下来。第二是资金周转困难。鑫坤机械产值400多万元，但负债已达2000多万元。在政府的部分支持和仟坤集团大量资金的注入下，鑫坤机械渡过了资金危机。第三是产品没有销路，工厂处于半停工状态，而这也成为谢世千和新的管理层需要重点解决的问题。

虽然此时鑫坤机械的产值在集团内部所占比重不高，利润为负，根本无法和仟坤建筑、仟坤房产相比较。但对于谢世千来说，鑫坤机械圆了谢世千"发展实业"的心愿，是他产业中的"幺儿子"，打心眼里希望它能发展壮大。

从 OEM 到 ODM，汽配业务攻克技术难关

OEM 是指原始设备制造商，也就是常说的贴牌生产，鑫坤机械成立之初主要就是从事相关汽配业务的贴牌生产。ODM 是指原始设计制造商，一般是指企业具备能力对客户产品作较大改进、改型的加工，或者根据客户需要为其重新设计订制产品的加工过程。

鑫坤机械早期主要业务是加工汽车发动机连杆和曲轴。面对产值不高，产品缺乏销路，公司作出了两个重要决策。第一个决策是开拓新客户。鑫坤机械成立后，公司高层都认为，一定要摆脱对少数顾客的依赖，

因此鑫坤机械四处寻求出路。此时，国家正大力鼓励企业"走出去"，四川政府对参加国外大型展会的企业会给予部分资金资助并有专门的部门协助。鑫坤机械抓住这一机遇，作出了"逢展必参"的决策，并成立了市场开拓部门，带着公司产品参加各种展会。功夫不负有心人，每年100多万元的展会投入很快有了回报，公司建立了一定的知名度，这成为打开产品销路的关键。例如，后来成为公司重要客户的一位美籍华商与鑫坤机械在阿里巴巴网上平台不期而遇，由于之前在展会上对鑫坤机械有所了解，并建立了一定的信任，双方很快达成了事实上的合作。

出国交流让鑫坤机械在扩大知名度的同时，也充分认识到产品存在的巨大差距，促使企业作出了第二个决策：进行技术改造。由于鑫坤生产的产品不能直接用于最终客户，而是出口后经国外经销商的再加工才能投产。也因此，许多国外厂商的销售价格是鑫坤机械出厂价的3～4倍，鑫坤机械不仅错失了丰厚的利润，也失去了直接接触市场的机会，受制于人。为了摆脱困境，鑫坤机械挤出30多万元购买了新型设备，使生产的连杆具备了出厂即能销售的功能。

2005年，公司决心彻底改善鑫坤机械的技术水平和管理水平，开展了更大规模的"大技改"。聘请工业工程领域的专家对工厂生产布局进行了重新规划，大大降低了生产衔接上的浪费，初步形成了合理的加工布局。此外，围绕连杆和曲轴两大核心产品的创新，鑫坤机械在部分关键加工技术上进行攻关。

然而在曲轴技术攻关中，技术人员在攻克强化变形量、动平衡以及曲轴轻量化等技术时遇到了巨大的困难，几经努力都没有取得实质性进展。一是生产工艺问题导致的废品率超过2%，增加了公司的生产成本，影响了公司形象。二是曲轴强化问题在多数加工企业中都没有被很好地解决，如不解决这一问题，产品就难以形成竞争力。要攻克这些困难，不仅要引进和培养技术人员，更要建设实验室并对设备更新换代，这就意味着仟坤集团对鑫坤机械要进行持续的大额投资，但此时仟坤集团中两大资金密集型企业仟坤建筑和仟坤房地产正是高回报的黄金时期，将资金从高利润率的行业投入低利润率的行业，公司高层的意见出现了分化。

面对疑惑，谢世千说出了自己的想法。一方面，依靠简单的订单加工，鑫坤机械不仅不能摆脱低利润的局面，迟早还会被市场淘汰；另一方面，既然公司技术人员有信心攻克难关，就应不遗余力地支持。如果不抓住这次机会，鑫坤机械的技术队伍不知何时才能建立起来，因此必须在技术人员最需要的时候给予支持。最终集团领导作出决策，投入1000多万元成立技术中心。有了充足的资金支持和公司高层的信任，技术人员夜以继日地工作。通过开展大量的自主实验，终于找到了降低废品率的技术路径；通过加强与四川大学管理系联系，对曲轴的三维模型进行研究分析和修改等技术合作，实现了曲轴动平衡和轻量化。

持续的研发投入也让鑫坤机械尝到了甜头，高质量的产品获得了市场认可，订单数量不断增长，生产规模逐步扩大。2011年，鑫坤机械的产品从单一局部国外市场扩大到其他国外市场和国内市场。国际大型赛车改装商将其改装美国福特、通用和日本丰田、本田、三菱等汽车的部分曲轴业务交由鑫坤机械开发和生产，全国最大的连杆生产企业云南西仪工业股份有限公司也开始和鑫坤合作。此外，让所有鑫坤机械人感到自豪的是，2009年国庆阅兵专用红旗车的曲轴是鑫坤机械生产的。鑫坤机械汽配业务在与客户合作中的主动权大大增加，产品售价也稳步提高。至此，鑫坤机械汽配业务完成了从OEM到ODM的转身。

从汽配到叶片，进军精密机械配件加工

2005年以前，连杆和曲轴是鑫坤机械的主要业务。2005年5月，美国的重要客户出现重大违约，调查后发现，该客户信誉本身就不佳，在美国发生过多起商业违约事件。这次违约最终导致400多万元的应收账款无法收回。事后，公司高层在总结教训时提出，外贸的风险本身就比较大，催收国外客户应收账款的成本非常高，那么，能不能给国内特别是本地企业做机械加工呢？

事实上，鑫坤机械所在的绵竹隶属于德阳市。德阳市是中国西部的机械制造重地，其中东方汽轮机有限公司（以下简称东汽）是研究、设计、制造大型电站设备的高新技术国有企业，更是全国三大汽轮机制造基地之一。通

过考察后发现，随着业务的快速开展，东汽也急需本地企业加工部分汽轮机叶片。认准这一时机，谢世千在公司高层会议上宣布进入东汽配套体系。

这无疑掀起了轩然大波，公司管理层就是否开展东汽叶片配套生产展开了激烈争论。反对方的观点认为，一是在仟坤集团，仟坤建筑和仟坤房地产正值发展的高峰期，应将资金集中投入这两个企业；二是从原料、加工工序和技术上看，鑫坤机械都相对落后，技术水平和管理水平不一定能达到东汽的要求；三是生产叶片的财务风险也过大。少数支持者的观点认为，叶片制造虽然投入大，但是收入稳定，能够持续发展。在技术上，也是鑫坤机械提高制造水平的机遇。此外，技术人员缺乏的问题可以通过人才引进和培训等措施解决。经过充分讨论后，集团高层决定进一步加强对东汽叶片加工的考察力度，并通过多方渠道联系到东汽叶片生产方面的负责人。在数次拜访下，这位负责人被公司高层的诚意和执著打动，详细介绍了东汽叶片业务寻求外部加工的相关信息，并承诺如果鑫坤加入，将指派一名技术人员给鑫坤机械进行专门指导。

有了前期缜密的调研和准备，鑫坤机械在 2004 年年底一次性投入 500多万元进军叶片加工业务。然而，好事多磨。叶片生产线建成后，废品率一直居高不下，为了解决质量难题，鑫坤机械又引进了多位叶片技术骨干。公司不仅为这些人员提供优越的工作条件，还帮助他们解决生活困难，鑫坤在较短时间内得以新建了一支稳定的技术队伍。这支队伍帮助鑫坤迅速地提高了叶片生产合格率，很好地满足了东汽要求。到 2006 年年底，由于公司严把质量关并保证了交货期限，鑫坤机械逐步取得了东汽的信任。

从汽配到叶片，鑫坤进入了对精度和质量要求极高的机械加工领域，并赢得了顾客的认可，在市场上站稳了脚跟。

从设备驱动到设计驱动，转变叶片业务增长动力

2012 年 3 月，世界三大发电设备制造企业之一的国外某著名企业主动派出专家来鑫坤机械进行考察。外国专家对鑫坤机械清一色的数控机床加工设备、雄厚的人才储备以及良好的产品质量深表认可，通过多次考察双方达成了相关合作意向。此时，鑫坤机械已经能做到顾客提出技术指标，

自己完成设计、生产工艺流程安排以及加工的全过程。在高精度叶片的设计加工上，鑫坤已进入了世界燃气轮机的主流市场。为什么国际知名企业会到绵竹来找鑫坤合作？鑫坤机械如何做到一条龙服务的？这还要从2007年鑫坤与东汽的一次合作谈起。

2007年年初，鑫坤机械承接东汽叶片的业务量越来越大，也因此成为东汽战略布局时的重点合作伙伴。当时的东汽业务发展迅速，但是在叶片业务上一直存在两大隐患：一是叶片的毛坯一直来源于竞争对手的全资子公司；二是高端叶片基本依赖进口。此时，鑫坤机械虽然已经进入东汽的叶片加工业务，但是叶片加工是一个资金和技术密集型产业，为了更好地开展叶片业务，鑫坤机械也在寻求进一步与东汽合作的机会。2007年4月，双方经过深度交流后，决定由鑫坤机械着手负责叶片毛坯和高端叶片的加工。

为了生产叶片毛坯，鑫坤机械着手开展了几项工作，一是引入绵竹的大型企业剑南春酒厂合资，成立天仟重工有限公司；二是增加投资购入高端设备，不仅投资1000多万元引进了5台数控机床开展高端叶片加工业务，又陆续投资数千万元购买大型加工设备，配合鑫坤机械进入东汽核电产品的相关开发工作。

正在鑫坤机械为2008年5月20日开始重型机械的生产而忙碌时，天有不测风云，5月12日，汶川特大地震发生了。地震当天，鑫坤机械为生产气缸作准备的最后一台大型设备——镗床正在调试。由于地处地震极重灾区，厂区遭受巨大损失。为了尽快恢复生产，一方面，谢世千和鑫坤机械的高层管理者全部将自己的办公室搬到生产车间内，表现出和员工同患难的决心，迅速稳定了员工的恐慌情绪；另一方面，千方百计与大型设备厂商联系，在地震后的第二个月即完成了相关大型设备的调试工作。

汶川地震给鑫坤机械带来了损失，但也带来了机遇。由于同处地震带，东汽厂房毁损严重，但是其订单的交货期却十分紧迫，特别是原定出口的风能产品急需恢复生产。于是，东汽提出让鑫坤机械原定生产核能气缸的大型设备应急生产风电轮毂，这对鑫坤机械又提出了新的挑战。通过大量的技术研发和人员引进，一批批高品质的轮毂运往东汽的生产线。经过此事后，鑫坤机械获得了东汽大部分的轮毂订单。尝到甜头的鑫坤决定加大对数控机床的投入。汶川地震后，绵竹在江苏省的援助下新建江苏工业园，绵竹政府鼓励本地有实力的企业入驻。鑫坤机械借助厂区搬迁的机会，继续加大了对高科技机床的投入。在 2009 年至 2010 年前后，公司累计在数控机床上的投入超过 1 亿元。新厂区建成搬迁时，公司已经形成以数控机床加工为主的生产格局。

在高科技的生产设备运用中，最迫切需要的是经验丰富的技术人员。在数控机床的使用中，有两个环节极为重要：工业生产流程设计和程序编制。叶片的规格极为繁杂，新产品层出不穷，设计科学合理的生产流程是关系到生产成本是否合理、质量能否得到保证的重要环节。而程序编制则是将各种加工工序编成机床能理解的计算机语言，进而完成特定的加工工作。由于叶片的规格极多，所以不同规格叶片的技术通用性远不如汽配产品。在鑫坤机械，仅仅是加工叶片需要的工装夹具就数量众多，需要一个庞大的仓库来储存。给规格如此之多的叶片设计工艺流程和编写数控机床程序，需要极富经验的技术人员，而这恰恰是许多西南地区机械加工企业所缺乏的。

为了引进技术人才，鑫坤大力邀请在地震中身体受到重创而高位截肢、已退休的原东汽叶片技术负责人加入团队。有了技术的总体指导，公司果断提拔年富力强、善于钻研的一批技术骨干，学习工艺流程设计和程序编制。经过一年多的努力，鑫坤机械逐步掌握了叶片生产中流程设计和程序编制的核心技术，能独立完成所有的叶片加工工艺设计。到 2011 年底，只要客户提出叶片产品的技术参数，鑫坤机械就能独立完成相关的设计和加工工作，鑫坤实现了从高精密叶片生产商到叶片全套解决方案提供商的转变，这也是外企在主动寻求合作中所看重的。

成效与启示

经过十余年的发展，仟坤集团顺利地完成了从建筑企业向精密机械制造企业的转型，企业年产值和主营收入双双过十亿元。鑫坤机械有限责任公司获得国家专利 20 余项，其中发明专利"曲轴动平衡设计方法"一项、外观设计五项、实用新型专利 14 项，生产的曲轴、连杆等产品远销欧美 30 多个国家和地区，汽轮机叶片接连获得本行业国内外巨头的高度认可。公司员工近1000人，总资产近4亿元，年产值2亿多元，平均年增长率超过30%，经营利润超过1500万元，成为仟坤集团下属企业中利润增长最稳定的企业。

仟坤集团的战略转型引领企业不断发展壮大，鑫坤机械成为集团利润增长和业务发展最重要的一极，留下了有益的启示：

忧患意识是动力。仟坤集团向精密机械配件制造的转型本不具备先发优势。然而，仟坤之所以能走在环境变化的前列，一个重要原因是谢世千的忧患意识。正是领导者有着强烈的忧患意识，仟坤才对国家产业政策的走向、市场行情的变化给予极大的关注。在转型过程中，尽管仟坤经常受到多方的质疑，对环境的深刻洞察力使得仟坤总能在相关转型重大决策到来前未雨绸缪，进而在关键决策上作出正确选择。机会稍纵即逝，学历水平不高，但颇具草根特性的谢世千所表现出的强烈的忧患意识使得仟坤集团每次变革都能对环境变化作出快速反应，掌握主动，并最终在竞争中脱颖而出。

精品意识是前提。作为民营企业，仟坤集团在机械制造中无论是连杆、曲轴还是叶片和重机的生产都极为重视产品品质。即使各种产品的种类日益增加、客户要求不断提高，在进行技术研发和设备升级的过程中，对产品质量的要求也始终放在最优先考虑的位置。谢世千不仅在管理理念上重视产品质量，而且通过统一采购原材料、生产流程改进和严格的产品检测等管理制度保证产品质量。对产品品质的不懈追求，塑造了仟坤集团良好的企业信誉，成为转型过程中吸引客户和快速发展的重要因素。

创新意识是关键。中小型民营企业在外需市场疲软、内部人力和原材料成本持续高企的情形下，要想赢得市场和利润，创新是最大的推动力。鑫坤机械在2004年公司利润并不丰厚的时候抓住机遇，与高校合作坚持创新，最终使得鑫坤汽配业务掌握相关核心技术，在竞争激烈的汽配机械加工领域谋得一席之地。同样，在叶片领域，鑫坤机械成立专门的研发中心，通过在数控机床和人才培养上的不断创新，最终获得了国际知名企业的认可。始终坚持对技术创新的投入和积累，重视与技术创新相关人才的引进以及持续性地重视人才队伍的建立和发展，是助推仟坤转型并在新的行业站稳脚跟的强大动力。

制度意识是保障。在仟坤建设和仟坤房产的发展早期，谢世千的"远见"和个人魅力在企业发展中起到了关键作用。在仟坤集团的后期转型过程中，制度的建设和完善则起到了极为重要的保障作用。随着集团业务的不断转变，公司内部管理也从"人治"到"法治"，制度建设以及制度管理成为仟坤集团转型成功的秘诀。每次转型甚至公司每次较大的决策，公司都制度性地在内部进行大讨论，集体决策，与决策有关的员工、管理者、领导畅所欲言；面对不同意见，公司有一套完整的决策机制，而一旦作出决策，良好的制度建设也能保证相关决策最大限度地被执行。可以说，制度建设是仟坤转型成功的重要保障。

（推荐单位：四川省委统战部）

专家点评

仟坤集团的转型是具有草根特色的转型之路。领导人谢世千文化程度不高，但懂管理，有责任心，有强烈的忧患意识，充分体现出中小民营企业的创始人不故步自封、敢于承担风险和责任的企业家精神。

仟坤集团的转型，体现了中小民营制造企业从劳动密集型向技术和资金密集型转变的鲜明特色。对产品核心的设计和工艺流程技术的开发和掌握，对先进制造设备的高投入，以及劳动者素质的不断提高，使得仟坤提高了生产效率，满足了客户多变的需求并赢得了市场，增长方式从单纯依靠低的劳动力和原材料成本，向依靠先进的制造技术和高素质的劳动者转变，是资源配置方式转变推动企业发展的鲜活案例。

从制造到原材料的生产和销售渠道的建立，仟坤不仅实现了向精密制造行业的转型，还在制造的全产业链上向利润率更高的上下游延伸。这表明，如果能够很好地分析行业形势，找到合适的途径，中小民营企业就有可能成功地向所在产业的高端转移，能够为客户创造更大的价值，也实现了自身的可持续增长。仟坤集团在这方面提供了一个很好的范本。

——首都经贸大学工商管理学院院长、教授、博士生导师　高　闯转型通常是痛苦的，因为转型可能意味着企业要做自己并不熟悉、并不"擅长"的事情，因此我们看到企业的转型基本上都是被动的。然而，被动转型时，企业很可能会陷入转型业务短时间难有起色、原有业务市场份额不断下降的两难境地，因此转型也常以失败告终。

仟坤集团的转型可以借鉴的地方首先在于其转型是发生在公司资金最充裕的时候，可以给予新产业足够的财务支持，从而彻底摆脱低起点、低价格、投产即落伍的恶性循环。从案例中，可以非常清晰地感受到创始人谢世千强烈的忧患意识，正因为有了这份忧患意识，仟坤集团才能始终不被环境变化所淘汰，而是化变化为机遇，不断实现产业的突破。

做正确的事情是成功的一半，剩下的一半则是正确地把事情做完。仟坤集团的案例告诉我们，创业靠机遇、靠勇气、靠努力，而转型则主要靠企业能否吸纳人才以及吸纳人才后的"运行水平"。仟坤集团在每个转型的难点和关键时刻都能看到各种人才在其中所起的作用，没有这些人才，仟坤的转型不会成功。

——厦门大学管理学院教授、博士生导师　林志扬

企业家语录

★ 以德兴企，以义兴利。

★ 社会责任是企业谋求可持续发展的主动行为，是企业发展的源动力。

——四川仟坤建设集团有限责任公司董事长

谢世千

做企业资金流动的加速器

——快钱支付清算信息有限公司案例

杨之恭

案例摘要 //

> 快钱支付清算信息有限公司（简称快钱）从一家不到 20 人、单一从事支付服务的互联网电子商务小型企业，成长为能提供一整套专业、高效的流动资金管理解决方案并由服务互联网电商覆盖到全行业的信息化金融服务企业。快钱现已发展成为员工超过千人，2011 年交易资金处理量超过 1.2 万亿元的支付行业领军企业。

引子：电子商务催生支付行业

曾任网易副总裁的关国光，在网易上市之后便退出了管理团队，开始了边休假边投资的生活，同时也在寻找再次起航的目标。网易的创业经历，不仅让关国光积累了物质财富，而且最重要的是使他熟悉了中国互联网公司的经营环境。关国光探索了多个行业，发现各行业中普遍存在传统商业模式向电子商务模式进军的趋势。由于金融信息化基础建设刚起步，在 2000 年前后，国内个人账户小额在线支付还是一个无法实现的"空想"。在网易工作期间，关国光曾推出网络订购电影票的服务，但只能派员工在电影院门口定点发票收钱，与直接在电影院售票处买票并无太大差别，网上订票的商业尝试并不成功。

随后几年中，无法向消费者收费是困扰电子商务的一个巨大障碍。众多互联网公司很多很好的服务，往往由于没有实现收费的途径而夭折，面对很金矿却掘金无门，陷入了盈利模式的困境。

电信增值服务的出现，对互联网公司来说，是一条解决之道。当时线上的收费渠道最便捷的是跟电信公司的合作，发送短信下载歌曲或者软件成为当时流行的收费方式，这种无线的收费方式救活了一大批主流互联网公司，凸显了支付便利性对互联网经济发展的关键作用。但是由于电信运营商的强势地位，互联网服务产品40%以上的利润会被运营商拿走。对互联网公司来说，只有更加低成本的支付产品的出现，才能让自己活得更好。

关国光清楚地看到了商业机会："假设电子商务市场等同于一个大型商场，那商场内的销售量会有多少？"随着电子商务向传统行业的渗透，未来任何企业都离不开电子商务，而电子支付正式链接了电子商务的最后几公里。于是，2004年快钱公司诞生，开始立足于为企业提供综合的电子支付解决方案。

由单纯的网上支付服务扩展到综合支付模式

专注于做独立的第三方支付平台是快钱成立初期的定位。美国是互联网发展的先锋，众多中国的互联网企业成立之初都是在模仿硅谷的成功经验，快钱也不例外。而在快钱的服务推出之前，一方面是有着"国家队"背景的支付平台已在运营，另一方面一些电子商务网站开发了自己的支付平台。面对竞争，快钱并不担心。因为关国光认为支付平台的中立性非常重要，电子商务广阔的发展空间不能只靠个别几家由电子商务公司开发的支付平台来满足不同市场个体的需求。因而，快钱在成立伊始就提出了"独立第三方"的理念，也正是现在人们经常谈论的"第三方支付"。

第三方支付企业，是消费者资金通往企业的一道桥梁，同时也是企业享受便捷的银行服务的一道桥梁。正如"想致富，先铺路"的道理一样，想要帮助企业朝着电子商务的大趋势挺近，快钱必须先建设一条资金的高速公路。

在电子商务交易过程中，个人用户的资金存在不同地区的各家银行内，企业则希望通过便捷统一的渠道收到客户付款。然而，单一银行无法提供跨行服务，甚至很多银行对于第三方支付解决跨行跨地域资金通道问题没有概念。在创立初期，快钱需要一个一个银行敲门，一个一个合作，把各银行连起来，完成系统的对接。

大量的基础建设必然带来好的客户体验，当快钱让中国最大的专业网络广告公司好耶集团的董事长体验到快钱的快捷、便利后，好耶集团成了快钱的第一个企业客户。过去，好耶几乎每周都需要将零散的广告的利润分成向很多投放网站的银行账户发放，快钱的服务之一就是能够把这些交易一次性完成，还能让好耶广告实时掌握对方资金到账的情况。

随着艺龙、百度、当当、万网等一批互联网企业逐渐开始使用快钱服务，快钱的口碑迅速在业界传播，合同纷至沓来，交易量每年甚至每个季度都在翻番。

这些突破无疑印证了快钱从一开始就坚持了做第三方独立支付平台的原则没有错。快钱相信，支付工具传递的是商户最核心、最真实的资金流和信息流，信息和数据的安全未来必然会成为商户考量支付合作伙伴的重要因素。坚持第三方独立性意味着快钱不挂靠任何电子商务平台，只专注于做支付这一件事，避免了与商户的竞争，消除了商户对于信息和数据安全的担忧。之后的多年实践证明，保持独立性使快钱迅速扩大了合作的商户群体，也是商户得以信赖快钱的基础。

同时，快钱发现，企业客户的行销过程中，特别是从传统行业走向电子商务的时候，不会放弃原先的渠道或者原先的销售模式，会长期出现新旧模式并存的状态，因而要求支付渠道必须同时支持两种销售方式。基于这个发现，2007年下半年，快钱推出了线下业务，将单纯的网上支付服务扩展到电子支付服务，目的是帮助企业尽量减少一切现金交易。在全国支付行业当中，第一家集成了线上和线下的解决方案，形成了国内外同类支付企业中领先的综合支付模式。按照这个模式，快钱再一次扩展了可触达的客户范围，并帮助大量企业实现了高效的电子化收付款，提升了资金流转效率。

由服务互联网电商到多行业覆盖

如果把独立客户的成功比作一个个点，快钱的服务好比大海里捞针，无法形成规模效益。快钱开始思考如何构筑行业性的解决方案，将成功的模式复制到行业中，再根据行业的上下游关系构筑产业链解决方案，这样就能形成由点到线、由线到面的覆盖，真正在电子商务的海洋中形成自己的疆域。

助力传统零售业

传统零售行业一个非常典型的特点是区域性。中国的范围非常大，一个品牌从某个地区起步，逐渐扩展业务到全国，需要有逐渐适应的过程，每拓展一个新的省市都要付出巨大的努力。

例如服装行业，在国内服装企业由代加工转为建立自由品牌占领市场的同时，行业普遍遇到严重的资金流转问题。服装连锁企业的直营店、连锁店所有的 POS 只能分别在银联各地申请，其没有办法解决掉全国集中性部署的问题，进度无法统一。并且不同的店在各地申请了不同的银行账户进行资金结算，总部每天无法实时了解一线销售情况，资金流转慢，信息核对量大，也同时影响铺货效率。快钱跨地域、跨网络的线上和线下集成解决方案迅速在行业内推广开来，使很多全国性连锁企业迅速提高了资金电子化率和流转效率。

助力电子商务产业链

据统计，2011 年中国网购市场中，仅 B2C 交易规模已经突破 1000 亿元，较 2010 年占比增长接近一倍。其中，COD（货到后快递代收货款）业务是推动近些年 B2C 市场交易快速发展的重要因素之一，京东、当当、卓越等独立 B2C 商城的 COD 业务的比例多在一半以上，有些甚至达到70%。但 B2C 商城发展初期多将物流外包给专业的快递公司，自建物流的比例仅是从近几年才稍有提升。

对于快递公司而言，COD 业务不同于简单的货运服务，需要资金流、信息流和物流的高度整合。行业的激烈竞争使得不同的快递公司竞相在 B2C 商城押款取货，在快递人员上门以后还要冒着货款丢失、回收不及时的风险，资金压力极大。手工作业、资金流、信息流难以匹配，物流公司做到资金流和信息流匹配需要付出很大的代价。快钱在和产业链上游的 B2C 电子商城合作的过程中，敏锐地发现了这个商机。

快钱的信息化金融服务，在帮助快递公司加速资金归集，提升资金效率的同时，实现了与不同网购企业快速分账，使得货款迅速回流至网购企业，全面解决了快递公司因代收货款导致的巨额押款问题，释放在途资金，从而大幅度提高快递公司的财务管理及运营效率，同时也提升了整个产业链的资金效率。目前，包括宅急送、微特派等在内的各类型快递企业都在全面使用快钱 COD 解决方案，惠及数万家 B2C 网购企业和数千万消费者。鉴于快钱在电商物流领域的努力和行业影响力，快钱也被中国电子商务协会邀请成为物流企业联盟理事单位。

助力保险行业

保险行业属于传统的金融行业，近年来保险客户电子化量增长的速度极快。传统的投保方式——银行柜台代销或者电话约谈后登门的方式已经不能适应现代保险业的需求。保险行业的竞争激烈，理赔方式也从之前的客户去柜台定损，等一个星期以后到账的方式变成当天理赔，T + 0 到账。快钱作为第三方支付企业，第一个进军保险行业，创新思路，为金融企业提供金融服务。

保险公司是典型的全国性企业，每个保险公司都有数量庞大的全国分支机构和保险代理人，如果保费的缴纳和保单的出具不能达到同步，就可能产生一定的业务风险和法律纠纷。保险公司对于全国各分支机构和保险代理人之间的统一收款要求是快钱的绝好业务机会。与此同时，保险公司对于理赔款出款的速度、准确度都有相当高的要求，与单一的银行合作已经不能满足。快钱为保险行业提供专业付款通道，出款速度快，银行覆盖面广。不仅全国性、地方性的商业银行，甚至全国 7～8 万家农村信用合作社均可以确保支付准确触达。

由电子收付款到企业资金加速器

2011 年被称作支付行业"元年"，支付行业有超过 100 家企业持牌展业，支付行业的"蛋糕"更是以 100% 的年增速高速膨胀。在这一年，快钱交易资金处理量超过 1.2 万亿元，交易量已经不是快钱发展的最大障碍。与此同时，另一个问题出现了。随着电子商务向企业端的渗透，企业产供销的整体效率得到了提升，而资金效率就成为制约企业加速发展的瓶颈。在快钱看来，所有企业的行销方式基本分为三种模式——预付、现货、赊销。对应这三种模式，快钱能够提供包括现金收付款、应收应付账款融资等一整套流动资金管理解决方案，使企业的流动资金往来速度加快。对于快钱所服务的核心企业来说，付款能不能付得慢一些？收款能不能收得再快一些？一旦顺利解决了这些问题，对于企业来讲，无异于让企业的资金血脉更加畅通，为企业的发展注入了强心剂。

这一年，支付企业的分化更趋明显，老牌支付企业凭借着先入优势不断在为扩大版图而横向扩张，线上和线下两条曾经平行的支付通道正逐渐交融整合。而新进入支付行业的"后来者"则仍然挣扎在做大"蛋糕"的煎熬阶段，为了规模而被迫放弃盈利。众多的竞争对手进入了线上和线下的支付领域，快钱新的方向在哪里？关国光认为，还是要从自身和市场相结合的角度来寻找新的发展方向。

其实，在发展初期，快钱早已意识到在金融服务领域，简单的搬运工作是没有价值的。要解决的最关键问题是如何依托信息化技术，实现资金的高效流转，从而"为企业加速"，这才是快钱的终极目标。但是从企业角度来讲，最常用的融资渠道莫过于从银行获得贷款。第三方支付企业在整个资金链条中究竟应该扮演何种角色？如何在和其他金融机构的竞争与合作之间寻找平衡点？最好的切入时机和切入点是什么？为此，快钱做了很多尝试和探索。

快钱的很多现有用户是中小企业，在为它们提供支付服务的同时，快钱发现由于在商业交易中处于弱势的地位，中小企业积累了规模巨大的应收账款。据快钱对客户的统计，所有中小微企业融资需求中 70% 是因为有应收账款而需补充流动资金。如这个融资需求全部满足，将比现有的银行信贷规模大四倍。

那么应收账款融资这块蛋糕，是否可以成为快钱一个新的商业机会呢？快钱认真地分析了现有的银行和中小企业就应收账款融资的矛盾。从表面上看是银行"嫌贫爱富"，不愿意支持中小企业的发展，而其实质在于为中小企业做应收账款贷款不经济。单个中小企业的应收账款规模很小，因此对于银行而言，放贷的收益很小；而单个企业的信用征信成本很高，还要进行贷后管理等，放贷的成本很高。低收益高成本，银行自然不愿意做。

关国光决定试一试，他大胆地设计了一套商业模式。先和大的企业集团进行沟通，获得它们开给所有中小供应商的应付账款，利用信息系统对供应商的应收账款进行评估，将筛选出的应收账款打包，交给银行进行放贷。在这个交易模型中，银行获得了打包的高质量的应收账款，中小企业获得了流动资金，而快钱通过提供服务而获取佣金。

通过不断的摸索和分析，快钱得出了结论。企业与商业银行合作中有三个问题需要解决：其一，单一的商业银行没有办法解决跨行问题。即受制于体制，任何一家商业银行仅能对自身的客户进行服务，不可能服务到他行。但是站在企业的角度上，希望在所有商业银行间获得畅通的服务。其二，产业的需求是纷杂和多样的，且有地域性。而商业银行的运营方式限制和产品的标准化设置，使得一个分支行要充分了解市场趋势，为一个跨地域企业实施物流和信息流的整合，也比较困难，甚至是不可能的。为什么呢？除了传统大型行业，银行很少会针对个别行业做出解决方案，只能做标准产品包装。其三，在国内市场，资金的利率呈现出非常典型的两级化，一个是以商业银行为核心的利率市场；另一个就是系统外的，两个市场差价很大。系统外的市场是因为供需矛盾确定的市场价格。商业银行竞争激烈，却无法解决系统外市场，行业限制致使获取企业真实交易信息困难、成本高。

对于我国的商业银行而言，实现真正现代化的金融需要有一个很大的跨越。电子商务时代要求资金业务从原先以押品为核心的经营模式，转变成对风险的定价。而风险定价就需要依靠足够的信息，一个轻资产的企业究竟有多少交易流转，企业运作是否健康？商业银行难以回答的这些问题，快钱通过大规模的电子化交易数据，以及在行业链条内的数据关联分析，均可以一一解答。这就体现出快钱作为第三方支付企业的天然优势，通过电子化交易平台获取信息并降低融资交易成本，同时通过跟商业银行的合作，使真正需要资金的企业能够从正常的渠道里获取成本相对更加合理的流动资金，以满足业务增长需求。

基于以上分析，快钱依托信息化优势，将自己定位于企业客户和商业银行之间的桥梁，一方面把客户的需求收集起来，另一方面将客户的信息提供给商业银行。所有基础性产品和资金都来自银行或者金融机构。从单一的支付服务蜕变为信息化金融服务企业——为企业提供一整套专业、高效的流动资金管理解决方案。"为企业加速"是进入第七个年头时，快钱喊出的新口号。

而快钱进入传统行业后慢慢发现，零售端的问题仅是冰山一角。在和李宁集团等客户洽谈解决收款问题的时候，对方公司问：你能解决我跟分销商之间的关系吗？集团下游的几百家、上千家分销商很多都采用账期赊销，分销商分布在全国各地。分销商和供应商之间的交易频繁，且有的单笔金额很低，传统的商业银行无法直接覆盖到这些"小、急、频"的资金需求。在没有金融服务企业介入的时候，联想等于是拿自己的信用或者自己的钱，扶持下面的分销商，相当于自己变相做了金融服务的业务。快钱看到了这种情况，由于在之前的支付服务上，分销商的收款已经在快钱的系统内，因此快钱能够跟踪和识别每一家分销商大概经营的状况。基于这样的信息，快钱将成百上千个来自上下游中小企业的小、急、频订单进行整合，批量化地提交给银行。由此，快钱与银行的合作一拍即合，供应链融资业务水到渠成。

快钱凭借 7×24 小时的不间断资金处理，覆盖全国各地不同的银行接入满足各分支机构或分销商的需求，帮助核心企业和分销商之间处理大量业务信息，将业务信息与支付信息相匹配，实现了企业资金流与信息流的整合。

成效与启示

近年来，以互联网、电子信息技术为代表的信息技术驱动技术变革。目前国内大多数企业，已经有了信息化管理的意识，不论是使用 ERP 的方式还是其他方式，都使得企业的产供销效率比之前有大幅度的提升。快钱公司在信息化的大背景下应运而生，成立八年至今，快钱已经形成了由支付网络、支付工具、行业解决方案共同组成的一个综合金融服务体系。丰富多样的行业深入渗透，使得快钱的产品线和解决方案在同业内处于领先地位。因此，当2011年5月央行颁发第一批第三方支付牌照时，快钱的业务许可范围最广：互联网支付、固定及移动电话支付、预付卡受理、银行卡收单，几乎是央行所许可业务的全部。

快钱转型发展的经验和启示有：

依靠模式创新和产品创新促进企业转型升级。快钱在创业第一步时，利用自身的金融优势和信息技术优势，结合互联网经济发展的需求，搭建了网上支付通道，使企业生存的同时获得了数量众多的客户和用户；第二步，结合支付网络的优势和线下市场的需求，及时将眼光从线上拓展到线下，从一个小蛋糕的分食者成为一个大蛋糕的参与者；第三步，通过对自身的客户进行深入分析和挖掘，从支付方案拓展到流动资金解决方案，深入挖掘客户需求，加强与客户的紧密黏性，市场蛋糕也随之扩大。这三步的转型发展，快钱依靠模式创新和产品创新，处处棋快一招，在巩固保持原有市场的同时，不断攻城略地。

坚持为客户解决难题的经营理念。快钱帮助企业解决了从收付款电子化到应收应付账款管理，进而联合商业银行解决中小企业融资难的问题。坚持企业核心战略，逐步完善，战略定位逐步清晰。快钱最大的价值就在于把握住了信息技术革命的趋势，利用信息技术为企业提供增值金融服务，从而为企业多、快、好、省地搬运资金，让企业一块钱当两块钱用。随着目前国内产业经济的升级、互联网平台、技术革命和金融业的发展，金融服务业的空间也越来越大。只要像快钱一样，做到对产业链的增值，让产业链里已有的行业和企业能够因为快钱的出现而获得更大的收益，必然有其发展的广阔天地。

降低成本提供高质量服务。在竞争日益激烈的市场上，如果企业的信息化已经比较完善，而资金效率相对滞后，就会使得企业成本相对增高。应收账款融资本来不是一个创新的产品，快钱的创新之处在于采用信息技术将影响应收账款质量的因素如开票企业、账期、发货时间、收获时间、过往历史信用等通过系统量化考核，将原来银行人工做的事情变成了计算机系统做的事情，显著降低了成本。

（推荐单位：上海市委统战部）

怎么转 转型的启示

专家点评

　　2013 年，互联网金融成为中国经济最有活力的领域之一。第三方支付企业作为金融行业的新生力量，在互联网金融的发展过程发挥着重要的推动作用。专注于解决网络交易需求的第三方支付企业，正在利用先进的网络信息技术，将业务范畴由单纯的电子支付向网络贷款领域拓展，探索一条从根本上解决企业对流动资金需求的新途径。毋庸置疑，这类支付企业的创新具有广阔的市场前景。

　　快钱公司就是这类支付企业中的一个佼佼者。在 9 年的创业过程中，快钱公司依靠模式创新和产品创新促进企业转型升级；坚持为客户解决难题的经营理念，帮助企业实现金融电子化；通过降低成本，提供高质量服务，在激烈的竞争中不断扩大市场份额，获得自身的快速发展。快钱的经验，不仅值得互联网金融企业学习，也值得其他行业企业借鉴。

——上海理工大学管理学院副院长、教授、博士生导师　杨坚争

企业家语录

　　★ 互联网金融时代到来，依托技术革命创新金融服务，是时代赋予快钱的历史使命。希望通过我们不懈的努力，提升金融服务效率、降低金融服务门槛。

——快钱支付清算信息有限公司首席执行官

探索现代物流发展之路

——福建省盛辉物流集团有限公司案例

林贤柱　伍耀光

案例摘要

> 作为国内区域性的基层物流企业，盛辉物流集团有限公司自1992年成立以来，结合企业实际，在谋求生存与发展的过程中，始终坚持"做实、做强、做大、做久"的发展战略，在经营管理模式、业务运营模式、运输组织模式等方面不断探索，持续转型升级，走出了一条从传统到现代，从单一到复合，从延伸服务到延伸功能的现代物流创新发展之路。经过20多年的发展，公司已从一家以单一的运输功能为主的企业，发展成为集运输、仓储、配送、包装、物流策划、货运代理和汽车维修、检测功能为一体的综合型物流企业。

引子：传统物流企业遭遇瓶颈

20世纪90年代初，随着市场经济的浪潮，中国公路货运业步入起步时期，涌现出一大批民营企业。盛辉货运站于1992年顺势创办，在创始人刘用辉的带领下，从"一部车、两张桌、三个人"开始，在福建省内及周边地区从事运输服务。1997年，刘用辉正式成立福州盛辉汽车运输有限公司，自有运输车达29辆，经营场所达1.5万平方米，员工达120多人，业务已向珠三角、长三角地区延伸。随着经济全球一体化和改革开放的不断深入，全国范围内掀起货物流通的高潮，行业需求大增，为了适应市场需求和自身发展的需要，公司加快了发展的步伐，陆续在全国各地设立80多个网点，大力发展长途干线运输，全国性的配载网络初具雏形。但随之而来，资本、人才、管理等都遇到困难。

特别是中国加入WTO后，具有先进现代物流理念，成熟操作模式的国外大型物流公司纷纷抢滩中国市场，使国内功能单一、模式传统的物流企业面临优胜劣汰的现实压力。国内物流市场客户的需求也愈加多样化、专业化，这对物流企业的服务能力提出了全新的要求，促使物流企业需要不断增加新的服务功能。

传统物流企业集约化程度低，技术水平低，运输效率低，单位能耗高等长期积累的深层次问题，使企业利润空间急剧压缩，发展进入瓶颈。如何顺应市场变化，转变发展方式，提高发展质量，走现代物流业发展之路，已成为盛辉人必须面对的首要问题。

由与社会车辆合作向资源自有化转变

盛辉物流创办初期只是一个小小的货运站，经营能力十分有限，即便到20世纪90年代后期颇具规模，但与国有运输企业相比，仍相形见绌，运力资源常捉襟见肘，没有竞争优势。盛辉创办人自创业以来，始终坚持"自营"的管理理念，但在货物流通高潮期，为了满足市场需要，增强揽货能力，参与大宗货物承运，有效壮大客户群体，也采取以自有车队为核心，通过整合利用社会车辆（车辆所有权仍归车主或其所挂靠的公司所有，车辆调度使用权归盛辉所有），将其纳入统一管理的措施，以提高企业核心竞争力，迅速做大、做强。

进入新世纪，随着社会车辆的增多，一度约占公司50%的运力资源。渐渐地，由于竞争加剧，利润摊薄，利益多元化带来的利益冲突也随之增多，加之管理未能及时跟上，车辆的调度和服务的品质受到较大的挑战，客户因服务不满意而引发的投诉日益增多。盛辉人开始意识到这种发展方式将不利于服务品质的提升，品牌形象的打造。因为物流服务是一个全程全网联合作业的过程。期间，只要任何一个环节不协调、不配合、不受控，都会影响到服务的质量。为此，公司决策层就是否终止与社会车辆的合作进行多次研究、讨论，最终以少数服从多数的原则，抵制住了利用社会车辆所带来的规模迅速壮大的诱惑，坚持所有网点、车辆自有，不允许挂靠，不允许加盟。于是，陆续对社会车辆进行收编或淘汰，到2005年前后，已全部实现运力资源自有化。

车辆的自有化为服务质量的均衡性创造了条件，但由于21世纪初期公司规模的迅速壮大，点多面广，如何提高网络的管控能力，确保管理的统一性，又成为企业发展面临的一大难点。后受蜘蛛结网的启示，盛辉人经过不断探索、实践，总结出"点线网"的经营管理模式，即在全国重点区域设置"中心点"（区域中心公司），在非重点区域设置分公司、办事处，设点拉线，交织成网，贯通全局，纲举目张，进行分级管理，分区经营，实现整体良性运行，迅速扩大运营规模，完善运输网络建设。至2004年，公司已在福建省内、珠三角、长三角、环渤海等地区设立物流分中心，更名为盛辉物流集团有限公司，经营场所达23万平方米、网点117个、车辆630辆、员工近3000人，物流总额突破了亿元大关，依靠自己的力量挺过了发展的瓶颈期，走出了民营物流企业"小、散、弱、差"的怪圈。

由单一运输模式向供应链管理一体化转变

为破解服务功能单一、服务能力不强、专业化程度不高，难以满足客户日益严苛和复杂的物流需求的难题，盛辉公司积极探索、拓展新的服务功能，努力开创出企业经营的"一招鲜"，满足客户个性化需求，不断提升企业的服务能力。

公司首先在服务品质上做文章，率先将ISO9001国际标准质量管理体系认证引入物流行业，保障操作的标准化、管理的统一性，服务质量的均衡性。在确保服务质量，稳定客户群体的基础上，围绕客户需求的满足，不断丰富服务功能。2000年前后，公司管理者发现，前来提货的不少客户提出了送货服务，配送需求越来越强烈，需要配送的量也越来越大，而公司尚未提供配送服务，当时社会车辆又不足，难以满足客户的需要，以致客户常出现找不到车的情况。为了方便客户，挖掘新的利润增长点，公司决定先期投入 10 辆小东风，专门负责福州市区的配送。这项业务开展后，影响比较大，开创了福州区域货运企业提供配送服务的先河。此后，随着配送业务的壮大、配送车辆的增多，盛辉物流于 2001 年成立了配送中心。如今，仅福州地区，就有 160 多部配送车辆，每天配送货量达 1900 多吨。据初步统计，集团年配送收入达 1.91 亿元，年净利润达 4006.58 万元，约占集团车辆利润总额的 30% 。

作为传统的运输企业，库房建设与当代物流中心相比，仓储设备较为简单，服务功能单一，多是货物的仓储和装卸，仅是发挥着中转集散的作用。因此，虽在物流市场上，仓储业务已是比较成熟的一项业务，但对以运输业务为主的盛辉而言，直至 2009 年，才开始接触仓储业务。一次偶然的机会，集团晋江分公司经理在与客户交谈时，发现其还存在另外一种需求，即到指定地点提取货物，而后将货物存储在公司仓库，并在客户的系统中入库，同时根据产品性质，对货物进行分类，按先进先出模式对产品进行仓储管理，还对货物进行适当的包装，最后按照客户的出厂单将货物送达指定地址和收货人。

公司决策层发现这一需求后异常兴奋，及时召集相关人员，积极与客户接触、洽谈，凭借强大的运力资源、庞大的物流网络，取得了客户的信任，顺利获取了这项业务。初次合作便获得年营业额 300 万元的订单。此后，公司摸着石头过河，边做边总结，业务拓展到包括仓储、运输（公路运输与铁路运输）、拣配、装卸等服务，年营业额达 1000 多万元。两项业务的利润均为 10% ~15% 。经多年摸索，公司现已能为供需双方提供整条供应链管理服务，能同时满足客户运输、仓储、装卸、配送、分拣、包装、订单处理等物流一体化服务需求，实现了从单一功能向第三方物流再向供应链管理一体化的转变发展。

近年，公司又在不断尝试与发展新的业务模式，已与兴业银行联手，经过与客户商议，通过在三方之间设计权责设置和风险控制，成功开展了金融质押监管业务。金融质押监管业务开发至今，已先后帮助六合院（福建）艺术家具有限公司、莆田市赐宝钢材贸易有限公司和莆田市金源兴钢材贸易有限公司等企业成功融资上亿元，探索出一种高附加值的新的业务盈利模式，据初步统计，净利润可达70%左右。这不仅促进了企业经济效益的增长，为进一步做大做强公司综合物流业务打下牢固基础，还通过输出管理和服务，树立了企业的品牌形象。发展物流金融业务，发挥了企业的专业优势，提高了供应链运行效率，解决了中小企业融资难问题，控制了银行贷款风险，推动了我国诚信机制的建立。此外，公司还提供了保价运输、代收货款及打包等增值服务。同时，随着电子商务的飞速发展，还与国内最大的电子商务巨头阿里巴巴展开合作，实现了物流与商流、信息流、资金流的有机结合，进一步提升了服务能力。

由手工作业向信息化操作模式转变

进入新世纪，公司迅猛发展，各项经济指标在原有基础上翻了几番。面对陡增的业绩，盛辉管理者非但没有骄傲自满，而是一如既往，保持居安思危的心态，以谋求更好更快地发展。2003年底，在一次深入一线的调研过程中，不少员工反映，由于业务量突飞猛进，纯手工作业的操作模式已严重制约公司的发展，矛盾异常突出，集中表现为工作量大、人员紧张、差错率高、效率低。同年起，"用工荒"、"招工难"现象愈发频繁，劳动力成本上涨明显，这引起了刘用辉的重视与深思。他隐约感到继续以劳动力低成本支撑企业高速发展的模式已难以持续，引入物流信息化，提升经营管理信息化水平，推动企业操作模式转变已是大势所趋。

经过高层人员研究讨论后，公司决定先尝试开发一套适用于公司内部运营使用的运输软件。其实早在1998年，在不少员工，尤其是年龄较长的老员工因固有的操作习惯对推广信息化工作持观望甚至抵触心态时，地处改革开放最前沿的深圳分公司已购买了集团创办以来的第一台电脑，并派人参加了深圳市政府举办的推广会议，使用了单机版的软件，在深圳公司试行电脑录入、打印承运单，率先在实行信息化操作的道路上迈出了具有重要意义的一步。但由于实现信息化操作的前期投入较大，加之早期基层员工的文化水平总体比较低，电脑应用基础很薄弱，推广信息化工作存在较大的阻力，盛辉公司的信息化进程因此而搁浅。

时至 2004 年 5 月，改变原有纯手工作业模式，逐步实现向信息化操作转变再次被提上议事日程。随即，集团购买了两套组装电脑，用于从事软件研发。当年年底，软件研发完成并在深圳与福州之间投入试用，初步实现了运单录入、打印总单、车辆签收等一些基本功能。随着试用的深入，这套运输软件无法实现整个集团的数据联网共享，无法满足业务运营要求的问题逐步显现，为此，2005 年 7 月，集团又开始与上海赛勤公司合作，研发公司第一套物流运营管理系统（ERP 系统）。历经一年多的筹建、开发、搭建、测试、培训和试运行，于 2007 年 7 月正式使用，实现了从纯手工作业到信息化操作的转变，大大提高了工作效率，完成了集团信息化建设第一次质的飞跃。

伴随客户需求的不断提升以及集团管理工作的变革创新，第一套运营管理系统的部分功能已不能满足发展的需要，公司决定重新开发一套可适用较长时间的物流运营管理系统。2009 年 6 月，盛辉与福建师范大学合作，研发现在正在使用的第二套物流运营管理系统。新系统于 2011 年 2 月在全集团正式运行。经更新升级，在运行效率上有了很大的提升，在功能应用上也有了极大的优化，较好地满足了企业生产、经营及网络结算的需要。近年，集团还先后斥资，安装卫星定位系统（GPS），启用银行转账宝、MIS－POS 刷卡服务，推广条形码扫描、建立全国客服呼叫中心，运用电子数据交换（EDI）等先进技术，为实现机械化、自动化的作业模式奠定了基础。

由"多拉"向"快跑"的运输组织方式转变

2007 年，由于成本急剧攀升，盛辉不少线路运营困难甚至处于亏本的边缘。如广州至上海专线，当时，双桥车单趟总运费为 8000 多元，而单趟成本支出也常达 8000 元，赔本赚吆喝。为摆脱困境，公司想到了"多拉"的措施，陆续更换了车型，投入了承载量更大的江淮牵引车，还将车身加长、车厢加厚，部分长途干线车重达十几吨，长达 20 余米，如同一节火车皮。经过一段时间的运行，一次例行数据分析发现，福州至沈阳专线多装了 300 多公斤的货物，运费增加只有约 500 元，过路过桥费却增加了 2000 多元，这意味着多装并没有多收入，反而大大增加了车辆的成本支出，且加大了行车风险，难题仍未解决。

既然"多拉"行不通，只好另辟蹊径，为此，公司苦苦探寻，多番分析，发现问题的症结在于"趟次跑不起来"，即车辆周转率不够。于是，盛辉人想到了"快跑"，将主要精力放在如何提高趟次上，而运输效率低，又是传统运输业的"软肋"，如何突破这一瓶颈成为摆在盛辉人面前的又一道难题。在一次研讨会上，有位高管无意中提到，"据说福州马尾港、厦门港的集装箱实行新的运输方式，周转率很高，我们能不能去看一看，学一学。"一语点醒梦中人，这让盛辉人感到问题的解决有了新的希望。会后不久，公司便组织高管人员前往实地参观考察，经过交流、探讨，盛辉人不仅明白了这种运输组织方式的专业名称——甩挂运输，还得知该模式在欧美等西方发达国家早已实行了几十年，是公路运输的主要方式，也是未来物流发展的趋势。

一番取经借鉴后，盛辉认为公司在市场、货源、场站、车辆和管理上已具备了必要的条件，可以尝试引进甩挂运输，此时，又恰逢国家交通运输部、省交通运输厅大力倡导、鼓励开展甩挂运输。为抢得先机，盛辉在外部环境并不十分明朗的情况下，毅然决定先在此前一直处于微利甚至亏损状态的广州至上海的专线上进行试点。短暂试运行后，发现同样的货源与单价，利润与趟次却实现了翻番。尝到甜头的盛辉又迅速在公司货源最为充足的福州至广州线上予以实行，并逐步在其他线路上推广。伴随着甩挂运输的深入实施和线路的日益增多，管理愈发吃力，为此，集团又先后组织人员赴美国、北欧等国家考察。美国与北欧的所见所闻让盛辉人看到了差距，带来了巨大的触动，引起了深刻的反思。

在考察期间，盛辉人诧异地发现美国同行几乎清一色地使用无大梁的轻量型车厢。据了解，该车厢重 7.9 吨，较之盛辉普遍使用的车厢轻 3~8 吨，这与公司此前为了"多拉"所采取的将车厢加长加厚的做法"背道而驰"。回国后，集团有关部门将数据进行统计分析，真是"不比不知道，一比吓一跳"。以福州至广州的线路为例，若将公司使用的 14.6 米的挂车

（其车厢重 10.9 吨，实载货物重量达 26.2 吨，车货总重为 46 吨）更换成同规格的美式车厢，保持车货总重 46 吨不变，即实载 29.2 吨，可多装 3 吨货，年可增加 22.94 万元的利润；若仅是减轻 3 吨的车身重量，每年则可减少 17.07 万元的成本支出。这一分析比对，让盛辉人瞠目结舌，不禁愕然，彻底颠覆了其过往的思维方式。为此，公司当即决定使用轻型车厢，严禁超限超载，大力发展甩挂运输，全力推进企业由规模化增长向集约化发展转变。时至今日，公司已投入 700 多万元，初步购买了 20 部轻量型车厢，甩挂线路已达 62 条，日发车班次达 67 班，成为全国首批甩挂运输试点单位。企业集约化水平、车辆使用率、运输效率显著提高，单位能耗和碳排放强度大幅度降低，领先于国内同行。

随着以甩挂运输为主导的运输组织模式的转变，盛辉在落实国家节能减排战略，构建绿色物流中先行起步。实施甩挂运输以来，公司取得了重大突破。如车辆购置成本及人工开支方面，以福州至广州为例，两地每天四班甩挂准时对发，以每月 26 天计算，8 部甩挂牵引车完成 208 趟运输量，每趟以载重 30 吨计算，共完成 6240 吨。按每 2 部车配备 5 名司机的定额，8 部车需要司机 20 人。若采用普通运输模式，每部车每月完成 12 趟的运输量，运送同样的货量，需要普通车辆 17 部，司机 34 名。反过来说，节省了车辆采购成本约 567 万元，车辆维修成本 4.41 万元/月，人力成本 10.02 万元/月。又如油料消耗和碳排放方面，目前，社会车辆实载率约为 75%，而盛辉甩挂车辆的实载率能达到 94%，仅此一项每部车可节油 1100 升/月，所有甩挂车辆全年累计可节油 150 万升，节约油料成本 1080 万元，同时减少二氧化碳和碳排量分别为 3945 吨和 1075 吨。

成效与启示

创业时，盛辉物流只是个"车老板"，早期发展相对缓慢，至 1997 年成立福州盛辉汽车运输有限公司时仍只有 29 辆运输车、1.5 万平方米的经营场所、120 多名员工。但进入新世纪以后，随着"点线网"经营管理模式的导入，设点拉线，交织成网，贯通全国，纲举目张，公司驶入了发展的"快车道"，业务持续增长，公司规模迅速扩张。2000 年以来，每年物流总额均以两位数的增幅持续递增，到了 2005 年，注册资金已由世纪之初时的 630 万元激增至 5589 万元，车辆从 131 辆增加至 630 辆，员工更是从 350 人跃升至 2988 人，经营网点达 117 个，年物流产值达 3.68 亿元。并于 2004 年升格为集团化公司，入选中国物流百强企业。近年，注册资金已达 1.19 亿元，业务进一步发展，2012 年物流总额达 17.3 亿元，经营网点已达 260 多个，自有车辆 1500 多部，员工 7000 多人。盛辉物流已从过去以单一运输功能为主的企业，发展成为集运输、仓储、配送、包装、货运代理、物流策划等物流功能为一体的，同时涉及金融质押监管、汽车维修检测等物流功能齐全的现代物流企业。

盛辉区域物流行业领先者的品牌效应凸显，客户对盛辉的品牌认知度不断加强。2006 年，跻身中国物流前 50 强；2007 年，被评选为中国民营物流企业前 10 强。2009 年，"盛辉"被认定为福建省企业知名字号，同年 4 月，"盛辉"商标被认定为"中国驰名商标"，成为全国首家获此殊荣的民营物流企业。2010 年，获评海西最具影响力品牌，2011 年，顺利升格为国家 AAAAA 级物流企业，成为福建省第一家获此资质的民营物流企业。同时，集团还先后荣获全国五一劳动奖状单位、全国模范劳动关系和谐企业、全国思想政治工作先进单位等十多项荣誉。十年来，借助社会知名度与美誉度的提高，集团提升了品牌形象，为打造现代物流增添了新元素。

盛辉物流从全国数十万家的运输企业中异军突起，迅速成长为福建省物流企业的排头兵、中国物流企业的佼佼者，探索出了一条民营物流企业走现代物流的可持续发展之路。其主要启示是：

创新服务和管理，是转变发展方式的核心。从某种程度而言，转变发展方式的实质就是改革创新的过程。在加快转变经济发展方式的新形势下，只有依靠创新精神和提升创新能力，才能确保企业顺势而为、逆势而上。当然，不同行业转变发展方式的着力点各不相同，但对于物流业而言，其转变发展方式的核心应该是一致的，即致力于客户需求的满足及客户价值的实现，不断改革和创新企业的服务与管理模式，提升服务的能力和品质，增强企业竞争力。为此，物流企业要把改革和创新服务管理作为转变发展方式的核心。

准确把握阶段特征，是转变发展方式的关键。转变发展方式是一个系统工程和长期任务，企业发展方式的选择和转变具有动态性、渐进性和复杂性。因此，若企业主动对现有的发展方式进行调整，务必要找准方向，"方向对头，才能永立潮头"，切忌盲转、乱转。这要求不能"低头拉车"，还需"抬头看路"，更要"昂头看天"，要跳出企业看企业，将企业置身于行业发展的大背景下，通过横向比较，纵向总结，发现不足，引进先进的管理经验和生产模式，分阶段跨越，才能站稳脚跟，保持行业的引领地位，获得持续的良性发展。

实现企业可持续发展，是转变发展方式的目标。在全球倡导低碳绿色发展的今天，环境保护和绿色发展受到了更为广泛和深刻的关注。对企业来说，绿色发展不仅仅是承担环境责任和社会责任，更意味着市场机遇与未来商业价值，也是竞争力。为此，企业要坚持走节能减排、可持续发展之路，采取既基于国情又符合世界发展趋势的技术路径，制定清晰的阶段目标和可行的优先行动计划，把"低碳化"相关指标整合到各项计划和管理制度中去，探求节能减排可持续发展的模式，才能实现社会效益和经济效益的统一，永葆基业长青。

（推荐单位：福建省委统战部）

专家点评

身为福州本土企业的盛辉物流，能从全国数十万家运输企业中异军突起，成长为福建省物流企业的排头兵，中国物流企业的佼佼者，跻身国家5A级物流企业行列，缘于改革创新。

在21年的发展历程中，盛辉人始终坚持"客户至上、服务社会"的企业宗旨，致力于客户需求的满足及客户价值的实现，把改革、创新服务管理作为转变发展方式的终极核心，不断提高服务能力，延伸服务功能，赢得了发展的先机。

企业通过文化、制度建设招纳各方英才，引领企业由传统物流向现代物流转型升级。而在转型发展过程中，盛辉人把握了行业的发展趋势，创新服务管理、丰富服务功能、优化运输组织，推动企业朝着规模化、信息化、集约化方向发展，保障了企业市场规模和经营效益的快速提升。

——首都经贸大学教授　蒋泽中

企业家语录

★ 转变发展方式的实质是改革创新的过程，对物流业而言，转变发展方式，就是探索客户需求的满足及客户价值的实现。

★ 企业主动对现有的发展方式进行调整，务必要找准方向，切忌盲转、乱转。不能一味"低头拉车"，还要"抬头看路"，更要"昂头看天"。

★ 企业要发展，关键要善于思变。逆境中求变，是被动的变；顺境中求变，是主动的变。只有主动思变，才能激发创新精神，适应新情况，谋求新发展。

——福建省盛辉物流集团有限公司董事长

从叶氏服装到"叶氏服务"

——北京叶氏企业集团有限公司案例

于　峰

案例摘要

　　北京叶氏企业集团有限公司（简称叶氏企业）曾经是著名服装品牌企业。进入新世纪前后，针对业内不规范竞争加剧和现代服务业方兴未艾的环境变化，超前地提出了企业经营方向调整、实现发展方式转变的思路，不仅有前瞻性地认定了发展现代服务业为未来产业发展的大趋势，而且逐步实现了经营主业转移，服务规范化、标准化和国际化的转变，通过改变企业资本结构、改善服务内容结构、提升服务标准及品质等一系列动作，完成了向现代服务业企业的转变。

引子：叶氏服装遭遇"扒版"

　　1992年，毕业于北京市服装技术学校的叶青凭着自己的专业知识和闯荡京城时装界赢得的良好声誉，敏锐把握市场机遇，投资24.6万元成立了"北京市叶氏服装服饰设计社"，带领七名员工开始了艰难的创业之路。1993年1月，叶青在原服装服饰设计社基础上成立了北京叶氏服装服饰有限公司，在职员工达到100多人。同年3月，公司销售专柜进军北京百货大楼等京城十大商场。随后，公司旗下的"叶青"牌女装荣获北京市最畅销国产商品展销"京华奖"，跻身十佳服装品牌。当时，叶氏服装在京营销点达到40多家、全国合作经销商达到100多家，覆盖了北京和全国主要城市，实现了"零库存"。1995年9月，北京叶氏企业集团有限责任公司正式成立，并以年销售业绩过亿元的令人惊异的经营业绩，跻身于当年的"中国 500 家最大私营企业"之列。

随着中国市场经济的逐步确立和民众生活水平的逐步提高，消费者对服装变化的追求日益明显，产品更新换代的频率加快，对知名企业的产品版式和品牌投入要求加大。同时，劳动成本、生产场地成本和生产资料成本逐年提高。一些小企业甚至是小作坊在看到服装行业利润丰厚、资金回笼快的特点后纷纷挤进这个行业，由于当时行业内高竞争性以及经营行为的不规范性并存，服装行业竞争趋于激烈，企业面临的经营环境约束增加。这些都限制了作为知名品牌服装企业叶氏集团的发展空间。

1996 年开始，以"版型"好著称的叶氏服装频频遭遇"扒版"。一款销量好的冬季大衣常常在上市的两周内就会遭到"扒版"产品的市场冲击。在年底年初的企业经营例会上，如何防止"扒版"的问题多次被提出，但始终难以找到合适的解决办法。

从单一服装生产到发展现代服务业

1997 年春的叶氏企业年度经营发展会议上，叶青首次提出"服装业能不能再做下去"的问题。在这场关乎企业发展方向的重大讨论中，公司领导层对企业是否需要转型没有达成一致的意见。很多领导不明白叶青服装在销量好、口碑好，正处在鼎盛时期的时候，为什么放着现成的路子不走而去探索未知的道路。"扒版"是这个行业中难以规避的问题，不应该为此而放弃已经获得市场广泛认同的品牌和产业。在持续的争论中，以服装公司总经理和一批服装技术骨干为代表的反对者始终以专业、高调的姿态力陈坚持下去的主张，与主张企业转型的意见形成了尖锐的对立。

叶青已经深入思考很长时间了，服装设计师出身的他非常能够理解服装公司经营层和技术骨干们的心情。他不希望看到自己的队伍出现分裂，也不知道自己关于企业转型的考虑是否会给企业发展带来不可预见的风险。但是，从企业目前难以摆脱不规范竞争带来的侵害可以预见，继续在服装行业内发展，企业的经营风险确实有不断加大的趋势。他决心摆脱这种日益被动的局面。

在之后的一次经营决策会上，叶青将自己对服装行业趋势的分析和企业未来发展面临的问题向与会者做了详细的说明。他指出：即使是经营状态良好的公司，当其好的产品不能保持良好的市场反馈和业绩回报时，也必须考虑对企业未来发展的长远影响，不能对即将到来的经营业绩衰退甚至企业消亡没有预防。企业领导者需要考虑如何带领企业员工在太阳落山前找到一个太阳刚刚升起的新领域。在听完叶青深刻的分析后，大多数人认同了转型的决策，同意企业进行多元化发展的尝试。而在公司最终作出转型决策的会议上，以服装公司总经理为代表的反对派也丝毫没有妥协，他们选择了辞职来表示对企业发展方向转变的拒绝。一批曾经对叶青服装发展作出积极贡献的员工纷纷提出辞职给企业带来的震动之大不言而喻。叶青十分不愿意看到的情况还是发生了。但事关企业未来，他认为自己不能退让、不能感情用事，也要尊重同事把握个人未来发展的权利。

经过一个时期的市场调查，企业领导层最终甄选了几个多元化发展的方向。先后进行了连锁餐饮、宠物食品、通信服务、自有物业等多种尝试。然而，走出国门，在美国开设的通信服务公司没有形成对企业集团发展转变的支撑；宠物食品的产品开发比较成功，但市场效益回报不足；连锁餐饮"青青小美"特色突出但效益平平。但多元化总有成功的"手笔"。1996 年集团投资在北京市朝阳区望京工业开发区兴建的产业基地——叶青大厦，成为叶氏集团未来发展的新基石。

购买兴建叶青大厦土地的决定来自于一个偶然的机会。1995 年年底一个寒冷的冬日上午，朝阳区一位副区长邀请一位知名的民营企业家前往当时还是一片荒凉之地的望京地区勘察地块，并向其介绍朝阳区的招商引资政策，叶青作为那位企业家的好友一起陪同考察。但是，那位企业家没有看上那块地，也没有产生入驻园区经营的想法。陪同考察时，叶青了解到望京西区的建设规划，意识到这是企业发展的一个良好机遇，于是在回来之后抓紧时间与董事会成员沟通，在董事会意见取得一致的情况下主动与区领导联系沟通，阐述了叶氏企业集团积极响应区政府号召、入驻园区经营的发展思路。最终，叶氏企业的想法得到了区领导的认可，叶氏集团购得 9600 平方米的综合用地，叶氏集团也成为望京科技园区第一家入驻经营的企业。1999 年年初，位于望京中关村电子城西区的、建筑面积近两万平方米的叶青大厦 A、B、C 座相继竣工，叶氏集团曾经考虑告别原来的两层小楼，将散居于京城各处的叶氏产业凝聚在叶青大厦内，组成"联合舰队"，再次出征远航。但是，注意到当时北京地区高档写字楼供不应求的市场状况以及望京开发区的发展前景，企业集团董事会迅速对大厦的用途做出调整，决定少数面积自用，多数面积对外出租。1999 年 9 月，装饰一新的叶青大厦开始对外招租，凭借优越的地理位置和相对良好的物业服务赢得了客户的信赖，出租率直线上升，近半年时间便取得了近乎满租的业绩。写字楼经营显示出企业转型获得初步成功。

叶氏企业毅然放弃了当时市场占有率高达 10% 的服装生产行业，经过艰辛的多元探索，最终找到了明确的方向，锁定现代服务业，开始新的征程。

打造标准化、国际化服务

进入 21 世纪，全国各地逐渐形成了各具特色的主体功能区，仅在北京地区就有 CBD 功能区、中关村科技园区、望京电子城高新技术产业功能区等。在政府规划和市场引导的双重因素下，这些功能区凭借独特的地理位置、成熟的商业环境，吸引大量企业涌入，商务办公空间急剧扩大，跨国企业与合资企业的联袂进入，推动了高端服务的市场需求形成。

这一时期，叶青大厦作为北京市望京西区的一所高档写字楼，具有吸引新经济组织入驻的天然优势。同时，许多金融、科研、商务等机构正在寻找适合运营条件的办公场所和研发试验场所，由此产生了租用办公空间的巨大需求。在市场需求看好的情况下，如何提升企业运营效率？

随着大量企业入驻叶青大厦，集团管理层意识到必须形成一套完备的管理方案来对整片园区进行管理。曾多次去国外进行过实地考察的叶青在一次公司经营会议上指出：我国楼宇经济成型较晚，管理尚未形成规范，公司既然已经进入楼宇服务领域，就要注意形成规范的管理。在经营上可以借鉴国外的标准化管理方式，在国内率先实现标准化的管理和服务。

为此，2002 年叶氏集团专门成立北京叶氏物业管理公司，下设综合部、工程部、安保部、保洁部等部门，在承担叶青大厦物业管理职责的同时，努力按照专业化要求进行管理与服务的标准化探索。

公司首先引进 ISO9001 国际质量体系对物业管理工作进行规范化的整合，在此过程中，公司致力于实现设备运行的标准化、管理方式的标准化及服务流程的标准化。在大厦工程建设时期 AAAAA 级标准的设备选型支持下，公司强调了楼宇设备自动化系统、安全防范系统、通信自动化系统、办公自动化系统、火灾自动报警和消防联动控制系统等设备的高标准运行要求。进入大厦的设备层或管道间，处处一尘不染，物品摆放有序，事故防范到位，监控反映及时，设备运行中的烟尘、油污和蚊蝇鼠患都在防范之列。

大厦管理部门严格按照标准化要求从事物业管理工作，做到了管理有方案、程序有设计、防范有预案、行为有痕迹。把管理的规范化与客户的实际需求相结合，为客户提供安全、整洁、专业、有序的办公环境。

大厦内的保洁人员在上岗前都经过专业的培训，学习一套完整的清洁操作方案，并要求必须根据方案进行打扫。如卫生间清洁方案有 20 余个小点，从打扫前的准备工作到具体的操作流程细致入微，覆盖了卫生间的每一个角落，方案中明确规定了流程要求（日间每间隔两小时进行一次小清）和具体时间要求（每次小清不少于 15 分钟）。来过叶青大厦的人会对大厦内的洗手间留下非常深刻的印象。干净整洁、气味芳香、设施讲究，绝对无愧于五星级写字楼的级别。尽管大厦内企业众多，人员数量庞大，洗手间使用频率相当之高，依然能够保持卫生洁具清洁无水迹、墙面干净干燥、镜子明净、卫生纸和洗手液齐备。

保安人员的形象在一定程度上代表着大厦的形象。大厦为保安人员统一配备了四季的制服，不同季节穿不同的服装，一年四季整齐划一。同时要求遵从勤务规范，不仅要求仪表仪容整洁，更要求举止文明，行为有据。在维护大厦外部环境和制止进入大厦人员的不文明行为时做到礼貌用语，文明执勤。为此，专门提出 900 句文明用语挂嘴边和针对性服务用语的规范要求。

系列的标准化管理使叶青大厦培育了一批既具有专业性又具有亲和力的保安精英。叶青大厦的保安队伍是园区内一道亮丽的风景，小伙子们个个精神抖擞、文明有礼，不论在什么时候，都展现出其专业有序的素质。

在 2003 年顺利通过质量管理体系认证之后，公司坚持管理规范化抓实效，量化标准不走样，取得了比较好的成绩。其中有公司注意加大设备投入，使大厦满足楼宇设备动态要求的努力。设备自动化系统（BA）、安全防范系统（SA）、通信自动化系统（CA）、办公自动化系统（OA）、火灾自动报警和消防联动控制系统（FA）等始终保持高标准运行状态。标准化的管理和服务为驻厦企业发展提供了满意度极高的评价，得到了广大客户的认可。

在基本实现服务标准化的情况下，叶氏集团更迈出了向国际化高端服务看齐的步伐。董事长叶青提出，企业服务不能仅仅满足于国内的标准化要求，更应该立足于国际化的高端，让跨国企业、世界 500 强企业感受到企业服务的合理与科学，引领国内外行业管理的标准和水平。

步入叶青大厦所在园区，可以看到绿油油的草坪和经过精心打理的黄杨。楼宇内外的绿化就像人的衣着，虽然不影响正常的动作进行，但会体现出审美情趣和人们的心境。叶青大厦园区绿化使用的是维护工作繁重、运行成本较高的冷型草，一年十二个月至少能绿十个月，但这种草很难伺候，高温和低温状态下都难以存活，需要科学的管理和精心的维护才能保持常绿的效果。叶青大厦采用了当时国际上非常先进的自动喷淋技术，采用夏季降温、入冬"穿衣"的方式对草坪进行管理。像花园一样优美的外部环境不仅提升了大厦本身的形象，更为入驻企业的员工营造了一片舒适清新的氛围。车场的车辆管理也会遇到跨国际的标准检验。曾有一家知名外企高管的司机屡次不按车场规则停车，不仅违反了入驻合同的约定，更影响了停车秩序和外部环境的整齐美观。在车场管理人员多次提示不见效果的情况下，大厦管理人员做出了对该企业发函、锁车并禁止该名司机进入园区的处置。第二天上午，该企业老总仍旧坚持使用这名司机，并在得到司机禁止入内的警告时口出不逊，坚持要求保安人员允许该司机进入，在遭到礼貌拒绝后竟然采取了将车停在大厦车辆出入口后扬长而去的做法，导致后续车辆无法入内，造成了大厦门口交通堵塞。经协调无效后大

厦管理人员及时报警，由警务人员依法对该名老总进行了治安告诫。叶氏
管理公司及时将此情况发函向该企业国外总部通报，由于该名高管的做法
违反了企业所在国法律，该企业总部接到通报后即解除了他在中国的职务
并实施了召回措施。此举对管理方维护大厦良好外部环境产生了极好的示
范效应。

当大多数人还没有注意到室内空气质量问题时，叶氏管理公司已为优
化大厦内空气质量而制订了专门措施。如为了防止楼内人员在公共场所遇
到被动吸烟的问题，大厦专门设置公共吸烟室。同时，及时提示吸烟人士
自觉进入，很快杜绝了楼道或电梯间吸烟现象。为使楼内空气保持清新健
康，大厦对通风系统的日常维护和运行作出严格的要求，不仅每半个月要
对通风过滤网清洗一次，清洗前后均进行风速测试和空气测试。另外，公
司还有对服务人员的体味要求和检查，防止员工身带不良异味上岗，并为
员工提供特制香水，使有员工值岗的大厦内时时清香飘荡。在许多写字楼
中经常出现的丢东西现象在叶青大厦内很少发生，这来自于大厦对外来人
员行动范围的严格规范管理以及对内部企业员工行为规范的引导。快递公
司工作人员是最常见的外来人员，在入厦前，快递人员都要进行登记，并
只能进入目标楼层，不可串入其他楼层。同时，要求接收快递的人员应在
办公区域外或电梯间进行接收。在这一规范刚刚实施时，遭到两方人员的
极力反对，都认为这样的做法太过麻烦，浪费他们的时间。大厦管理人员
顶着重重压力，坚持落实这项措施。经过时间的检验，事实结果证明了这
项规范的明智性。自觉自发进行登记，径直送达径直离开，有效维护入驻
企业不受无端干扰和财产的安全。

在安全、整洁、专业、有序的环境标准之外，从国际化趋势的要求出
发，叶青大厦还增加了卫生、健康的环境要求。这是董事长叶青根据自己在
国外工作期间所在地对有关部门环境要求的感受提出的，类似的还有客户退
租的房间恢复方案和二次装修统一方案要求等，依据国际化标准设计大厦服
务标准，使得企业服务更上了一个层次。有人提出可以将这些做法上升为
"叶氏服务"的高度，叶青未置可否。不过，它正在成为后来者遵循的规范。
2011年，叶青大厦获得"全国物业管理示范项目"称号。叶氏企业的管理和
服务标准成为行业内的标杆。

深耕生产性服务和生活性服务

进入新世纪以来，首都北京进入新的发展阶段，市政府提出了发展"首都经济"的战略构想，提出了加快产业结构调整、促进发展方式转变的任务。这些都对北京本地企业提出了新的战略要求。叶氏集团高层团队认为，发展现代服务业将是北京未来产业发展的大趋势，他们逐步形成共识：努力提升企业的资本含量、技术含量、服务品质含量，将是未来取胜市场、形成可持续发展动力的关键。

提升生活性服务——以餐饮服务保证大厦及周边企业员工的需求满足

叶氏集团曾在美国白人区开设通信服务公司，当时企业所在地周边都是美式快餐，不符合员工的饮食习惯，时间久了一到饭点员工就为吃饭问题发愁。一次，叶青和员工们为解决用餐走到一个街区，忽然觉得似乎眼前一亮——一家装饰风格朴素清新、菜点招牌诱人的中式餐馆——青青小美出现在眼前，这是一家台资快餐店，在入店消费之后，大家普遍感觉不错。看到员工的认同，企业决定将其收购以解决国外通信企业的员工就餐问题。

回国后，叶青发现在国内写字楼里的企业员工同样面临中午就餐困难问题。为确实实现现代化的服务业，叶氏集团决定首先要解决"吃"的问题，民以食为天，吃不好如何有体力好好工作。为给大厦内企业的工作人员提供既美味可口又价格便宜的饭菜，叶氏集团把国外收购的青青小美纳入集团现代服务体系，调整了原餐饮企业的基本职能，推出了不以营利为目的，而是以提供舒适的就餐环境、健康卫生的工作餐为着眼点的青青小美和九门大胡同品牌服务，以适宜的价格、适合国人胃口的食物得到驻厦员工的青睐，为大厦员工工作、生活提供了方便。目前，这两家餐厅每天要接待2000人以上，梅菜扣肉、尖椒土豆丝、牛肉面等招牌菜更是受到了广泛的欢迎。这种独具特色的餐饮企业丰富了大厦的服务内容，提升了大厦的服务能力，成为吸引驻厦企业和员工的重要条件之一。

发展生产性服务——为入驻企业提供金融服务方面的支持

2008 下半年，金融危机席卷全球，许多中小企业资金链断裂，筹资、融资问题日益紧迫，各级政府面临着扶持中小企业发展的极大压力，纷纷出台支持资金雄厚的民营企业投身金融服务业的政策。为发挥资本密集优势，进一步构建现代服务体系，叶氏企业集团适应金融危机提出的新挑战和带来的新机遇，主动进军金融服务业，努力开创服务新天地。

2009 年 8 月，以叶氏企业集团为主要发起人、注册资本为 5000 万元人民币的北京恒源小额贷款有限公司正式成立，成为朝阳区首家小额贷款公司试点单位，标志着叶氏集团开始进入金融服务领域。恒源小额贷款有限公司主要为朝阳区属中小型企业（特别是"三农"企业）的健康发展提供资金支持，帮助中小企业解决融资难题，为稳定经济形势出力。

一年后的 2010 年 8 月，以叶氏企业集团为主要发起人、注册资本为 1000 万元人民币的北京天循典当有限责任公司正式成立，主要面向经济类型各异、规模不等的各种经济实体、中小企业，通过典当融资的方式，提供短期资金的借贷服务，并开发了由典当行、担保公司与银行三方合作推出的典贷合作模式，满足了部分客户长期抵押贷款的需求。

这两家准金融机构市场定位准确，服务方便快捷，有利于发展生产、活跃流通、救急解难、促进经济持续发展。成立后很快步入正常运营轨道，实现了利润稳定和低坏账率，发挥了良好的服务支撑作用。

一天，一位小型贸易公司的老板走进大厦内的北京市小额贷款协会，提出申请 250 万元的贷款用于周转，协会在审查后于该公司提出需求的第三天即向他发放款项，帮他解决了燃眉之急。原来，2010 年 5 月的一天，北京市小额贷款协会的领导慕名来叶青大厦参观，参观后非常认可叶氏领导层的管理理念，并决定将北京市小额贷款协会引进叶青大厦。十余天后该协会便迁入叶青大厦，并且在 3 天的时间内募集了 400 万元资金用于发放小额贷款。这个事例就是在协会迁入后发生的。协会对小微企业的支持为叶氏企业完善生产性服务提供了更多的助力。

大厦还与望京科技园区管委会一道,定期组织驻地工商管理部门、劳动社保部门、派出所、街道办事处等机构来大厦提供工商年检、产业政策、人才引进、社会保障等方面的政策服务,为驻厦企业和驻厦员工提供方便,优化驻厦企业外部发展环境;提升现代化服务水平,为叶氏企业集团发展现代服务业增添了实际内容。

成效与启示

叶氏企业从传统单一的服装生产、销售领域,转型进入到综合复杂的现代服务业领域,实现了脱胎换骨的转型。

经过多年的精心经营,叶氏企业集团构建了合理的现代服务业经营格局。叶青大厦是望京地区出租率和价格最高的写字楼,在厦企业每年为朝阳区的财政收入作出三百分之一的贡献。企业在不断提升服务品质的同时,对招租客户进行严格把关,不断依据大型、优质、高新技术三大要素调整客户群,从而使大厦整体呈现出强大的生机与活力。目前,叶青大厦内有130多家中外企业入驻,行业领军型企业达12家,驻厦企业员工数量达到近4000人,充分显示了驻厦企业的优良素质和大厦的聚合能力。使大厦在一定程度上产生了产业集聚的效应,成为以现代电子通信技术研发为特色、技术密集、人才汇聚的高新科技产业基地,也给望京开发区带来了众多的商业机遇,对形成望京科技园区聚合产业优势发挥了重要作用。

叶青大厦凭借电子城产业区的政策优势和企业完善的硬件设施、标准化的管理和服务,也凭借交通的便利、典雅的风格、舒适的环境,使得入驻客户备感满意。连续多年近乎满租,标志着叶氏企业集团转型进入现代服务业取得了成功。叶氏企业连续获得"北京市五星级物业管理示范项目"、"全国物业管理示范项目"和"全国文明单位"称号。这些称号是对叶氏企业集团成功转型和行业示范效应的充分肯定。

叶氏企业集团转变发展方式的启示是:

企业转型要符合区域发展定位和产业政策导向。叶氏企业集团早年从事服装生产、销售，对于资源、能源、劳动力过于依赖，并不完全符合北京对于本地企业的发展定位要求，自身发展也受到诸多制约。随着首都城市功能的进一步明确，优化产业结构、发展现代服务业成为首都经济发展的当务之急。叶氏企业集团抓住首都经济发展的主流方向，利用建在望京新兴产业区的产业基地，适时介入置业领域，以资金密集型的产业替代劳动密集型的产业，再以现代服务业替代传统服务业，无疑是顺应时势发展的战略选择。此外，叶青大厦凭借自身的地理区位优势，聚合优秀的中外企业入驻经营，在区域经济建设中发挥了独特的作用。叶氏企业集团的发展定位符合首都发挥城市功能、发展首都经济的总体要求。

企业转型要立足于对市场需求前景的准确判断。叶氏企业集团提出以"需求出发，服务入手，利益贯穿，活动凝聚，组织带动"的指导方针，立足于国家、社会和企业精神的融合，进行了涵盖组织创新、制度创新、活动创新、手段创新等内容的服务探索，是叶氏企业集团创造的中国私营企业发展的一种新模式，它所产生的示范效应与影响力正在与日俱增。十余年的时间里，叶氏集团逐步从单一的服装生产、销售企业，转变为以投资置业为龙头，以标准化、国际化、现代化服务为标志的现代服务业企业，为驻厦企业提供如金融支持方面的生产性服务，为驻厦企业员工提供从美味可口的员工餐饮到每年举办的篮球比赛、嘉年华新春联欢会等多种多样的生活性服务，"叶氏服务"的内涵更加丰富、周到。

企业转型是一项系统工程，既要积极推进又要审慎周全。企业转型，除要考虑外部涉及的国家或地区的产业、税收、资金等方面的政策因素外，还要全盘考虑企业内部涉及的机构调整、人员重组、投资转向、技术更新等一系列安排，是艰巨的系统工程。企业转型不可能在一天之内完成，转型方案也不可能一步到位、面面俱到。叶氏企业集团既能够看准时机大胆推进转型，在十余年时间里连续作出多项对企业而言具有战略意义的重大抉择；又细致审慎、顺势而为，把发展和稳定兼顾起来，尽量减少阵痛，不给社会稳定和企业发展造成不良影响。企业转型总体平稳，展示出了良好的发展前景。

（推荐单位：北京市委统战部）

专家点评

　　企业发展方式转变是一项系统工程，需要魄力和智慧。叶氏企业集团在企业经营效益良好、服装品牌知名度和市场认同度很高的形势下，审时度势，主动转型，充分体现出企业发展的前瞻意识和导向意识。值得仿效！

　　在转型发展过程中，既着眼未来、大胆决策，又细致审慎、顺势而为，兼顾了发展和稳定的关系处理，企业转型态度鲜明、行动积极，阶段推进效果显著、平稳和谐，展示出良好的发展前景。为地区产业结构优化和经济转型发展作出了良好示范。

　　　　　　　　——中国社会科学研究院经济研究所研究员　李成勋

企业家语录

　　★ 我们一直思考并付诸实践的是，如何让企业产生一种自内而外的原动力，从而引领企业健康成长，与国家同呼吸共命运，成为社会发展的中坚力量。

　　★ 企业由关注自己到全面关注社会是一个企业成熟的标志，也是做大做强的基本品格。

　　★ 企业文化需要培育，重在建设。叶氏企业文化的建设过程就是塑造叶青品牌的过程，更是叶氏企业转变发展方式的过程。

　　★ 企业承担社会责任，最根本的有两条：一是产品，二是育人。

　　　　　　　　——北京叶氏企业集团有限公司董事长

当代"鲁班"建设"新农业"

——安徽鲁班建设投资集团有限公司案例

魏建松

案例摘要

　　安徽鲁班建设投资集团有限公司（简称安徽鲁班集团）作为以建筑施工起家的民营企业，在建筑行业获得成功后，积极探索参与新农村建设。经过几年努力，建成了一个以发展现代农业为核心的新农村建设试验区，试验区的现代农业实现了土地由分散到集中、产业由单项向综合、农民生活由传统式向社区化的转变，探索出了一条解决农业、农村、农民问题的新路子，同时也实现了企业的转型发展。

引子：一个建筑业企业家回归农业的梦想

　　20 世纪 70 年代末期，改革开放的春风徐徐吹来，曾经被束缚在土地上的中国亿万农民渐渐苏醒。和全国其他地方一样，在安徽，劳动密集型、大量使用农民工的建筑业成为农民们除了耕田种地之外的另一个选择。1991 年，一个由两家乡镇企业和一家村办企业合并而成的南陵县第三建筑公司应运而生，公司在安徽省多个城市做得风生水起。20 世纪 90 年代中期开始，乡镇企业进入改制期，公司进行了改制，组建了以建筑业祖师爷"鲁班"命名的"芜湖鲁班建设总公司"，原先的企业法人代表汪锡文成为新公司的董事长、总经理。直至 2004 年安徽鲁班集团组建成立，这个靠建筑施工起家的建筑公司始终在安徽省牢牢占据建筑业的前列，并将业务拓展到包括北京、上海等十多个省（市），"鲁班建设"在建筑业具有了一定的影响，是连续多年的"全国优秀施工企业"。"鲁班"商标成为安徽省唯一的建筑类"中国驰名商标"，这在全国建筑业商标中也是为数不多的。

在很多人的眼里，手里拥有全省为数不多的国家建筑一级资质、积累了20多年的人脉等各种资源，足以满足十年、二十年甚至更长时间的发展，完全可以"高枕无忧"。然而，面对大好的发展形势，企业的当家人汪锡文却在冷静地沉思：建筑业是我国国民经济的支柱产业，在推动经济建设高速发展中具有非常重要的地位和作用。但是，随着市场经济的发展，建筑施工企业面临着激烈的市场竞争。加入世界贸易组织，在给中国建筑业带来难得的发展机遇的同时，也带来了不可避免的冲击和挑战，不仅要直接面对国际承包商的竞争，同时，国内建筑市场以及参与国际工程承包市场的竞争将会愈发激烈。特别是最低价中标、税赋负担沉重、市场主体地位不平等等各种因素的存在，必定会给建筑企业的快速发展带来不可低估的制约。

面对这样的形势，下一步应该如何发展？方向在哪里？苦苦思索中，汪锡文这位从事建筑行业的企业家心中燃起了一个回归农业的梦，逐步形成了一个以发展现代农业为核心的新农村建设试验区的构想，并付诸实施，探索出了一条民营企业参与解决农业、农村、农民问题的新路。

大浦新农村建设试验区开发决策的形成

2006年1月，作为安徽省人大代表的汪锡文参加省人代会。在分团讨论会上，代表们就安徽如何实现由"农业大省"向"农业强省"跨越展开了热烈的讨论。代表们的愿望是一致的，就是如何把安徽的农业做"强"？大家众说纷纭。会上，一位省领导的讲话使得汪锡文的思路豁然开朗：做强安徽的农业，必须走现代化的路子，发展现代农业光靠政府的力量是不够的，民间资本完全大有作为。

闻听此言，汪锡文猛地一惊！农民出身的他，心中念念不忘的还是农业。少年时代农田劳作的艰辛给他留下了难以磨灭的记忆。虽然经过了几十年的发展，但是，传统农业的生产方式和效率并没有得到彻底的改观。

农村广袤的土地是否能产出更大的效益？农民是否能获得更多的回报？搞农业是否能有更好的发展？建筑企业能不能搞农业？一个个问号萦绕在汪锡文的脑海。当天散会之后，他立即打开电脑，上网查询现代农业涵盖的基本内容，一直持续到深夜。第二天会议间隙，他找到省农委的有关人员，详细了解了安徽农业，特别是现代农业的发展情况。

人代会结束的当天，汪锡文连夜赶回集团，召开集团高管会议，当他把想法一说，会场顿时"炸"开了。参加会议的人员无论如何也没有想到，搞了几十年的建筑，已经是轻车熟路了，现在竟然要回去种田种地。党委副书记潘小生是和汪锡文摸爬滚打干了几十年的老搭档了，他困惑地说：当初就是为了要脱离土地，我们才背着被子四处搞建筑，现在有点积累了，却要再回去种田，这是谁也想不通的事情。现代农业怎么搞？人才在哪里？钱从哪里赚？……一个个陌生难解的问题抛在了汪锡文的面前，他一时不能明确回答。高管会议在争论中无果而终。

虽然受到种种质疑，但汪锡文的心里还是没有放弃。他坚信，只要把企业自身的发展同国家的改革发展大局结合起来，抓住机遇，就一定能在经济发展大潮中立于不败之地。

于是，他通过各种途径收集资料，力求全面了解国内外现代农业发展状况，并先后赴欧洲和日本、韩国、以色列等国家和我国台湾地区以及北京、上海、海南等省市进行考察。国外、省外一个个发达的现代农业的成功案例，更加坚定了汪锡文的信心。但以什么为切入点还没有一个明确的思路。

就在汪锡文苦苦寻找突破的当口，2006年2月21日，这一天成了汪锡文终生难忘的日子。那天，他正在出差外地的车上，无意中在广播里听到中央出台了当年的"一号文件"《关于推进社会主义新农村建设的若干意见》的消息，特别是文件里面把"推进现代农业建设"作为重要部分进行了阐述，这让汪锡文为之狂喜！

第二天一早，他赶到市、县政府，向有关领导汇报了自己的想法，得到首肯和热切的鼓励。当天下午，又一次关于投资新农村建设、发展现代农业的集团高管会议召开，一直持续到深夜。会上，汪锡文将自己的思路和盘托出，并作了深入的分析，终于赢得了大部分高管的支持，但还是有人仍然持等待观望的态度。

通过学习和领会"一号文件",汪锡文的思路已经逐渐清晰:民营企业参与建设社会主义新农村,发展现代农业,能够有效提升农业现代化水平,促进"三农"问题解决,体现企业对社会责任的担当。同时,现代农业产业蕴含着重大商机,通过发展现代农业和建设新农村,必定能促进企业发展,实现新的跨越!

一个建筑企业投身发展现代农业,丝毫的基础都没有,从何处入手?一个现实而紧迫的问题摆在眼前。

为此,2006年集团斥资2000万元,收购了当地一家国家级农业产业化重点龙头企业,在此基础上,组建了安徽省第一家以新农村建设冠名的公司——芜湖东源新农村开发股份有限公司。以这个新公司为投资和建设的主体,一个由民营资本投资、以发展现代农业为主线的南陵县大浦新农村建设试验区,于2007年3月拉开了建设序幕。

试验区位于江南鱼米之乡——安徽省南陵县许镇镇,规划面积16平方公里,水域总面积约2.7平方公里。涉及3个村1810户,总人口6900余人。试验区内自然资源丰富,但农村原貌与新农村建设"二十字"方针的发展目标有着较大差距,农业生产仍沿袭传统的生产模式,效率低下。农民就业和经济发展缺乏合理的组织和引导,集体经济薄弱。90%的劳力外出打工,当地百姓说,留在家里的是一支"993861部队"("99"代表老人,"38"代表妇女,"61"代表儿童)。人口居住分散,户均宅基地达1~2亩,住宅占地较多,土地没有得到合理有效利用。交通等基础设施严重滞后,农民的生活环境不容乐观,距社会主义农村的标准还有不小的差距。

面对这样的现状,汪锡文带领刚刚组建的团队认真研究实情,制定规划。农民、就业、土地、产业、市场……一个个迫切需要解决的问题不断地跳跃在脑海,需要有一个系统而全面的解决方案。中央"一号文件"以及省、市委的具体贯彻意见,帮助了他们一步步厘清了思路,一个轮廓逐渐形成:按照中央新农村建设的"二十字"方针,重点是发展现代农业,途径是节约集约用地、提升农业的科技含量、发展循环经济,目的是改善农民的生产生活条件、增加农民收入、优化农村生态环境,探索出新时期现代农业的发展模式,即由一产的传统农业向二产、三产延伸转移,通过科技、循环、低碳等现代化手段，促进农业的可持续发展。据此，鲁班团队邀请国内顶尖设计单位制定的《大浦试验区总体规划》在多次研讨中诞生。以此为总蓝图，30多项专项规划相继出台。

试验区建设从涉及农民切身利益的事情起步

万事开头难。就在大浦试验区开工建设之际，世世代代满足于自给自足的村民们得知自己的房屋要被拆迁、土地要被流转，一时激动起来，数百人将临时工棚团团围住，要求给个说法。面对群情激奋的群众，汪锡文把其中的代表请到简陋的会议室，展开规划图，拿出市、县政府批复的建设规划，将自己的目标娓娓道来。三个小时过去了，绝大多数村民理解并接受了汪锡文的劝说，慢慢散去，但还有六个人怒火难消，要求停止开工。

面对与群众沟通中遇到的问题，汪锡文丝毫没有动摇自己的信心。在寻求各级政府支持的同时，把安置小区建设和解决群众就业、社会保障等涉及群众切实利益的事情放在第一位，率先做好。

首先是从土地入手。只有将分散的村庄和农田通过合理有效的整合，才能实现土地的集约化，才能实现效益的最大化。抱着这样的想法，鲁班集团抓住国家实施土地整治整村推进的契机，制定了《土地利用整体规划》以及各项目详细规划，并开展了土地流转和整治工作。根据规划，建设一个现代化的新型农民社区是工作中的重中之重。以资源集约型和环境友好型为标准，注重农村生活习惯和农业生产要求，突出地方特色和民俗风情，体现节能、节地、节材、节水等环保理念，高标准规划建设的新型农民社区——大浦新村占地仅480亩，共32万平方米，2200户。有连体排屋、多层、老年公寓等多种户型。社区内有社会服务中心、学校、幼儿园、大型超市、医院、警务室、农贸市场、污水处理厂等配套设施以及天然气、自来水、互联网、数字电视等基础设施。

接下来要做的就是健全农民的社会保障体系，解决他们的后顾之忧。鲁班集团拿出资金4000多万元，为男满55周岁、女满50周岁的被征地农民上社保，他们同时按规定享受每月220元的最低生活保障金；为试验区失地农民购买了新农合医疗保险，让他们享受新农合所提供的医疗保障。试验区范围涉及的全部被征地农民实现了老有所养、老有所医。

对土地进行科学整理是重点。通过对试验区内耕地、道路、沟渠等进行科学布置，对滩涂地、宅基地进行整理、复耕，对农业设施、居民点等综合规划建设，不仅改善了农业生产条件，而且增加了耕地面积，促进了土地资源的可持续利用。通过整治，试验区新增耕地2090亩。

科学规划和实施试验区产业发展

在进行土地整治、流转的同时，鲁班集团还潜心做着另一件重要的事情——制定详细的产业发展规划。在发展现代农业这个大框架下，具体应该怎样细化？这必须由市场说了算。面对越来越引人关注的食品安全和环境污染问题，调研组拿出的初步意见是：利用现代科技手段，减少污染，保护环境，从源头上保证食品安全。经过一次次深入的调研和激烈的碰撞，产业发展的主攻方向被确定下来：结合本地农业特色，进行现代农业的研发。通过建设现代农业研发中心、组培中心、驯化中心、自动化育秧育苗工厂、生物肥料厂等一批先进的农业设施，发展种苗产业、绿色农产品，同时，先进的工厂化农业和优美的环境还能发展休闲观光农业。

到2013年5月，大浦试验区已累计完成投资13亿多元，坚持用工业的理念发展农业，改善农业基础设施，推进土地规模经营，强化科技支撑，推广和应用现代农业科技成果，改变了传统的生产方式，现代农业发展实现了质的跨越。建设的主要内容包括：

——依托科技支撑发展特色高效农业。与多家高校合作开展产学研项目，成立了现代农业研究院，建成了国内一流、共1万平方米、可年产脱毒种苗2000万株的组培中心、驯化中心，1万平方米的自动化育秧育苗工厂和食用菌研究所等机构，实现了科研成果的就地转化。建成了2.5万平方米观光温室、500亩特色果蔬园、300亩避雨葡萄园、150亩有机果品园、1400亩苗木花卉园。建成了日产10吨杏鲍菇的周年化生产厂房、100万平方米的双孢蘑菇生产基地等，年产5000吨的有机生物肥料厂实现了农作物废弃物向有机生物肥料转化的循环利用。现代农业组培中心成功培育出了蝴蝶兰、石斛、樱桃、草莓等组培苗，并和德国公司合作，实现了订单销售，每年产值达 2000 多万元。

——依托农业基础设施的改善发展优质稻米产业。投资上亿元建设了 1 万亩高标准良田，购置大型农耕农作机械 50 台套，通过建设国内一流的自动化育秧育苗工厂、水稻原种圃及田间配套设施，实现了水稻种植全程机械化。

——依托优质水面发展特色水产养殖。以健康、生态、休闲观光的经营理念，规划健康水产养殖面积 3000 亩。建设生态龟鳖养殖基地，国家星火计划项目"龟鳖规模化健康养殖关键技术集成示范与推广"、农业部水产原良种场、"安徽省健康水产养殖工程技术研究中心"等纷纷落户园区。

——依托得天独厚的资源发展休闲旅游观光农业。集科学普及、休闲体验、灾难教育等功能于一体的中国农业自然灾害教育体验主题公园、3D 影院等旅游项目和科普植物园、QQ 农场等休闲观光农业项目已投入运营。

——依据独有的技术条件发展循环经济。大浦试验区的农业生产形成了两条循环链，一条是：农作物秸秆→生产食用菌→培育食用菌的废弃培养基→生产有机肥→种植农作物，另一条是：农作物秸秆等原料→生产沼气→供农业生产和生活使用后的残渣→生产有机肥→种植农作物。有效解决了农业生产中产生的资源再利用和环境保护问题。

大浦的农业生产方式经历一系列转变后实现了质的转变，农民的生活也发生了质的飞跃。分散的土地被集中了，分散的村庄被集中了，传统的耕作方式被现代化的生产代替了，污染得到了有效的治理，产品结构由单一实现了立体，特别是从源头得到保障的绿色农产品颇受市场的认可和青睐。

从建筑工地到自动化农作物生产车间，汪锡文及其领导的当代"鲁班"实现了华丽转身。一个"政府引导、企业运作、村企共建、政策创新、产业推动"的新农村建设的新模式在实践中逐渐形成。

成效与启示

历经 6 年的建设，一个由民间资本建设、运营，以现代农业为主导的新农村建设试验区，在往日寂寥的土地上建成。这里的百姓正享受着前所未有的幸福生活。

大浦试验区内现代农业的发展，使农业的现代化程度得到了质的提升，种植品种由之前单一的水稻发展到种苗、绿色果蔬、特色水产等多样化的结构，亩均经济效益由以前的 1100 元提升到现在的 3 万元。2012 年，试验区农民实际年纯收入比全县农民人均收入高出 3000 多元。在促进农民充分就业的同时，试验区内居民也享受更优的社会保障政策，新农合个人出资部分全部由企业支付，区内失地农民领取的养老金高于全县平均水平，领取养老金时的年龄比全县早 5 年。

大浦社区建成后，"一站式"的公共服务、现代化的基础设施、周到的物业管理、完善的社会保障、有序的就地就业，让入住的 2200 户农户享受到了办事不出社区、小病不出社区、上学不出社区和就业不出试验区的便利。外出务工的村民纷纷回家就业，回归了家庭，让留守老人、留守儿童重新享受到家庭的温馨和快乐。

现代农业的迅猛发展，为大浦试验区注入无限活力，也辐射带动了周边现代农业的发展，已经获得了"国家农业科技园区"、"国家现代农业示范区核心区"、"国家 AAAA 级景区"、"全国科普教育基地"、"全国休闲农业示范点"、"全国'十佳'魅力新农村"等"国字号"招牌。以现代农业为核心的旅游业以其鲜明的特色受到游客青睐，2011 年首次对外开放，当年接待游客就突破 50 万人次，直接经济收入 1500 多万元。2012 年接待游客突破 80 万人次。对于鲁班集团来说，显著的经济效益和社会效益说服了那些曾经怀疑的人们。受宏观政策的影响，建筑业陷入了低谷，效益明显下滑，而鲁班集团却实现了由二产向一产和三产的成功转型，现代农业红红火火。现在，鲁班集团正放眼全国，计划选择合适的地区推广大浦模式，在更大范围内发展现代农业，建设新农村，推进城镇化，为有效解决三农问题继续探索。

我国是个农业大国，13亿人口中有9亿是农民。过多的人口被束缚在农村，是"三农"问题长期得不到解决的重要根源之一。有专家认为，从长远的视角看，在大力发展现代工业和第三产业的基础上，积极稳妥地推进城镇化进程，大幅度地转移农业富余劳动力，逐步实现农业现代化、规模化、产业化经营，提高劳动效率，促进农民增收，不仅是解决"三农"问题的根本出路，也是社会主义新农村建设的总趋势和发展方向。

国家在新农村建设、新型城镇化等方面的战略规划，给民营企业进一步发展壮大提供了广阔的空间。鲁班集团通过密切关注国家产业发展规划以及区域发展与多极带动的政策机遇，紧紧抓住机遇，找准自身与国家战略的契合点和切入点，积极参与农村社会结构改造活动，实现了经济效益、社会效益和生态效益多赢。通过实现大浦试验区的新型城镇化、农业现代化、土地集约化、发展持续化，提升了农业现代化水平，解决了三农、农村生态环境保护、新型城镇化建设等一系列问题。同时，走出了一条"跳出主业发展主业"的路子，成功由建筑业向现代农业、旅游业和文化产业的转型，实现了企业发展的自我突破、自我超越。

（推荐单位：安徽省委统战部）

专家点评

民营企业如何在转型中获得发展的力量，安徽鲁班集团做出了有益的探索和实践。

民营企业成功转型，创新是唯一的动力，而选准发展方向极为重要。以建筑为主业的安徽鲁班集团，在寻求转型的决策阶段，把自己的命运和国家的大政方针紧密结合，抓住"农业、农村、农民"这个中国社会的核心问题，敢于尝试，勇于创新，甘于奉献，在实践中走出了一条工业反哺农业的成功道路。

鲁班集团在新农村建设中，不是片面地进行村庄的拆旧建新，而是将新农村建设与产业发展紧密结合，通过发展现代农业和旅游业，将农民转化为产业工人，提升了他们的素质，在建设新农村的过程中，造就了一批有技能、高素质的新型职业农民，实现了农村经济的可持续发展。通过几年努力，鲁班集团不仅有效解决了农村环境保护、食品安全、资源循环利用、土地高效产出、农民得到实惠等一系列现实而棘手的问题，而且成功带动和促进了集团其他产业的发展，收到了既体现社会责任、回报三农，又实现了企业快速发展的良好效果，为民营企业的转型发展提供了有益的启示。

——安徽农业大学副校长、教授、博士生导师　夏　涛

企业家语录

★ 企业要想实现基业长青，创新是唯一的出路。创新就是否定自我，就是超越自我，就是成就自我。一个没有创新能力的企业，就是没有核心竞争力的企业，迟早会被淘汰。

★ 企业追求经济效益无可厚非，但一味地追求经济效益，忽略应承担的社会责任，就不是一个有良知的企业。我们所追求、所实践的，就是把履行社会责任和创造经济效益完美地结合在一起。

★ 企业管理大致可分为三个阶段，创业初期靠"激情管理"，走上正轨后靠"制度管理"，要想实现跨越，只有靠"文化管理"。

——安徽鲁班建设投资集团董事局主席

专注信息技术应用

——泰豪集团有限公司案例

万晓民　文　非　吴文滨

案例摘要 //

　　泰豪集团有限公司（简称泰豪）是 1988 年在江西省政府和清华大学"省校合作"推动下发展起来的一家科技型企业。公司从创业之初求生存、寻发展的"技术＋服务"经营模式，到以信息技术改造传统产业的"技术＋产品"模式形成规模，再以"技术＋资本"的模式实现企业跨越式发展，并于 2004 年确立了"技术＋品牌"的 IT 融合发展战略。泰豪一直致力于信息技术在行业的应用，正由"中国泰豪"昂扬迈向"世界泰豪"的再创业征途。25 年过去了，当年的小公司已经发展成为涵盖智能节能、电机电源、军工装备、智能电网、软件动漫等多个产业领域的高科技集团企业，旗下的泰豪科技股份有限公司于 2002 年成功挂牌上市。

引子：泰豪在江西 IT 行业领先地位的确立

　　1986 年，出身农村的黄代放从清华大学毕业，满怀抱负回到南昌，分配到了南昌市科委下属的南昌市工业技术开发中心。1988 年，《人民日报》社论《迎接改革的第十年》，像春汛昭示改革的进程提速。小平同志提出"科学技术是第一生产力"的重要论断；随后召开的全国科技工作会议，鼓励科技人员流动；全国"火炬"计划也开始正式实施。在江西清华校友会的支持下，黄代放 1988 年毅然放弃了事业编制的铁饭碗和从事科研的安逸工作，筹资 2 万元，办起了一家技术服务型经济实体，开始了艰辛的、有着中国知识分子特色的风险创业历程。

创业之初的黄代放瞄准了清华大学及北京其他高校有一批科研成果急需"找婆家"孵化，而历来以农业大省自居的江西需要以科技成果来促进工业经济的增长，于是以产学研结合为依托，按市场机制从事科技咨询、开发与推广的"江西清华科技开发部"成立了。短短几年的时间内，这个"开发部"先后推广了在 PC – 1500 计算机上开发的"县级水电站群水库优化调度软件包"、北京钢铁学院国家"七五"攻关、"八五"重点应用技术"双高铸铁"等几个项目，在激烈的市场竞争中站住了脚。在此基础上建立的泰豪公司围绕信息技术应用，开展计算机软件开发、系统集成服务，以及专业电源、办公设备、机房空调等相关产品的销售，取得了在这些产品领域江西省内市场的竞争优势和领先地位，成为江西省最有竞争力和影响力的 IT 企业之一。

随着公司业务的扩大，泰豪与清华大学及其校办企业的联系和业务交流也日渐频繁。1993 年的深秋，泰豪第一次与清华大学自动化系联合，在江西省展览馆成功举办了"首届江西计算机产品及技术展览"，其规模和影响在江西的 IT 业界是空前的，不仅吸引了几位省领导莅临观摩，还吸引了十多位厅局级官员，以及省内几乎所有从事 IT 产业的业内人士和知名学者。同时，通过对这次办展的总结，公司决策层意识到，公司要更快发展，必须改变观念，走科技创新的企业发展道路。

强化产业支撑，从技术服务转向技术创新

在科技型公司的创业期，技术对企业的重要作用不言而喻，随着经营模式的渐渐转变，泰豪决策层敏锐意识到高新技术产业及产品的发展对企业的重要作用，仅仅走技术服务贸易路线是很难做大的，一定要研发自己的高科技产品。

"江西是一个经济不发达的省份，产业配套不完善，我们没有东三省那样的老工业基础，也没有沿海城市的资金优势，甚至没有熟练的产业工

人。如果从零做起，我想就是 30 年，也很难做出什么成绩！"想到这里，黄代放感到了真正的忧虑，特别是泰豪准备进入的信息化装备领域，更是中国装备制造业大腕辈出、强手如林的资本技术密集型行业，当时的泰豪作为新进入者，连参加游戏的资格都没有。

更加让泰豪决策层感到苦恼的是，如果不转行做制造业，泰豪所谓的"技术＋服务"模式也很难形成规模，企业会慢慢萎缩。这不仅不能实现黄代放当日的高科技企业梦想，似乎连企业的未来生存也变得模糊起来。那么将如何破解这个迷局呢？

此时，恰逢江西省政府提出了工业兴省的战略，并提出建立科技园、发展高新技术产品的要求。1996 年，泰豪决策层顺势组建了"泰豪电器公司"，1998 年，泰豪公司审时度势，成功兼并了江西三波电机总厂，被江西省主要领导称为"一个小快鱼吃掉大慢鱼的典范"。由此，泰豪的制造业梦想才一点一点变为现实，开始了战略意义上的转型。

虽然当时的老国企三波电机负债上亿元，而且历史包袱很重，但处于转型期的泰豪有自己的规划。三波电机总厂本身是国家机电行业内的骨干企业，除了有良好的制造业功底和技术资源，最重要的是其在军用发电机研发和生产方面的优势。对于身处江西的泰豪来说，享受不到经济特区的政策，集聚不到长三角的人才资源，又缺乏工业产品的配套条件，但泰豪有信息技术的应用能力，亟须踏进改造传统机电产品之门。对三波电机的兼并完成后，泰豪兴建了现代化的泰豪（南昌）高新科技园，调整产品结构、组建研发部门加强研发投入，利用信息化技术彻底改造了原三波厂落后的生产工艺，盘活了国有资产，使之一步步走出了债务缠身的"泥沼"。同时，泰豪还逐步建立了一套行之有效的经营机制，建立了现代企业管理制度，优化人员结构，不断强化市场观念，以信息技术提升传统机电产品内涵和价值，使企业产值由兼并初期的 3000 多万元提高到 2000 年的 1 亿多元，形成了创新高效的新局面。此后，为了取得国内军工行业的领先地位，加上有成功兼并国企的经验，泰豪又于 2004～2005 年相继兼并了生产军用车载通信系统产品的湖南衡阳四机总厂等企业，从而形成了以移动车载电源系列产品、移动通信指挥系统以及军用舰艇特种空调等系列产品在内的规模化产品生产集群。泰豪生产的军工产品已经广泛应用于我国陆、海、空三军的通信和雷达、火炮、导弹及电子对抗等武器系统。

近年来，泰豪电机电源产业通过信息技术，由"制造"向"智造"升华。在这一转变过程中，泰豪矢志不渝地将节能环保理念融入到产品中、体现在每一项设计和生产流程中。较之传统的电机产品，泰豪电机整体节能达 10%，因而泰豪不仅拥有该产业的国内市场最大份额，也因此成为国内智能发电机行业的领军企业。泰豪节能高效电机电源产品相继服务青藏铁路、国家体育场（鸟巢）、三峡工程、南水北调等重点工程，与军工装备产业一道凸显泰豪"两翼"的丰满。泰豪电机电源产品不仅努力满足国内重点工程、重点领域的需要，同时也积极参与国际化产业分工，在全球十多个国家建立办事处，产品销往全球 50 多个国家，并利用泰豪的整体设计能力和生产能力为多个国家、客户提供系统解决方案，为欠发达国家及地区的电力普及发展添砖加瓦，多次受到联合国及亚非各国政府的嘉奖，成为 GE、ALSTOM 的全球供应商合作伙伴。

从服务贸易型成功向科技"智造"业转变，可以说是泰豪发展史上的一次艰难蜕变。在这个阶段，公司形成了计算机及软件、发电机及电源和智能建筑电气等主干产业，建立了以"承担责任实现"为核心的价值观念和走"技术＋资本"发展之路的"泰豪模式"，企业经营规模和业绩以年均超过 50% 的速率快速增长；实现了以公司上市促进产业规模化，建立一个具有国际水准的工业园的新梦想。

推动智能节能，从能源消耗者转向节约者

就在军工产业和软件产业快速发展的同时，泰豪又开始感到了一种新的危机感。

泰豪从事的机电行业，是能源消耗大户。"中国单位 GDP 的消耗是美国的 4.3 倍，是日本的 11.5 倍，我们不仅缺乏能源，更缺乏的是如何利用好这些能源的技术！有统计显示，中国能源主要消耗的 30% 都来自于各种

大型建筑，而各种大型建筑中占能源消耗重灾区的 80% 都是电气系统。所以如果要想持续性发展，以智能化为手段、以节能为目的，发展绿色产业是必须的！"在全国两会上，黄代放道出了泰豪的未来！

智能节能是利在当代、功在千秋的产业。在西方发达国家，60% 以上的建筑为智能建筑，而我国目前只有 10%。当国人把"低碳"还习称"环保"的时候，这一绿色理念便在泰豪着床、孕育。为了巩固认识，将理念化为行动，并上升至战略，泰豪在企业内部进行了多次广泛的论证研讨，并派相关专业技术人员赴国内外考察。

共识很快形成，2000 年，泰豪正式提出延伸智能化产业链，发展智能节能产业，进一步将信息技术应用在数字城市发展、建筑智能化方面应用，为建筑的节能、城市的节能服务。

四年后，泰豪在上海找到了突破口，力陈智能建筑之利，力促上海率先垂范，在上海率先完成了虹桥机场新航站楼、上海市浦东市民中心、上海世博会世博中心和民企联合馆等智能节能建筑的样板工程。

作为智能建筑和建筑节能领域的领先企业，泰豪在行业内率先提出电气系统优化集成设计的理念。建筑电气集成优化设计师将建筑强弱电电气设备和建筑智能化系统进行统一规划、统一设计，实现各种设备和系统资源共享，信息互通，从而提高集成设备利用率，减少各子系统的投入，使机电设备的建设投入较传统的建设方式减少了约 15%。通过设备的优化集成，使运行能耗及人员投入大大减少，较传统运行模式节约大约 30% 的运行费用，满足了建设方节省投资、节能降耗的需求。

与此同时，泰豪通过与世界 500 强企业日本松下、三井公司合资，引进并吸收日本先进的节能技术产品和管理；与中科院自动化所共同成立"智能建筑工程中心"；与清华大学共同研发"智能模糊中央空调系统"；还参与了国家"十一五"科技支撑计划及行业多项标准的起草。一方面，泰豪是国家节能政策的受益者，积极响应国家政策号召，发展节能技术和服务；另一方面，泰豪勇于担当，利用自身的行业影响，不遗余力地推动国家节能政策的制定和完善，不断拓展节能新技术和新领域。尤其是近几年，泰豪积极实践"合同能源管理"模式，先后服务一大批工业企业，市场化的节能服务让用能企业尝到了甜头，众多企业从"要我节能"变为"我要节能"。

合同能源管理机制（EMC）的实质是一种以减少的能源费用来支付节能项目全部成本的节能投资方式。这种节能投资方式允许用户使用未来的节能收益为工厂和设备升级，降低目前的运行成本，提高能源利用效率。通过合同能源管理，泰豪为企业节能降耗改造设备、改善管理，并从为企业节能省下来的钱中获利。以湖北白兆山5兆瓦水泥余热发电项目为例，由泰豪公司投资，在湖北白兆山水泥有限公司2500吨水泥生产线上配套建设一个装机容量5兆瓦的余热发电站，项目建成后，每年可节约标准煤1万~1.2万吨，每年可减少二氧化碳排放近3万吨，余热发电站的发电量占企业总用电量的35%左右。这对促进我国水泥行业提高能源使用效率、降低生产经营成本、提升企业竞争力具有重要意义。

从能源消耗者转变为节约者，泰豪又一次实现成功转型，信息技术再次得到了生动应用和诠释。

IT融合贯通，深度跨进文化创意产业

作为一家高科技企业，信息技术无疑像一根贯穿泰豪发展历程的红线，近年又牵引泰豪向IT融合发展转型升级，而泰豪软件则是泰豪信息技术的最佳载体。泰豪近年勃兴的智能电网产业，便是在原软件产业的基础上新兴起来的产业。

2009年5月，国家电网公司公布了"坚强智能电网建设发展"计划并上升到国家能源发展战略，预计投资4万亿元，建设周期10年。泰豪高管层敏锐地洞察先机，决定深入走向IT融合转型的道路。虽然同以往转变发展方式决策时一样，不乏观点碰撞，但真理愈辩愈明，泰豪的发展历程让他们深知，不能固守科技存量，而应开发科技增量，必须依靠IT融合转型、提高和完善科技创新体系，从而达成共识。

于是，泰豪立即组建研发团队，以专业化发展思路占领信息化制高点，精心研制出泰豪TH-D5000/OMS电网调度大运行软件产品和能效管

理系统，于 2011 年入选国家电网公司框架中的指定推广产品，已在山东、河南、河北、上海、福建、广东等 11 个省网电力公司得到应用。

在智能配电自动化领域，泰豪本着"为国节能、为民节资"的宗旨，一方面开展泰豪 TH－5000/SCADA 智能配电自动化主站系统产品的研发；另一方面积极响应工信部"关于开展工业领域电力需求侧管理"的意见，开展了泰豪 TH－5000/DSM 能效管理系统研发。

早在 1998 年，泰豪软件就定下了以电力行业为主的产业规划。今天，泰豪已经成为电力行业的主要供应商之一，也是行业标准的制定单位之一。历经十余年的探索与沉淀，泰豪已经在电力系统应用领域确定了主导地位，以自主知识产权软件产品服务国家电网系统，同时在智慧城市、平安城市、生态城市建设中，泰豪也得到越来越多、越来越可靠的应用，智能电网产业已然成为泰豪新的增长引擎……

现在，泰豪拥有越来越多的知识产权，也就有了 IT 融合发展的主动权。智能节能产业靠 IT 融合发展，成就了泰豪的高美誉度品牌；电机电源产业靠 IT 融合发展，统筹激活了国内国外两个市场；智能电网产业靠 IT 融合发展，打造了泰豪一个核心增长极；军工装备产业靠 IT 融合发展，在全军赢得了美誉和优势地位……

泰豪推动信息技术在行业应用、产品应用、城市建设应用并形成竞争优势后，又推动其在文化产业的应用。IT 融合发展又催生了动漫产业，再次拉开了转型升级的大幕。

2005 年，泰豪与法国百年名校奥弗涅大学合作成立泰豪中法中心，为培养国际化动漫人才搭建桥梁；翌年，泰豪投资 2000 万元组建江西泰豪动漫有限公司，正式进军动漫产业；2008 年，江西泰豪动漫职业学院成立，成为动漫产业人才强大的"输血站"；2009 年 7 月，泰豪联合上市公司组建同方泰豪动漫产业投资有限公司，投资 20 亿元建设南昌国际动漫产业园（泰豪国际动漫城）；2010 年 6 月，泰豪投资 5000 万元参股国内最大早教玩具制造企业；2011 年，公司从深圳引进顶级手机游戏设计团队成立泰豪游戏公司，已创作超过 60 款游戏，其中登上苹果商城全球排行前 100 名的就有 17 款。与此同时，泰豪动漫积极培养国际动漫人才，拓展面向欧洲的动漫制作外包业务，与欧洲最大的漫画出版商法国达高集团结成了合作共赢同盟……

至此，一个完整的动漫产业蓝图呼之欲出，这也使得泰豪动漫在行业中获得强劲的领先竞争力，跻身中国动漫第一方阵。

几年前开始发酵的金融危机令企业界感到阵阵寒意，泰豪的应对之策是在适度增添"寒衣"的同时，更注重"强身健体"。在泰豪科技上市十周年暨泰豪公司创立24周年庆典上，黄代放董事长的讲话，概括了近些年泰豪IT融合发展的足迹。"1996年，我们提出信息技术应该和产品结合，也就是研制智能化产品，于是两大产业应运而生。一个是电机电源产业，一个是军工产业。这两支产业队伍不断完善，各自都拥有1000多人的规模，为泰豪的信息化发展奠定了一个良好的制造业基础。从2000年开始，我们延伸智能化产业链，为建筑节能和数字城市发展服务，今天已经达到了国内领先水平。从2004年开始，我们把目光投向文化创意产业，又将信息技术与文化产品结合发展动漫产业，如今已经完成了布局并展现了广阔的市场前景。"

美国《财富》杂志总结最富核心竞争力的企业特征：第一是创新，第二仍是创新，第三还是创新。可见，创新是企业的生命线，尤其是对泰豪这样的现代科技企业而言，创新犹如阳光雨露。2012年公司组织架构调整的思路是两个"一主两翼"，即泰豪科技"以智能电网为主体，电机电源、装备信息为两翼"，集团公司则"以产业投资为主体，智能节能、软件动漫为两翼"。

成效与启示

回顾泰豪24年历程，信息化一直是主旋律，坚定不移，一步一个台阶，一直专注于信息技术在行业的应用，从未偏离方向。今天的泰豪已经形成了四大主干产业，主营业务涉及智能节能、电机电源、军工装备、智能电网、软件动漫等领域，2011年实现产值70亿元人民币，营业收入52亿元，利税4.8亿元。公司在南昌、北京、上海、衡阳、深圳、济南、长春和沈阳等地建立了科技/工业产业园，现有员工总数5400余人。

纵观泰豪的发展历程，总结出以下三条启示：

坚持 IT 融合应用的方向不偏离、从容易做的开始。25 年的发展，泰豪从 IT 技术在行业服务上应用，到军工产品应用，再到城市建设以及文化产业应用，始终坚持正确方向、整合资源推进。泰豪通过省校合作，采取联合、控股、兼并等措施，为企业发展奠定了坚实的基础。

创新发展模式，主导不同发展阶段的转型。25 年的发展，泰豪从"技术＋服务"模式到"技术＋产品"，再到"技术＋资本"和"技术＋品牌"，先后主导了泰豪发展的组织设计升级和企业管理转型的推进。用体制创新的办法推动产学结合，是泰豪发展最长久的原动力。

狠抓员工观念转变和企业文化建设。25 年来，泰豪每年都要进行员工人气状况调查，并根据调查结果，设立年度"我与公司"学习讨论活动主题，对外举办"泰豪论坛"，对内举办"泰豪讲坛"，始终把员工观念转变和企业文化建设作为泰豪转型发展过程中的重要内容。

（推荐单位：江西省委统战部）

专家点评

历经 25 年的发展，泰豪集团已然成为江西民营企业的典范，成为江西企业转型发展的一个亮点。触摸泰豪每一阶段的"蜕变"和"角色置换"的轨迹，我们不难发现，泰豪始终是咬定"IT 融合应用发展"的产业发展方向不放松，并在不断创新和扬弃中，泰豪找到了最适合自己的发展模式和经营理念，顺利完成企业转型升级"三级跳"，探索出了一条依靠科技创新的可持续发展道路，同时也深刻诠释了"以科技创新促进产业转方式、调结构，以科技进步提升市场竞争力和综合实力"的正确性和重要性。毫无疑问，泰豪集团的做法和经验值得肯定，这为民营企业如何将产业发展的"战术措施"成功融合到国家发展的"战略要求"并转型升级提供了一个不可多得的范本。

——全国政协委员，博士生导师，江西省委原常委、宣传部长　刘上洋

　　泰豪是一家执著于实体经济的企业，十分顽强地在种种困难中成长起来，相对于那些泡沫经济的神话，它的执著令人尊敬，它的成长之路亦显得难能可贵，我以为，泰豪的成长，有三点具有典型的价值：一是积极参与国有企业改革。在多种经济共同发展的大背景下，国家允许并支持非公有制经济参与国有企业改革，为民营企业发展创造了极为宝贵的机遇，泰豪正是通过兼并、重组等渠道，在参与国有企业改革的进程中，做大做强自己。二是积极推进企业技术进步。实体经济发展的不竭动力在于创新，泰豪正是通过运用高新技术的改造提升传统产业的创新，始终保持着企业的竞争优势。三是积极打造现代企业家团队。泰豪是一家由青年知识分子下海创业发展起来的企业。这些青年们在成功面前，不骄傲，不懈怠，注重学习，从而形成了一支有竞争力的现代企业家团队。

——江西省政协经济委员会副主任，

江西省社会科学院原院长、研究员　汪玉奇

企业家语录

　　★ 转型经济时期，始终伴随着：企业发展的规范要求和市场规则的准备不足，企业发展的文化要求和社会文化的准备不足，企业发展的资源要求和环境承受的准备不足等矛盾，泰豪只有解决好了，才能够持续地发展。

　　★ 个人的成功在于承担责任的实现，人生的价值在于不断地承担责任。

　　★ 不要相信别人更聪明，但可以做到比别人更勤奋。

——泰豪集团有限公司董事长

民营企业参与教育改革的积极探索

——锡华实业投资集团有限公司案例

章立锋　王　华　常紫慧

案例摘要

　　锡华实业投资集团有限公司（简称锡华）以电子贸易起家后，致力于探索具有中国特色的教育改革。经过20多年的不断努力，逐渐形成了由学前教育、基础教育到高等教育相对完整的系列衔接，更在建立能够形成良性循环的办校模式和多元互动的特色教学方面作出积极探索，在特色化、国际化办学方面大胆尝试，力求为国内外的青少年提供不同层次、不同方式的优质教育服务，受到了教育界的关注，也得到了社会各界的广泛认同，更赢得了家长的青睐和学生的好评。

引子：电子贸易商转行办教育

　　1992年，在邓小平南方谈话的鼓励下，张杰庭带着几个毕业于中国名牌大学、怀揣梦想、敢想敢干的年轻人在北京注册了"锡华电子公司"，开始了自己的创业历程。从计算机组装、显示器生产到经营车行，凭借聪颖的经商头脑和对市场行情的把握，在短短一年多的时间里迅速实现了经营收入的提升和高效的投资回报。

　　下一步迈向哪里？张杰庭还记得，当年他以高于北京工业大学自动化专业分数线40多分的成绩被录取，耗费几年时间学习关于单板机的知识和使用方法。当他走出校门才惊讶地发现，中关村满大街都是PC机，学校所学的东西没用了。感触之余，引起他的深思：为什么我们的教育跟不上时代的进步、科技的发展？为什么我们的教育在培养符合职业需求的人才方面备受社会公众质疑？

在1993年的一次公司会议上，张杰庭提出了转行做教育的想法，引起了与会企业高管的争论。好几个人提出同样的问题："为什么要收缩利润丰厚且潜力巨大的电子产业，去转投资产回报率低、前景渺茫的教育行业？"更有某位高管直截了当地表示反对说："公司经营到现在不容易，如果放弃电子产业，转向办学校、做教育，我宁愿离开！"张杰庭则指出："思来想去还是一定要办教育！办教育是利国利民的大好事，而且企业对教育的投入能够为企业及社会的长远发展积累更深厚的资源。"

经过数次会议的激烈争辩与反复研讨，公司最终决定：关停并转让计算机组装、显示器生产和盈利性良好的车行，将原计划继续投入电脑主机装配业务经营的资金投入教育行业，寻找合适地点，筹建学校。这个决定的作出也导致那几位始终不能认同转向教育领域的企业高管最终选择了离开锡华。

在多方共同努力下，经原北京市教育局和海淀区人民政府批准，锡华投资的第一所学校建校工程在海淀区原六一学校旧址上开始破土动工。在校园建设过程中，张杰庭亲自参与校园的整体规划，征询教育专家的意见和建议，按照现代教育的特点和发展趋势，请设计院整体规划校园的功能设置及环境布局，充分吸取并借鉴了其他公办学校硬件建设不足的教训和经验，设身处地地为老师学生安排更为科学、舒适、便捷的教育教学环境，小学部、初中部、高中部都有自己相对完整的教学与生活区，绿化优美、运动场所齐备。

投资1.8亿元，占地8.8万平方米，建筑面积5.1万平方米的校舍工程于1993年开工。1994年9月1日，这所被命名为"北京市二十一世纪实验学校"的全寄宿制新型实验学校如期开学，锡华很快迈出了由电子行业向教育行业转型的第一步。二十一世纪实验学校的设计和建设标准，不仅超越了同时期的多数公办学校，至今仍是投资者建设民办中小学校园所参照的基本范式。

由"单向输血"模式转向"多元供血"模式

当年，我国学校的建设一般采取政府直接划拨土地（或划拨用地指标），由政府拨款或其他社会组织投资这两种方式完成建设。学校建成后开始招收学生、组织开展教学活动，依靠学费收入和财政教育经费维持学校的正常教学管理开支，直至学生毕业，再开始新一轮招生、教学、毕业的循环。这是一种"单向输血、局部循环"的办学模式（见图1），其特点是需要不断的财政投入和不考虑土地征用与校园建设资金问题。

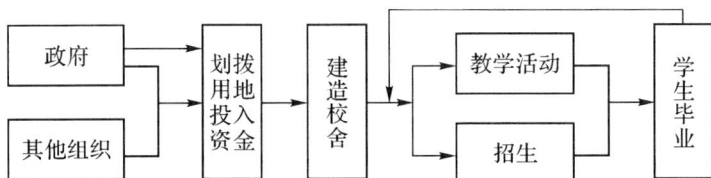

图1　单向输血、局部循环模式

企业办教育，没有财政投入支持，如何解决土地征用、校园建设的投资循环、补充和学校持续发展问题？锡华专门针对这一问题开会进行讨论，张杰庭在会上提出一个想法："在最近走访一些院校的过程中，发现有一些废弃的校舍处于闲置状态，这些废弃校舍占据着很好的地理位置，政府一时没有钱投资改造它们，至今还在荒废着。我们是不是可以从这里找到一条新路？"有公司高管马上响应："这个做法可以，但如何利用这些闲置的旧校舍呢？"

作为企业家，张杰庭思考的出发点是如何实现资源的有效配置，从而创造出最佳效益。在做校园整体规划设计过程中，张杰庭提出可以把原来的平房改成楼房，这样余下的土地还可以适当建设教师住宅，以解高端教育人才安居之忧，稳定教师队伍。当这些前所未有的想法被纳入教育投资整体规划时，大家不由得眼前一亮：这不是一个新的模式吗（见图2）？

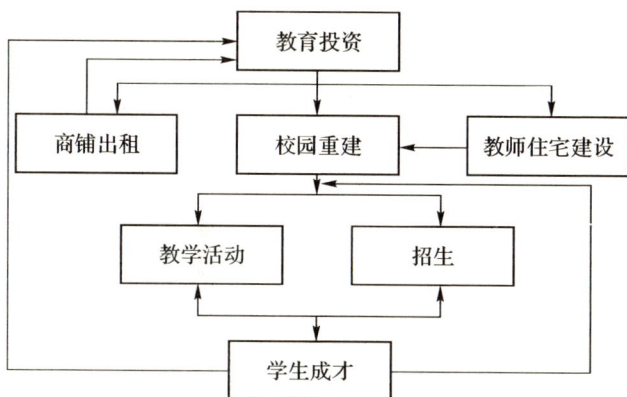

图2　多元供血、整体循环模式

这一做法可以被归纳为"多元供血、整体循环模式"——北京市有许多破旧的学校，虽然占据着很好的地理位置，但政府缺乏改造它们的资金。如果"政府出土地，企业出资金，专家办教育"，可以把原来的平房改成楼房，这样余下的土地还可以解决教师的住房，教师住房解决后多余的住宅面积和周边沿街商业铺面的租赁，所回笼的资金又可以再用于学校建设。最终形成"以企建校，以校养校，以校促企"的良性循环，形成一种变"输血"为"造血"的新型办学模式。

如今，通过这种模式创办的锡华教育机构不仅能够保障各种教学活动的开展，也基本保障了资金的良性循环，实现了社会价值和投资价值的双保障。

由常规教学向特色教学转变

20世纪90年代以来，在我国中小学校中，呆板的灌输式教学、学生被动的死记硬背以及动手能力差、眼高手低等问题普遍存在，"高分低能"甚至成了一些中国学生的代名词。虽然国家和社会都非常关注"素质教育"问题，但"素质教育"的探索和创新步伐缓慢，鲜有实质性的突破，广大学生不得不继续承受着程式化教学和枯燥课程的"打磨"，一些孩子甚至把上学视为"最痛苦的事"。

常规教学已经不能适应新时期孩子们求学成长的需要。如何改变这种状况？如何使锡华所办学校具有特别的竞争力？锡华集团、锡华教育公司、二十一世纪实验学校的20余位高管几次开会讨论这个问题。有人提出："公立学校有政府做支撑，名校办民校有名校当后盾；我们要直面竞争，敢走应试教育之路、与公办学校短兵相接，才是继续发展下去的唯一机会。"有人当即反对："我们不能走这条路，锡华应该坚持素质教育和特色教学，这才是锡华教育发展的主旋律。"

张杰庭赞同素质教育和特色教学的观点："我们一定要确保学校的教学有自己的特色，如果与一般的学校教育没有差别，学生凭什么选择我们？我们如何称得上二十一世纪实验学校？所以我们得想办法改变满堂灌的呆板教学方式，同时在课程设置上作出调整。不要搞那些形式主义的东西，适当开设一些孩子们应该学习但是公办学校没有开设的课程，让孩子们喜欢来咱们的学校上学，并且能真正学到东西。"这成为此后锡华教育一贯坚持的做法。

锡华最终决定以实现特色教学为目标，尝试在教学方法和特色课程建设方面推陈出新。

从"单向传导"到"多元互动"。学校要求教师在日常教学活动中，一定要注意摆脱"单向传导"的传统教育方式，倡导"素质教育"，在日常的教学实践中逐渐探索形成了一种"多元互动"的特色教学方式。

首先，重视知识交流。上课时，要求老师不一味地讲解知识，而是鼓励和强调学生发挥主体性参与的作用，让学生打开思维，张开嘴巴。鼓励学生在课堂上就老师提出的问题各抒己见，展开热烈的讨论，老师则通过对同学们的观点进行总结和评论，进而引导学生的思考方向，使学生在活跃的课堂气氛中获得进步。

其次，关注行为培养。学校要求教师改变说教式的"思想品德教育"，并以培养学生健全人格为目的创设"做人课"，组织教师编写出全国首创的校用教材《做人课》。《做人课》教材涵盖小、初、高不同学段，图文并茂地将个人修养、我与家庭、我与学校、我与社会、我与大自然，以及优良的传统道德和现代社会法制公民意识，通过趣味小故事、历史典故以及身边发生的时代新闻等感性具象的素材表现出来，让价值观和道德标准以活生生的人物形象方式走进孩子的心灵，为他们所认同、所遵循，自觉成为"豪迈的中国人"。

最后，强调环境体验。锡华于1995年创办了北京市二十一世纪实验幼儿园，创造性地在学前教育中以"尊重儿童、自由独立、热爱生命、与自然和谐共处"等现代教育思维为教育基点，以"蹲下来讲话，抱起来交流，牵着手教育"为教育方法，以文化的多元性与本土性并重为教育理念，科学合理地融入幼儿教育环境，让幼儿在感知体验多元文化的过程中萌发民族自豪感，形成对多元文化尊重和包容的态度。

从常规课程到特色课程。教育部在《义务教育课程设置实验方案》中规定义务教育阶段学校设置的课程应包括语文、数学、外语、体育、历史、社会与科学等。二十一世纪实验学校在保留这些规定课程之外，为适应中国未来发展的需求，率先开展中英双语教学，陆续开设了有别于其他学校的特色课程。

小学开设EP课程（Elementary Placement，意为"小学定位式教育"）。EP课程依据本阶段学生的生理、心理和认知特点，本着让学生"认识英语，体验英语，享受英语"的理念，以体现英语语言本身的规律为出发点，将儿童带入一个丰富多彩、妙趣横生的英语学习环境，从而开启、培养学生对英语学习的兴趣和对英语语言规律的认知，从而奠定英语的基础。

初中开设IP课程（Intermediate Placement，意为"初中定位拓展开发式教育"）。IP课程基于初中阶段，以适应初中生智力发育和心理特征为目标的开放式课程，有利于学生身心与能力的协调发展。IP课程不止局限于英语语言学科，已经扩展到涉及天文、地理、历史、人文等各方面知识。

高中开设美国AP课程（Advanced Placement，意为"大学先修课程"）。AP教育始于美国，目前已经进入世界80余个国家，是专为优秀的中学生所开设的、可以在高中阶段选修的大学一二年级课程，共有自然科学及语言等22个门类计37门课程。包括哈佛、耶鲁等著名大学在内，世界上有近3600所大学承认AP学分，学生不仅可凭AP考试成绩优先被这些大学录取，还可享受将AP学分折抵大学学分以减免大学部分课程，达到缩短学时、跳级、节省学费、获得奖学金和提前毕业等诸多好处。

在人们的印象中，二十一世纪实验学校的学生总是那么彬彬有礼，言谈举止中流露出特有的自尊、自信和自立。小学生能用流利的英语与老外对话，中学生则对知识拓展性课程充满求知愿望，争先恐后地选择趣味课程和大学先修课程。有位家长自豪地对媒体说，他的女儿在小学一年级的时候，就会把家中五斗橱里凌乱的衣服一件件拿出来叠好，再整齐地放进去，因为她在二十一世纪实验学校里已经养成了良好的习惯。

人才培养向市场化、国际化转型

国家出台政策鼓励民间资本与公办高校合作开设独立学院之后，锡华抓住机遇、顺势而为，趁北京邮电大学与某企业就合作办学的谈判陷入僵局之际，在教育行政主管部门的支持下，以更为优厚的条件与北京邮电大学洽谈，很快达成合作约定。2005年9月，北京唯一一家教育部直属高校举办的独立学院——北京邮电大学世纪学院开学了，锡华实现了进入高等教育领域的战略目标。

在二十一世纪的第一个十年里，锡华的高管们发现，无论是民办基础教育还是高等教育都面临着巨大的挑战和压力。

在高等教育领域，随着高教普及，大学毕业生迅速增加，就业难题日益凸显，一方面大学毕业生们拿着高学历的文凭找不到好工作而怀疑读书的价值，另一方面企业老总们不断抱怨缺乏可用好用的人才。国内高等院校过分追求学术研究型人才的培养，一定程度上造成了与人才市场的导向、与企业的实际需求脱轨。这就是北邮世纪学院一诞生就面对的形势和面临的挑战。

我们到底应该办一所什么样的大学，培养什么样的大学生？同比公办大学，我们的毕业生究竟应该如何具备就业优势？

锡华的班子会上，张杰庭把这些问题抛了出来，引发了大家的深度思考与激烈的讨论。在专家学者的指导下，锡华高管达成共识，针对国内各类高校的发展定位，北京邮电大学世纪学院应该并且必须制订出能够满足企业需求的，适应市场对应用型人才要求的战略规划。张杰庭明确提出："世纪学院要培养企业真正需要的人才——我们必须抓住契机，在高等教育的应用型专业人才培养方面，做出有别于一般院校的创新，让所有从锡华毕业的学生都学有所长、学有所用，让企业用得住、用得好。"

北邮世纪学院从应用型人才培养的专业设置和教学方式起步，直面市场化道路，可以基本概括为"三步走、双保障"。

第一步，明确"打造信息通讯与数字媒体行业工程师学院"的发展定位。北邮世纪学院的招生属于计划内统招，由于省份差异形成一、二、三本的学生都有，要将不同起点的生源统一培养成为既能获得一本院校学士学位的毕业生，还成为能够满足社会需求的应用型人才，难度可想而知。所以在培养方式和课程设置方面要避免一般院校培养体系中偏重专业理论教育的倾向，以应用性、操作性要求为主。

第二步，让学生提前认识行业。根据学院定位，北邮世纪学院所有专业都紧紧围绕信息通讯与数字媒体行业来设计，无论是工程技术类课程还是经管应用类课程，都以行业内企业的实际操作为教学背景，让学生在学习中就掌握未来工作的行业标准、岗位要求和企业特色。

第三步，注重对学生的多元培养。从首届学生起，北邮世纪学院根据三本生源的特点和教学情况，适度降低专业课程的理论深度并加大实验、实训课程，从大二就开始安排学生参加岗位实习，让学生在实践中明确专业学习目的和努力方向。此外，学院还特设小组培养机制，让学生以三人为小组参与完成各类项目，争取通过连续几年的相互磨合，毕业后就能联手就业甚至创业，完成小型的专业项目。

"双保障"，是指技能训练保障和实践平台保障。为培养学生的创新能力，加强学生实践操作能力，学院将基础教学实验中心、专业技术教学实验中心和综合工程技术训练平台，整合成立了"工程教育训练中心"，满足了不同专业、不同层次实验技能的培养需求。工程教育训练中心体系合理，设备完善，面向全院各工程专业开放。

同时，世纪学院积极搭建实践平台，与国内知名企业"中兴通讯"共建实习实训基地——"北邮世纪中兴通讯3G学院"。由中兴公司派出工程技术人员参与教学，根据企业工作要求开设学生实习实训课；学院则派出教师到中兴3G学院学习，了解通信行业企业经营过程，增强实践经验，促进专业教学工作。由于将通信在网运行设备置入实验实训环境，3G学院实现了将企业工程师培养模式嵌入专业课程的探索，使学生修满课程毕业的同时即可获得工程师初级认证，教学过程与企业岗位培训无缝衔接。学院积极拓展校外实践教学基地，截至目前，共建立了校外人才培养基地59家，为学生实践能力的培养全面布局。

北邮世纪学院对应用型人才培养的战略定位和教育实践很快就得到了市场和社会的认可。2009年首届毕业生的就业率即为98%，签约率超过85%，在此后的四年里均居北京市五所独立学院之首。学院先后有16项18人次获得国际奖项、32项46人次获得全国奖项、53项280人次获得省部级奖项。7年的时间里，北京邮电大学世纪学院已经跻身全国324所独立学院的前十强。

在基础教育领域，随着近年来国家和各地政府对公办中小学投入的不断加大，公办名校自身也在通过体制外的办学模式吸引优秀的师资和生源，二十一世纪实验学校的生存空间一度受到非常大的挤压，并经历了一系列的低谷。随着国家对公办基础教育投入的逐年增加，随着名校办民校对私立学校形成有力竞争，新世纪初的二十一世纪学校生源质量开始下降、优秀教师开始向公立学校回流，学校陷入低谷，各项数据指标步步下滑，录取率甚至一度从15:1下滑至2:1。为了扭转颓势，2006年年初张杰庭投入巨资委托北京市民办教育研究所进校调研。张杰庭不顾医生劝阻，从医院跑出来，召集锡华集团、锡华教育公司、二十一世纪学校的20余位高管，听取北京市民办教育研究所关于学校滑坡的调研报告，研讨再创成功的"治校白皮书"。会议议题从师生流失率谈到学生的人均培养经费，到底是回头走应试教育之路、与公办学校短兵相接，还是高举素质教育大旗、坚持特色化的办学之路？张杰庭手撑腰部，硬是强忍剧痛，站着主持完全天会议，可结果却依然是众说纷纭、优劣难辨、难以统一。

在与外国友人的一次交谈时，张杰庭听到这样的抱怨："我在中国工作很顺心，但我儿子在美国上学，一年只能见两次面，真让我受不了。"张杰庭不解地问："你可以让他到北京上学呀，这样你就能经常见到他了。"朋友摇摇头说："不行，我虽然在北京工作，但我以后总得回国，如果让儿子在中国读书，这里的教育方式和课程与美国有很大差异，将来回去后会很难适应那里的环境。"张杰庭意识到，教育的国际化不仅涉及中国的学生，也涉及在华外籍和海归人士的子女。

关于国际化问题，有人提议："咱们可以找国内外知名院校合作，利用它们的教学实力和二十一世纪实验学校这些年积攒的名气来吸引国内外生源。"有人补充说："我觉得还要对教师队伍做调整，以前咱们只关注本土教育，现在要考虑国际教育这个问题了。"

经过无数次的认真讨论，锡华班子会议最终决定：以二十一世纪实验学校为基础，寻找国内外名校合作，资源共享、课程互惠，开设双文化课程，探索普教与高教衔接，走出一条特色化与国际化结合的新路子。

国际化的尝试是从寻求与国外知名学校合作开始的。实现国际化诉求，就要有国际化的氛围。2009年，张杰庭邀请美国著名的费尔蒙特学校来校访问并洽谈合作。通过整整7天的谈判，终于确定了与美方学校在课程设置上的全方位合作。二十一世纪实验学校与费尔蒙特学校合作开办"中美高中双文凭课程实验项目"，开设双文化课程，让在中国读书的外籍学生既能接受中国文化的熏陶，又能感受西方教育的氛围；让准备出国留学的中籍学生在本土能提前适应美国教育的模式。此项目不但得到了市、区两级教委的肯定和批准，更通过向美国各知名大学输送一批批优质生源，而获得社会的广泛认可。

在国内师资方面，锡华决定充分利用民办学校在引进和配置教育资源方面相对公办校更大的自由度，拓宽招聘渠道，提高教师待遇、加大培养力度。二十一世纪实验学校建校之初即采取全员聘用制，不限专业和工作背景，国内应聘者不乏著名专家学者、特级和高级教师、国际奥林匹克竞赛金牌教练以及具有硕士博士学位的大学教师；通过对2000名应聘者的层层筛选，最终吸纳了30多名优秀教师入围。经过多年建设，二十一世纪实验学校逐步建立起以高素质的中青年教师为主体，老、中、青年龄结构适当、学科结构合理的师资队伍。近年来，学校选派教师分批次参加国内外各类学习培训，连续派遣教师前往美方合作学校，进行为期一至三个月的交流学习。赴美期间，受训教师参加专题研讨会，跟班听课，参加午餐会，与当地老师和中国留学生进行深入交流，参加大型学生社团活动，了解并参与真正的欧美教育课程。

在加强对外合作的同时，张杰庭还联系了国家督学、北京市十一学校校长李希贵，联手促成了公办与民办的校际合作，实现了优质教育资源在公办和民办学校之间的有序流动。

2012 年，北京市二十一世纪实验学校被海淀区政府正式更名为"北京市二十一世纪国际学校"，赋予学校服务区域经济发展的功能，成为海淀区首家国际学校。

成效与启示

锡华的成功转型，首先在于选对进入的领域，实现了以基础教育为切入点，向前——学前教育、向上——高等教育的领域延伸，形成了比较完整的阶段教育体系，全面落实教育的特色化、国际化和市场化。北京市二十一世纪实验幼儿园与北京市二十一世纪国际学校相互依托，在课程设置、氛围熏陶和学历培养方面进行全方位衔接。幼儿园毕业的孩子不仅可优先升入北京市二十一世纪国际学校就读，而且实现了从小学、初中、高中直至出国留学的全过程培养，并为希望在北京享受高等教育的学子提供了在信息通信与数字媒体行业极具优势的北京邮电大学世纪学院就读的机会。这一切都标志着锡华的民办学历教育体系已经成熟。

教育改革的探索是全社会关注、公众普遍认同的事业，值得做，但做好不容易！锡华通过近 20 年的坚守和创新，不仅形成了相对完整的"民办学历教育体系"，更摸索出具有可持续发展意义的教育投资整体循环模式，充分把握市场经济发展过程中教育行业与服务发展的差异化、高端化和市场化的趋势，高举"素质教育"的大旗，坚持不懈地探索符合社会发展的特色化教育教学，在基础教育阶段追求国际化，在高等教育阶段注重应用型，满足了中国部分家庭差异化的教育需求，使所创办的教育机构成长为不同国民教育层次中民办教育发展的优秀典范，为我国教育体制和人才培养模式改革提供了有益的借鉴。

锡华先后捐助了多所大学和贫困中小学、出资建立了 6 所希望小学，救助了 5000 余名失学儿童。"5·12"汶川地震、"4·14"玉树地震发生后，锡华集团依托北京光彩公益基金会，积极搭建公益平台，多方筹集资金，参与援建了"什邡市北京小学"、青海省玉树州"囊谦县毛庄乡北京光彩幼儿园"和"称多县尕朵乡北京光彩幼儿园"，有效缓解了当地政府灾后学校重建的压力，为当地教育环境改善作出了贡献。

锡华的发展方式转变，既与我国民营经济发展同步、又与国内教育改革的呼声相随。在具有一定的物质财富积累之后，企业家应该站在更高的角度思考社会发展的需要，从社会需要和企业责任出发，尽量将政府导向、社会需求和企业愿景三者结合，做社会公众普遍关注、于国于民有利的大事业。锡华秉承"发展教育、回馈社会"的宗旨，积极探索教育改革和特色教育的内涵，是以社会需求为己任的一个尝试。

办教育不以营利为目的，但需要企业家的经营智慧。锡华坚持建设"全体系的学历教育院校"，而不是"全产业链的院校"，是因为没有将教育作为盈利的工具而进行产业化发展。锡华始终坚守学历教育这块充满理想的天地，创造性地运用企业家思维办教育，通过盘活教育用地的商业价值来实现对教育的长期投入，摸索具有造血功能的"多元供血、整体循环"模式。

公办名校常常是政府扶持的标杆，随着国家对基础教育投入力度的持续增加，公办学校优势日益彰显。民办学校受制于政策、编制和财力，往往难以与公办名校比拟。尺有所短寸有所长，公办名校其实也同样面临着种种难以挣脱的约束。正是基于这种双方天然优势与后天不足共存的现状，公办名校与民办学校之间前瞻性、创新型的合作，才开拓了为教师有尊严地工作、体面地生活提供了保障，促进了优质教育资源在公办和民办学校之间流动与共享的新局面。

（推荐单位：北京市委统战部）

专家点评

作为致力于教育的民营企业，锡华发展方式的转变，与我国民营经济发展同步、与我国教育改革相随，又在一定程度上有所超前。

基于我国经济社会发展所导致的人民群众对事关民生的学历教育诉求不断变化和提高的现实，20年来锡华教育历经了不同历史时期，其发展方式也发生着转变。可以想见，每一次转型都必然面临着来自内外部的重重挑战，但我们看到的是，锡华人始终秉持着创新的精神，克服困难，因势利导，将政府导向、社会需求和企业愿景三者完好地结合，在转型创新中立业、在转型创新中发展，并借助战略转型和发展方式的转变，开拓新市场，作出新贡献，确保了锡华教育立于不败之地，在教育领域为国家作出了独特的贡献，堪称民营企业成功转型之范例。

应该看到的是，20年来，"发展教育、回馈社会"这一核心价值观的坚守也构成了锡华人奋进的事业主线，正是对这一社会理想的执著追求，才最终引领并成就了锡华教育的超常规发展，成就了锡华教育在全国民营企业和民办教育领域的领先地位。

——国务院学位委员会委员、中国教育学会会长、

北京师范大学原校长　钟秉林

转变经济发展方式是中国民营企业的必由之路，但每个企业转型的动机和目的却各不相同。在阅读了大量叙述如何因转变而做大做强的案例之后，相信锡华的案例可以带来迥异的启迪。

民办教育既是我国教育事业的重要组成部分，也是我国民营经济不可或缺的组成部分。刘延东副总理谈及教育时曾说：教育事关千秋万代，涉及千家万户，谈教育千言万语，看教育千差万别，办教育千辛万苦。可见关乎民生的教育是多么重要，办好教育又是多么不易。锡华作为最早投资教育的企业，近20年的探索和实践一直影响着北京地区乃至全国民办学历教育的发展。随着《教育部关于鼓励和引导民间资金进入教育领域促进民办教育健康发展的实施意见》以及各

地实施细则的出台，我们有理由相信，锡华的案例将为后续的教育投资者提供有益的借鉴。

——全国人大财经委副主任　郝如玉

企业家语录

★ 让学生健康快乐地学习成长，让老师健康快乐地工作生活。

——锡华实业投资集团有限公司董事长、

北京二十一世纪实验学校董事长

战略调整促转型

——辽宁奥克化学股份有限公司案例

王 军 滑 然

案例摘要

辽宁奥克化学股份有限公司（简称奥克），一个由三名大学教师以独立研究的科研成果转化为市场化产品为基础创立的企业，凭借"共同创造、共同分享"的核心价值观凝聚员工，坚持"立足环氧，创造价值"的发展思路和"大趋势、大市场、少竞争"的战略定位，把握我国宏观经济稳健发展和战略性新兴产业发展的重大机遇，坚持在经营战略、竞争战略和发展战略方面的努力调整，经过20年不懈追求，迅速成长为国内环氧乙烷新材料行业中的龙头企业，及全球最大的太阳能晶硅切割液制造商和国内最大的混凝土减水剂聚醚制造商。

引子：精细化工的挑战与机遇

精细化工是当今世界化学工业中极具活力的新兴领域之一，也是战略性新材料的重要组成部分。精细化工产品种类多、附加值高、用途广、产业关联度大，是广泛用于国民经济各个行业和高新技术领域必不可少的新材料。发展精细化工是传统化工产业转型升级的方向和必由之路。

过去20多年，世界精细化工得到前所未有的快速发展。目前，全球化工产品年总销售额已经超过 1.5 万亿美元，其中，精细化学品品种已超过 10 万种，销售额超过了 3800 亿美元，年均增长率在 6% 左右，高于化学工业年均增长率 2~3 个百分点。发展精细化工已成为世界各国调整化学工业产业结构、转变化学工业发展方式和提升技术经济水平与竞争力的战略重点。精细化工率已经成为衡量一个国家或地区化学工业发达与化工科技水平的重要标志。例如，美国、日本和西欧的化学工业发达国家，其精细化率已达到60%～70%，三个国家精细化工销售额合计约占世界精细化工产品总销售额的75%以上。

我国高度重视发展精细化工。"十一五"期间，国家将精细化工列为优先发展的六大领域之一，其中，表面活性剂、功能涂料及水性涂料、电子化学品等精细化工助剂产品等新领域精细化工是化学工业发展的战略重点之一和新材料的重要组成部分。我国精细化工产品的应用领域进一步拓宽，产品进一步向高档化、精细化、复合化、功能化方向发展。我国精细化工自主创新能力和产业技术能级得到了显著提高，并成为世界精细化学品的生产和消费大国。

尽管我国已成为全球精细化工产品的生产和消费大国，但是，在农药、染料等传统精细化工领域，我国仍面临着"量有余而质不足"的困境；在精细化工核心领域中，我国仍然存在科技成果转化滞后、产业结构不合理、技术水平偏低、产业规模小和创新经费投入不足等问题。总之，我国精细化工行业迫切需要加快转变发展方式，走"企业为主体、市场为导向、产学研相结合"的技术创新驱动发展之路。

奥克正是在这样的背景下应运而生的。1992年9月，朱建民凭借自主研发的精细化工高新技术成果，与研究生同学刘兆滨和研究室同事董振鹏共同创建"奥克化学"，开始走上尝试进行科技成果转化、以科技促企业发展的办厂之路。

自立门户：从校办工厂到民营企业的身份转变

1992年9月的一个上午，辽阳石油化工高等专科学校图书馆的一间办公室内，朱建民、刘兆滨、董振鹏围坐在仅有的一张办公桌前，讨论着大家反复思考了许久的问题——我们创办企业，究竟是为了什么？作为辽阳石油化工高等专科学校的一家校办工厂，奥克自诞生之日起并不缺少支撑发展的科学技术，但当时"校办工厂"的身份，让奥克一时难以找准企业应有的核心价值。一番讨论之后，三人总结出了共同的心声："因为热爱科研，科研工作和取得的科研成果，让我们深深地感受到了自我实现的价值与团队协作的乐趣"，这也成为朱建民和他的同事们后来始终坚持的"依靠科技共同创造财富，共同分享所创造的成果"理念的雏形。此后，三个奥克创始人结合自身同舟共济、患难与共、志同道合的工作经历和感受，很快将这一观点浓缩成"共同创造、共同分享"八个字，并以此形成了奥克的行为规范，成为支撑奥克持续、健康、快速、和谐发展的不竭动力，成为奥克经营管理团队的核心凝聚力。

1999 年，世纪之交，找准了定位、拥有了自我核心价值的奥克遇到了一项巨大挑战。当年 7 月，由于所属学校的体制变化，奥克面临生死抉择：或与学校剥离成为民营企业，或终止企业经营。朱建民和他的同事们也需要选择是回到旱涝保收的大学教学岗位，还是继续在奥克艰苦创业？为了实现当年促进高校科研人员科技成果产业化、市场化的目标，以朱建民为首的科研团队成员们经过慎重考虑，毅然选择了与奥克共同成长，放弃了稳定的学校工作，走上了自主创业之路。

2000 年 1 月 1 日，奥克化学股份有限公司宣告成立。正式从大学中脱离出来，自立门户的奥克完成了由校办工厂向民营企业的发展转变。

"环氧创造价值"理念指导下的经营战略选择

20 世纪 90 年代中期，经过夜以继日的施工建设和披星戴月的安装调试，奥克依靠自己的科技创新与成果转化出来的第一批环氧乙烷衍生的精细化工产品——壬基酚聚氧乙烯醚一次性试车成功。看到自己的科研成果成功转化为实实在在的批量产品，朱建民、刘兆滨和董振鹏三个创始人欢欣鼓舞，内心充满成就感。

如何尽快打开市场，把生产出来的产品变成满足市场需求的商品和企业经营业绩？奥克的经营团队采取了行动与思考并行不悖的做法。

借着技术转化为产品的东风，奥克首先快马加鞭地开始洗涤和纺织印染市场的产品推广活动。三个创始人利用"以学术交流和技术支持服务促进产品销售"的方式，带着企业样品和产品资料南下广东，北上黑龙江，西至四川，多方奔走，宣传推广企业的产品。

同时，由于与环氧乙烷相关的精细化工产品类型比较多，企业经营团队积极进行市场开发方面的探究。在一次研究分析国内农药及农药助剂市场的领导班子会上，在要不要进入这一市场的问题上，有些同志有些犹豫，认为是否以先做好已经成型的产品为好？负责市场开发与经营的副总经理仲崇纲提出了"打蛇就要打七寸"的观点，主张围绕环氧乙烷产品能够支持的相关领域，深耕相关市场与客户开发，尽快实现经营品种丰富化和市场开发规模化。经过领导班子成员的讨论，会议决定：为加速国内环氧乙烷衍生精细化工新材料的研究、开发、生产与应用，企业需要采取市场渗透与市场开发结合的经营战略，大胆尝试进入相关产品市场。

随后，奥克很快将环氧乙烷衍生精细化工的触角深入农药助剂产品的应用中，开始与当时国内最大的某湖北农药生产企业合作，展开了对敌敌畏、水胺硫磷、草甘膦等农药乳化剂的研究开发和生产试制工作，成功打开了农药助剂产品的市场，不仅成为该农药企业农药乳化剂的主要供应商，还成为开发难度较高的小品种农药剂型的成功者。就这样，奥克一步步发展成了国内颇有竞争力的农药助剂生产企业，奥克生产的农药助剂品种也达到了几十种，大大小小的客户近百家。

世纪之交，世界石油市场风云变幻，波谲云诡。奥克敏锐地将视角投向油田市场，进军油田化学品领域。临近的辽河油田稠油破乳剂的生产难题很快就被奥克人瞄准。经过近一年的不断努力与尝试，辽河油田特稠油破乳剂的生产难题被奥克人成功攻克，油田特稠油破乳剂长久以来只能依靠进口的状况得以改善，奥克很快成为辽河油田特稠油破乳剂的主要制造和供应商。

环氧乙烷衍生的精细化工新材料品种多达5000多种，其应用领域几乎遍及国民经济的所有行业和领域，作为一家致力于发展环氧乙烷衍生材料的企业，围绕环氧乙烷衍生的精细化学品进行研究开发和生产销售具有明显的优势。因此，奥克从客户需要什么就生产什么出发，在不长的一段时间里，奥克团队相继开发、生产和销售了壬基酚聚氧乙烯醚系列产品、聚乙二醇系列产品、脂肪醇聚氧乙烯醚系列产品、脂肪酸聚氧乙烯酯系列产品、蓖麻油聚氧乙烯醚系列产品、甘油聚氧乙烯醚系列产品和脂肪胺聚氧乙烯醚系列产品八大系列近百个品种。

奥克诞生后的前十年，在这一经营战略指导下，只要与环氧乙烷相关的精细化工产品，奥克都去研究生产；只要与环氧乙烷衍生产品相关的客户需求，奥克都去努力满足；只要与环氧乙烷衍生产品相关的领域，奥克都去尝试开发。十年间兢兢业业、锲而不舍，一次一次地研究开发新产品，一步一步地扩大市场销售领域，一个一个地满足客户的需求，逐渐确定了"环氧创造价值"思路指导下的产品市场战略，奥克将环氧乙烷衍生的非离子表面活性剂作为企业的基础产品，市场逐渐扩展到农药、医药、涂料、采油、炼化、纺织、印染、清洗等数十个领域，开发近 400 种产品，客户多达几百个。奥克很快发展成了国内环氧乙烷衍生精细化工新材料的研究、开发、生产与应用领域中颇有名气的科技创新型企业。

实践证明，市场渗透与市场开发相结合的经营战略选择是非常正确的，它帮助企业很快实现了产品市场化和经营规模的扩张。

从"杂货铺"式扩张向市场集中化竞争战略转变

十年间，奥克从一个小型校办工厂发展成长为具有 300 多种产品的新型化学制剂企业，此时的企业像一个人气鼎沸的环氧乙烷衍生精细化工产品的"杂货铺"，几乎能够做到有求必应、面面俱到，十年间，企业的销售额从 298 万元增长到 4000 万元，增长了十几倍。企业经营似乎一片繁荣，形势大好。但是，以朱建民为首的创业者们此时并没有被表面现象所迷惑，为了企业下一步的健康发展，他们又开始了思考。

"销售 2000 吨产品才有 200 个客户。这意味着什么？一个客户平均只买了 10 吨，这 10 吨他还可能欠你 2 万块钱。大量的应收款项可能吞噬企业的经营业绩，甚至造成销售额度虚高，经营利润难以实现的局面。""这么多优秀人才，就只能创造这么点业绩？是不是完全体现出了他们能够创造的附加值？"朱建民和他的团队开始考虑奥克面临的新问题，分析发现：奥克实际上始终在那些品种多、批量小、附加值低、成长性差的传统环氧乙烷衍生精细化工产品领域中徘徊，实质性进步不大，企业前行缓慢且危机四伏。产品种类多的繁荣景象难以掩盖客户散、利润低的经营本质问题。

　　一个自诩富有创新精神、满怀创业激情、拥有共同理想的创业团队就只能开这样的"杂货铺"吗？就只能这样缓慢地推动发展吗？奥克怎样才能尽快做强做大？怎样才能实现成为国内环氧乙烷精深加工领域中领军企业的理想？这些问题开始成为奥克创始人苦思冥想的问题。

　　2002年12月的一天，正在沈阳桃仙机场候机的朱建民被书店里一台放映机播放的内容深深吸引，播放的是《世界财富论坛》的一名记者对美国著名企业家比尔·盖茨进行的采访。记者问：你为什么用短短的二十几年就成为世界的首富？比尔·盖茨回答：那可能是我的眼光好。记者又问：那您的眼光好在那里？比尔·盖茨说：你知不知道你手中的电脑是什么牌子？记者回答说：是IBM。比尔·盖茨说：那你知不知道IBM是什么意思？记者答复说：国际商务机器。比尔·盖茨继续问：那你知不知道如此庞大的计算机是否符合未来的发展趋势？这种庞大的计算机未来会有大的市场空间吗？记者茫然了：那您认为计算机的发展趋势和大市场是什么呢？比尔·盖茨肯定地回答：当然是台式电脑和笔记本电脑。

　　此时，朱建民站在那台电视机前，全神贯注地看着、听着、思索着。比尔·盖茨与记者的这段对话一下子令苦思冥想了许久的朱建民茅塞顿开——按照比尔·盖茨的说法，奥克的问题应该是把握趋势的问题、是战略思维的问题。

　　2003年2月，朱建民在辽阳奥克公司会议室召开了公司领导班子会议，将在机场买回的那本载有令他茅塞顿开的经典对话内容的书——《陈安之成功学》和光盘介绍给领导班子成员看。大家开始意识到，公司有必要在以往经营战略的基础上更进一步，明确竞争战略的方向。

　　2003年5月，在领导班子统一了认识和思路的基础上，公司组织召开了管理人员培训工作会议，连续三次播放了《陈安之成功学》的演讲光盘，随后组织分组讨论。整整两天的学习与讨论，奥克的管理团队结合比尔·盖茨的经验体会，认真总结了奥克十年来艰苦创业的经验和长期徘徊在传统精细化工领域中的"杂货铺式"的研究开发与经营方式，大家越来越清晰地认识到了奥克要形成行业内的竞争优势，必须深化具有行业前瞻性的战略思维。

两天的会议总结了奥克十年的创业经历和经验，也梳理了大家关于下一步加快发展的思路，最后汇聚提炼出具有竞争战略内涵的九个字："大趋势、大市场、少竞争"，即奥克的产品开发与生产经营必须符合资源节约、环境友好和人口众多需求的未来发展趋势，必须致力于未来拥有大的市场容量的产品和市场的开发与经营，必须集中于奥克拥有优势竞争力的环氧乙烷衍生精细化工新材料领域。

仅仅九个字却包含了深远的意义。思路有了，出路就有了！奥克的优势在环氧乙烷领域，奥克由此开始了立足现在、着眼未来的，从传统精细化工向新兴精细化工产业的战略转变。

2003 年 6 月，按照"立足环氧创造价值"的企业定位和"大趋势、大市场、少竞争"的竞争战略，奥克通过专利、海关以及行业学术技术交流会议等多种途径，开始研究国内外跟环氧乙烷产品相关的大公司资料，特别是国际领先的大品牌同行企业的研发、生产与经营的动态，探寻能够蕴含企业环氧乙烷研发成果优势的产品领域。很快，奥克发现了国外正在将环氧乙烷衍生聚乙二醇大量用于光伏电池晶硅切割液，而国内光伏产业已经开始启动，少量的聚乙二醇型晶硅切割液完全依赖进口，价格昂贵。经过研究讨论，大家一致认定，虽然相关数据显示在 2003 年就有这方面的国外产品进入中国，但需求量微乎其微，全年只有 100~200 吨，还没有奥克当时农药行业的一个客户大。但是晶硅切割液完全符合奥克的"大趋势、大市场、少竞争"的战略诉求，值得公司倾力开发和生产经营，因此，奥克决定集中力量进行晶硅切割液的产品研发和市场开发。

功夫不负有心人，企业很快在国内率先研究开发 OXSI 系列晶硅切割液方面获得成功。这一产品及时投放市场后，既有效满足了我国光伏产业起步的快速发展需求，也成为奥克首个具有自主知识产权和核心竞争力，且符合大趋势、拥有大市场的万吨级大批量环氧乙烷衍生精细化工新材料产品。从 2003 年的 80 多吨,到 2004 年的 438 吨、2006 年的 8651 吨、2008 年的 4.8 万吨、2010 年的 12 万吨。七年间,企业的晶硅切割液销售增长了近 300 倍。

晶硅切割液的成功让奥克人更加坚定了集中于高端市场的竞争战略。2006 年开始,在晶硅切割液的开发与经营获得全面成功的基础上,奥克又选定高速铁路强制采用的聚羧酸减水剂用的环氧乙烷衍生聚醚新材料作为企业第二个符合"大趋势、大市场、少竞争"的战略产品。

其实早在 1998 年,奥克就曾经帮助过意大利一家公司加工减水剂聚醚单体,因为这个产品也是环氧乙烷的衍生品。但是当时奥克并不知道这种产品用在什么方面,国外公司也没告诉他们。后来通过广泛查询资料才知道这种材料用于高性能的混凝土,比如高铁工程中。2005 年起,国家开始大力发展高铁工程,而这些工程是一定要用到高性能混凝土的。2007 年,国家有关部门出台了一个技术标准,要求在高铁建设中强制使用这种材料,奥克顺势抓住机会,将聚醚新材料的生产加工作为企业核心产品之一重点发展。2007 年,企业的减水剂聚醚产销量 799 吨、2008 年 3900 吨、2009 年 3.8 万吨、2010 年 5.8 万吨、2011 年达到了 12 万吨。五年间,减水剂聚醚销售量增长了 150 倍,如今奥克生产的聚醚新材料的市场占有率已经超过 30%。

凭借上述产品的研发和市场份额优势,奥克已经稳稳地走在了同行业的前列。

全国布局:实施集团化发展战略

由于替代国外进口材料和国内经济建设的需要,奥克的环氧乙烷基化系列产品在全国的销量大增,环氧乙烷的易燃易爆属性决定了它不易远程运输,保证及时供货和缩短供货周期、降低运输费用的问题同时摆在企业面前,成为制约企业规模化发展、影响企业经营信誉的"拦路虎"。

为此,企业迅速作出决定,走出辽宁,项目建设跟随市场延伸,将生产经营基地的选址与各地石油化工产业园建设结合，将环氧乙烷基化系列产品项目与原料生产基地结合，贴近主要市场和目标客户，走集团化、市场化和规模化的发展道路。借用创业团队带头人朱建民的话表述："国内哪有环氧乙烷，我们基地的布局就在哪。"

2010年9月8日，奥克股份的子公司广东奥克化学有限公司成立，服务于年产5万吨的环氧乙烷基化系列产品项目，经过三个月的试生产后终于正式投产。这一项目建于广东茂名石化产业园区内，既可充分享用"邻居"茂名石化的环氧乙烷原料，又能直接面对南方市场和目标客户，是奥克股份全国布局的一枚重要棋子。

奥克股份在沈阳有3万吨的聚乙二醇型多晶硅切割液项目，在扬州有3万吨的太阳级硅切割液项目，在南京有8万吨环氧乙烷衍生精细化学项目，集团在当地分别成立控股公司以支持这些项目的建设与运行。同时，中国高速铁路的另外几个中心枢纽城市也正在成为奥克组建子公司以支持项目运行的目标所在。

奥克开始与上下游骨干企业建立战略伙伴关系，让"工厂跟着原料走，产品追着市场跑"，逐步建立起中国行业内最大的环氧乙烷精深加工产业链条，并通过东北基地之外的华东基地、华中基地、华南基地建设，完成了由五大基地公司支撑的公司集团化发展布局，基本实现了在国内的环氧乙烷精深加工产业基地的战略布局，不仅为企业的健康发展奠定了坚实基础，也为整个行业的持续发展树立起榜样。

目前，由奥克集团公司、集团公司控股的上市公司、全国布局的地方控股公司组成的奥克，基本完成了以奥克集团股份公司为投资主体，以辽宁奥克化学股份有限公司为核心业务公司，以地方控股企业为依托的企业集团化发展布局，初步实现了大踏步的跨越发展。

成效与启示

从2003～2011年，奥克集团的环氧乙烷衍生精细化工新材料的产品销售量增长了167倍，销售收入增长了161倍，净利润增长了182倍，上缴国家税金 147 倍，净资产增长了 2700 倍，总资产增长了 622 倍。连续十年保持 65% 以上的复合增长率，实现了持续、健康、快速与和谐的发展。

20 年来，奥克实现了持续、健康、快速与和谐的发展。其中"十一五"期间，奥克集团销售额和利润分别增长了 12 倍和 56 倍、净资产总额增长了 53.6 倍、纳税额增长了 34 倍。奥克的太阳能电池用晶硅切割液和高性能混凝土减水剂用聚醚分别占有国内 80% 和 50% 的市场份额，成为这两个产品全球最大的制造商。奥克成为国家首批创新型企业、国家重点高新技术企业、国家博士后科研工作站、和谐企业和中国优秀民营科技企业，拥有了国家和省级技术中心等多个创新平台，成为以高效混凝土减水剂用聚醚、太阳能电池用多晶硅切割液和聚乙二醇等环氧乙烷衍生精细专用化学品为主导产品的新型化工产品的龙头企业。同时，奥克还被评为全国双爱双评先进企业、"十一五"中国石油和化工优秀民营企业、辽宁省首批 36 家新兴高技术领军企业之一，并荣获了辽宁省省长质量奖等荣誉称号。

奥克转型发展的启示主要有：

以技术为核心，让企业走在产品研发领域的前列。由于有从高校走出来的创业团队掌控，不管是"立足环氧创造价值"的定位，还是依据"大趋势、大市场、少竞争"的竞争战略内涵，企业都能够很快找到并确定有核心技术支撑的新产品，作为新型精细化工企业，技术是企业的生命，是让整个企业血液流动、保持活力的基础。因为奥克有技术，在面对挑战与机遇的时候，才能勇敢无畏地转变，才能赢得多次发展。

依据战略转变，积极选择产品和市场。近年来，面对全球金融危机、光伏行业低迷以及高速铁路和房地产业趋缓的不利局面，奥克公司坚定信心、正确判断，依靠创业者和经营团队的敏锐，及时完成适应企业发展的战略转变。在战略调整的指导下，积极采取措施，及时调整产品和市场结构，加速产品技术应用转化。置身于 2008 年以后全球金融危机的不良影响中，奥克环氧乙烷衍生精细化工新材料的产业逆势上扬，充分显示出奥克正确的竞争战略与发展战略的决定性作用。

企业核心价值思想凝聚人才。"文化聚人、战略制胜、自主创新、科学管理、和谐发展"是让奥克持续、健康、快速与和谐发展的必然要素，也是经过多年发展总结出来的奥克精神。在创业实践与探索思考中，奥克始终秉持"共同创造、共同分享"的企业核心价值理念，凝聚起一支志同道合的团队，在技术攻关上团结一致，在企业发展上一同出力。而创造性地提出的"环氧创造价值"的战略定位和"大趋势、大市场、少竞争"的集中化竞争战略选择，又使得奥克在国内率先抓住了我国光伏发电新能源和高速铁路等基础设施快速发展的历史机遇，成功实现了从传统精细化工产业向战略性新兴产业发展的转型。

（推荐单位：辽宁省委统战部）

专家点评

　　高校科研成果的市场化转化是国家长期关注的问题，一旦顺利实现必将带动产业发展和技术革命。奥克在这一方面为业内作出了很好的表率。特别是创业团队的带头人朱建民，尽管他在科学实验中因意外而致残，但是依然自强不息，带领研究团队转向产品研发和科研成果市场化领域，以科研成果及工艺技术为支撑，通过战略转型促进企业发展，在精细化工新材料领域作出了行业瞩目的成绩。

——北京大学光华管理学院教授　刘　学

企业家语录

　　★ 战略决定成败，文化凝聚人才；观念决定行为，思路决定出路！

　　★ 我们倡导"共同创造、共同分享"的价值理念，以奥克为平台，凝聚起一支志同道合的团队，为中国环氧乙烷精细化工新材料产业的健康发展而努力！

——辽宁奥克化学股份有限公司董事长

心向文化　情系商德

——北京东方美亚影视传媒有限公司案例

陈泳敏

案例摘要 ///

在国内房地产经营异常红火的时期，北京东方美亚影视传媒有限公司（简称东方美亚）毅然启动了向文化科技企业的转型。通过尝试投资文化产品、研发或创作文化作品到完全进入文化产业领域，从文学创作、影视剧拍摄制作到院线建设改造尝试，到建设影视基地、引领行业虚拟技术发展、组织高层次的文化推广活动，东方美亚顺利完成了产业转型，并在文化产业领域举起了弘扬商业道德的鲜明旗帜，值得各界关注。

引子：房地产调控与东方美亚的选择

东方美亚 1994 年成立之初，经营业务以房地产开发及其配套工程为主。经过十几年的努力经营，东方美亚已发展成为一家以房地产开发为主、兼营建筑装饰、物业管理、餐饮服务等方面业务的企业。公司先后在上海和北京的怀柔、顺义等地开发商住楼盘和收购改造烂尾工程，建设面积 30 余万平方米，实现了较好的盈利。但是由于企业发展时间较短、规模效益处于同行业中等水平，难以有效地吸引并借助外来资本，使得东方美亚发展较为平缓，与同行业的一些知名企业相比，运营规模和发展成效都存在较大差距。

在中国，房地产业的核心是土地资源，在土地国有与集体所有的制度下，中小民营企业既无国有企业的政策优势，又无大型企业的资金优势，无论是在土地资源信息享有上，还是在向政府取得土地开发权的运作过程中，乃至在向公众征地的过程中总有势单力薄的感觉。自国务院办公厅2004年发出《关于深入开展土地市场治理整顿严格土地管理的紧急通知》之后，一系列旨在控制房地产发展过热的政策相继出台，对房地产行业的民营企业来说无疑是有巨大影响的，包括东方美亚在内的一些企业开始谋求转型发展。

创业是个艰辛的过程。说起当年创业的艰辛，董事长郭丽双总是情难自己。当初，凭借着对中国发展市场经济的敏锐和乐观，郭丽双选择了下海经商，转眼之间，进入房地产行业已经十几年了。而今，面对陆续出台的一系列房地产调控政策，初具规模的东方美亚应该向何处去？

从2003年初开始，中国文化体制改革试点工作在全国逐步展开，开启了文化市场化和产业化的进程。由此，不仅原有的国有文化企业的市场竞争力和产业规模上大大提升，还激发了民营资本投资文化产业的热情。2004年以来，全国文化产业保持了高速发展的势头，其中民营企业的积极参与发挥了不可忽视的作用。一些其他产业经营业绩良好的民营企业发展壮大后，开始进军以低耗、低碳、创新、创意为主要特征的文化产业，使我国文化产业日趋繁荣兴盛。

正是在这样的背景下，经过一段时间的探索，东方美亚认准了一条发展新路，那就是文化科技行业。文化科技行业的发展正处于朝阳阶段，而东方美亚通过试点投资，搭上了文化科技行业飞速发展的快车。东方美亚毫不犹豫地开始了向文化科技企业的转型。

尝试投资影视产品

2002年10月17日，由一家电影公司发起的关于影视题材的一场小型讨论会在位于北京市郊区的怡生园国际会议中心召开。一些活跃在演艺圈内的编剧、记者们参加了会议。东方美亚董事长郭丽双应邀参加了这次会议的讨论。

　　只有二三十人到场的会议却开得十分热闹。发言中，有导演将自己即将拍摄的电视剧的市场前景提交大家讨论，有编剧将自己创作或改编的作品介绍给大家，自认为属于圈外人士的郭丽双完全不知这一场面对她来说意味着什么。直到讨论到投资商业题材的电视剧如何获得市场认同的时候，一个人充满激情的发言吸引了她的注意力。

　　这个人在会场上一直大声地与别人争论，丝毫不顾及别人的眼光和感觉——他就是编剧曲直。当时曲直说了很多，大体是他花了三年的时间在一个岛上完成了一个剧本，是关于一个商人的经商历程之类的话，外行人郭丽双并没有从曲直的长篇大论中听出什么有特别深刻内涵的东西，只是注意到他发言时比较另类的神态。

　　曲直滔滔不绝地讲着自己在创作中精神如何投入，经常无法回到现实。继而转向抱怨"中国人没文化，没修养"，尤其是中国的民营企业家"只要能赚钱什么都干，没有道德底线……导演也一样，为了赚钱总是不顾编剧的感受，乱改剧本……"郭丽双直接打断了他的话："你最好不要一味地怨市场，没有好东西当然不能被人接纳！"曲直一听，有些激动："你什么意思？"原来，曲直以为郭丽双是指责他的作品质量不够好，其实郭丽双内心并不是那个意思，只是不满意于曲直对民营企业家的态度而已。她有意缓和了自己的情绪，对曲直说"曲老师，您别着急，今天咱们都是来参会的，今天我听了您的话其实挺有触动的——不过我要说，就您这样的态度，您写的东西可能这一辈子都不会有人要的！"

　　似乎是冤家路窄，不久后的一次圆桌会议上，郭丽双和曲直又碰面了，而且两人座位相邻。席间，郭丽双主动与曲直沟通，对他在剧本《一代大商孟洛川》中所倡导的商德理念表示赞同，终于使曲直理解了自己的想法，化解开了曾经的误会，两人成了朋友。曲直也大度地把自己的作品拿给郭丽双看——他用三年时间创作的剧本《一代大商孟洛川》。

　　看完这个45集的剧本，郭丽双花了七天五夜的时间。在这个剧本里，郭丽双似乎看到了自己的影子！她突然觉得自己走过的那些艰辛创业路，在曲直的笔下重新变得清晰起来，心里产生了一种不可名状的共鸣，这种共鸣把郭丽双深深地带入了曲直的剧本。同时，在进一步交流中，郭丽双对曲直也有了新的认识,曲直的一番话让郭丽双铭记在心,他说:"一个企业要做好,首先要抓住灵魂,而灵魂就是文化!"这一番话让郭丽双产生了投拍此剧的想法。

然而,当郭丽双告诉曲直东方美亚考虑投资拍摄《一代大商孟洛川》的时候,曲直仍然难以置信。他不屑地对郭丽双说:"你的企业毫无投资影视作品的经验,凭什么投我的剧本呀!我这剧本是给李少红、郭宝昌这一类导演准备的。"郭丽双知道曲直担心东方美亚会提出他难以接受的改编要求。虽然这个剧本这几年并不乏买主,但是各个编导和投资商都有自己的需求,他们以各种方式想要对曲直的剧本做些大大小小的改动,曲直是个固执的人,也是个对文化有着执著追求的人,他一直在拒绝他们提出的那些他认为涉及作品主题表达的改动,这才是这个剧本让人反复不定、至今未能拍摄的原因。郭丽双心里明白这一点,曲直的这种执著也是让她欣赏的一面。于是郭丽双向曲直作了三点承诺:如果东方美亚能够投资拍摄这部作品,第一,保证不走样,原汁原味地展现曲直作为编剧书写的主要脉络;第二,争取影响一大批人,要让广大民营企业知道什么是商人,如何经商,如何经好商,如何才能成为一名大商;第三,如果这部片子卖不出去,就算把它留在企业的资料柜里,把它当成教育片,教育企业员工、教育后代,也不会有任何怨言。郭丽双的话道出了曲直的全部心思,也打消了他所有的疑虑。

从2002年到2006年四年多的时间里,东方美亚一直以极大的耐心和曲直保持接触,不断地磨合,不断地交流,直到2006年下半年,东方美亚才如愿以偿地拿到了剧本《一代大商孟洛川》的拍摄权。这期间,根据业内人士的指导,东方美亚按照行业要求注册了影视传媒公司,拿到了所有的资质,办齐了需要提交有关方面审查的一切手续。在此过程中,东方美亚也曾考虑过放弃《一代大商孟洛川》,几年中也接触过许多其他的剧本,然而总感觉再没有另外一个剧本能带给企业团队那种共鸣感。企业团队在董事长郭丽双的带领下,为这个投资行为作了一个明确的定位——"要拍出民营企业自己的大戏,让人们重新认识民营企业家,也要让更多的人知道该如何经商,如何做好企业。"在郭丽双看来,当时没有比《一代大商孟洛川》更适合表现商业道德的剧本，她甚至觉得自己跟这个剧本有着天生的缘分，不管有多曲折，它的拍摄权都会回到自己手里。

　　在东方美亚团队上下一心的不懈努力下，《一代大商孟洛川》终于开拍了。由于之前没有任何文化、影视方面的相关经验，企业在筹拍《一代大商孟洛川》初期时困难重重。从剧本讨论修改到确定制片人，从选定导演班组到选定演员阵容，从选择拍摄地址到拍摄服装的制备……事无巨细，一群满腔热血、跟着郭丽双进军文化产业的新兵们和她一起"摸着石头过河"，大家带着学习的心态参与拍摄制作工作。从确定拍摄到成立摄制组，从开机到杀青再到完成后期制作，郭丽双没有丝毫的放松。她找来影视制作相关的书籍，投入大量的时间和精力阅读充电；为了能更好地了解影视实际制作，她不断地向影视文化行业的老前辈虚心请教，多次与同行进行深入探讨；剧组在拍摄期间远在外地，她坚持一两周就去探班一次，为剧组所有的工作人员和演出班底带去温暖的问候和坚定的鼓励，让大家感动在心。郭丽双曾经开玩笑说，《一代大商孟洛川》这部电视剧更像她自己十月怀胎的一个孩子，磨难不少，但收益更多。2008 年 6 月，《一代大商孟洛川》终于杀青。

　　2009 年 12 月 26 日，在人民大会堂举办的《一代大商孟洛川》新闻媒体见面会上，中宣部、广电总局、全国工商联、中央电视台的相关负责同志对这部电视剧表现出了极大的关注。会上，郭丽双在发言中深情地说："我们理解的有着庞大收视群体的电视剧，不应止局限于一般的娱乐功能；弘扬中国传统文化，满足当今社会的精神需求，呼唤中国社会的道德回归，推出一批有思想、有文化、有精神营养、有艺术品位的优秀影视作品，是我们不可推卸的责任和使命。东方美亚虽然是影视行业的一名新兵，但于此义无反顾！"

　　2010 年 1 月，电视剧《一代大商孟洛川》成功地在中央电视台第八频道播出，以其深刻的底蕴和思想性引起了舆论的好评和良好的反响，更带动了全社会和商界对传统商业道德、商业文化的深思。随即东方美亚又积极拓展海外市场，并取得了不菲的成绩。电视剧首播当年，东方美亚即收回全部投资，预期盈利为 500 万元，实际盈利为 2000 多万元，《一代大商孟洛川》的开门红令东方美亚进军影视行业首战告捷，大大提高了企业在影视行业的知名度，鼓舞了东方美亚，使东方美亚更加坚定走文化科技企业道路的决心。至此，企业的经营重心开始由房地产转向文化行业。

自主开发影视作品

2010 年以来，面对国家对房地产市场日益趋紧的宏观调控，一些企业被动等待，冀望政府能够尽快松绑，而另一些企业则主动求变，另谋出路。东方美亚正是这样一家主动转型的企业。投资拍摄《一代大商孟洛川》，让东方美亚经历了艰辛，也尝到了甜头，使东方美亚坚定了向影视行业转型的决心。而下一步具体要怎么走，正是东方美亚高层争论不断的问题。

当时，几乎在国务院出台严格的房地产调控政策的同时，中共中央国务院颁发了加强和改进新形势下工商联工作的一个综合性文件。这个文件在强化工商联服务非公有制经济职责的同时，也彰显了党和国家对非公有制经济的高度重视。特别是文件提出要加强舆论引导，宣传非公有制经济领域涌现的先进典型，为非公有制经济健康发展和非公有制经济人士健康成长创造良好社会环境。郭丽双敏锐地观察到，现有的商业题材影视剧基本都没有正面弘扬过民营企业家群体健康成长的历程，所拍内容多半都是描绘民营企业在经营中发生的官商勾结、投资倒把、逃税漏税等负面形象。实际上，在社会主义经济的发展过程中，民营企业无论在解决就业、纳税贡献，还是技术创新及公益事业方面，都有不可或缺的积极作用，而这正是影视创作和投资领域的一个空白。郭丽双是一个有想法的人，她主张东方美亚不仅要投资拍摄影视作品，还应该创作商业道德系列的影视产品，因为东方美亚要真正进军文化行业，仅仅对影视作品投资只称得上投资公司，并不是东方美亚想成为的文化科技企业，因此东方美亚的下一步发展应该是创作并拍摄商德题材的作品。然而这一决定受到了企业高层的反对，连郭丽双的家人都不赞成。

分管文化经营的公司副总经理指出："近年来以商业道德为题材的影视产品只有一部《一代大商孟洛川》获得了成功，东方美亚创作拍摄商德题材的作品无疑是一场风险巨大的赌博。如果只是单纯投资一两部商德题材的作品，那么即使效果不好，大不了企业赔钱就是，但是如果企业组织自己创作并拍摄作品，一旦作品不卖座，企业的前期努力可能前功尽弃，在影视行业中刚建立起来名声便毁于一旦，我们输不起，这场赌博不能赌，还是应该投资一些卖座的作品，对商德的关注可以一步步来。"

郭丽双并不这样看。她认为目前这方面是个空白，也蕴含着商机，以商德为题材创作拍摄出来的片子一定能够赢得市场的认同。但企业其他高层管理者都认为不应该继续选择创作或拍摄毫无卖点的商业道德系列片子。甚至每次回家家人都不愿意谈，更有人当众指着郭丽双说："你不能不顾公司和大家的利益，自己想当然地作决定。"

面对企业高层的不理解、众人的诘责，郭丽双的回应是："我坚持创作拍摄商业道德的片子，不是因为我想提高自己的知名度，一个企业必须要有自己的灵魂，如果公司随大流投资一些偶像剧，没错，公司确实是可以盈利，但是我们只会成为沧海中的一粟，没有人会记住东方美亚。东方美亚想要成为真正的文化科技企业，就要有自己的东西，就要自己创作拍摄一部能冲击影视行业的影视作品！"

之后，郭丽双将自己这几年对商业道德的研究与公司其他高管进行了交流，并指出商业道德方面的片子会成为时代的主流，是她与很多影视工作者探讨的结论，因此她才会主张创作拍摄商德题材的影视作品。"一个企业要做好，首先要抓住灵魂，而灵魂就是文化！作为一个文化科技企业，更应该有自己的文化灵魂，而依赖于外部的选材无疑是把自己的灵魂交在了别人的手里。东方美亚不能仅仅承担一个被动投资者的角色。"

为了更好地说服公司高层认可创作拍摄以商德为题材的影视作品，郭丽双更赶赴遵义寻找编剧曲直，向他表达了自己的想法，希望他牵头组建创作团队，创作出属于东方美亚自己的商德影视作品。有了曲直这一位老资格编剧的加入，加上郭丽双的坚持，公司高层最终通过了企业创作拍摄商德影视作品的决定。

2011 年 3 月，三八妇女节的一次活动上，一部公司组织剧本创作并投资拍摄、以几位民营企业家的创业经历为基础、旨在弘扬非公有制经济人士群体正面社会形象的力作——《我的太阳》宣告推出。《我的太阳》的报审非常顺利，因为其所具有的深远社会意义，最终取得了在中央电视台的首播权。这是国内第一部展示当代非公有制经济人士群体形象的电视剧，也是国内首部反映改革开放 30 年来中国民营企业家成长史的电视剧，更是国内第一步以商业文化为表达内涵，反思民营企业家财富观、价值观的电视剧，该剧运用细腻的手法刻画了以李大武、傅丽红、王晖为代表的民营企业家不畏艰辛、努力拼搏的感人形象，故事曲折动人，具有强烈的新时代风格。能作为央视的年尾大戏播出，表明了社会对《我的太阳》这部作品的充分肯定。

系列文化产品的研发和运营

2011 年底的一天，东方美亚影视传媒公司在朝阳门外一家写字楼的 8 层会议室召开公司年度经营会议，公司董事长、总经理、分管经营、市场开发、财务的副总及制作部负责人等十余人参加。主要议题是董事长郭丽双提出的公司发展规划问题。郭丽双提出：要看到之前文化产品经营的成功，要实现投资项目的合理回报，但是不能仅仅停留在现在看来能够站得住的地方，还应该有更长远、更加具有产业厚度的规划。热烈的讨论进行了一个上午，基本形成了一个中期发展规划思路，即在今后的 3~5 年内，以做深文化产业厚度，形成系列产品和项目支撑为目标，加大文化产业投资和经营力度，形成文学作品创作、电视电影拍摄及制作、影视基地及影院建设和文化推广的四轮驱动。为此，公司决定出资 5 亿元，投向商业题材的两部电视剧和儿童教育方面的 10 部电影，引入虚拟技术，引导精品创作，组织年度文化论坛并试水院线建设或改造，建立影视基地。郭丽双在最后的总结中指出：公司希望立足长远，透过电影电视以及综合产品来实现发展战略上的部署，打造精品的文化产业项目，成为真正的文化科技企业。

就在东方美亚打算在这条创作并拍摄商德题材影视作品的路继续走下去，并已经将某些制作完成的片子提交给发行商的时候，突然被告知由于接到国家广播电影电视总局要求对某些题材慎重对待的通知，一些拍摄的片子暂时不能发行。这对于东方美亚来说无疑是重大打击，东方美亚立即召开高层会议，商讨如何解决眼前的困难。

"我们的作品和国家广播电影电视总局限制的题材并没有实质上的冲突，发行商只是觉得不太合适就放弃我们的作品，我们要自己掌握主动权，我们要做自己片子的发行商！"看到自己辛辛苦苦孕育出来的作品，由于发行商的问题而不能发行，东方美亚影视公司的总经理激昂地说道。但也有高层质疑："公司已经由单纯的投资公司变为创作拍摄公司，现在作品不能发行，资金回不了笼，还要自己做发行商，是不是太冒险了？"面对质疑，郭丽双回应道："我们还是应该坚持长远发展的规划，让事实来说话！"

会后，主管文学创作的部门和制作的部门都很快行动起来，市场部门和财务部门分别在项目筛选和资金配套上给予了有力支持。创作人员和项目小组在比较短的时间里迅速拿出了提供决策的作品或文案。如今，文学作品创作方面，东方美亚已出版《女性管理学》和《商人道德决定中国未来》两本书，初步征集到几十本文学作品和剧本；在电视电影拍摄及制作方面，已拍摄完成四部影视作品，分别是《一代大商孟洛川》、《我的太阳》、《国家审计》、《黄炎培》，共计100多集。还有一部电视剧作品已经完成拍摄和后期制作，处于发行审查阶段。

目前，通过直接投资和设备租赁入股等方式，东方美亚已经将拍摄、剪辑和后期制作工作紧紧掌握在自己手中，通过把关选演员、选编导的工作，实现了从投资公司到制作公司的华丽转身。至此，东方美亚从单纯投资影视作品转为自主创作、自主编导、自主制作影视作品，向影视行业迈进的东方美亚在真正意义上拥有了自己的"梦工厂"；并且以自己鲜明的选题特色、执著的文化诉求、高雅的艺术品位以及较高的制作水准，在业内赢得了类型片的领跑地位和示范作用。

在文化推广方面，2012年6月10日，由北京东方美亚影视传媒有限公司承办的2012年度会议暨文化产业发展高峰论坛在北京钓鱼台国宾馆隆重开幕。论坛邀请了多位文化产业的优秀民营企业家出席会议，围绕提升民营企业家文化自觉、引导民营企业进入文化产业领域、促进民营文化产业大发展大繁荣和民营企业家群体健康成长等主题进行研讨。东方美亚的文化推广团队作为论坛的组织方，积极主办国画大师康宁个人书画作品展、承办北京市工商联女企业家商会"与春天有个约会"活动及全国工商联女企业家商会理事会，另外，还进行了书籍发行会等活动，在文化推广方面进行了有益的尝试。

通过尝试投资影视作品、创作影视作品到完全进入文化产业领域，从文学创作、影视剧拍摄到院线建设改造尝试、建设影视后期制作基地、组织高层次的文化推广活动，东方美亚正在成为真正意义上的文化科技企业。

成效与启示

随着国家地产行业调控措施的加紧，房地产企业前景变得缥缈不定。东方美亚拥有房地产行业的资金基础，又拥有接触文化行业的良好契机，加之国家鼓励民营资本进入文化产业的政策支持，借此选准契机，果断转型，为新领域内的成功发展勾勒出了美好的蓝图。2004年东方美亚影视公司成立以来，其直接和间接经营收入达1.26亿元，占整个企业经营收入的55%以上，由原来的十几名员工发展到现在的100多人。公司经营收入及利税连续6年以超过30%的增幅稳步增长，利润达4000多万元。在新的行业领域企业不断完善自我，建立了新的产业链条，赢得了自身独立稳步发展的新空间。

东方美亚转型之初，先后拍摄了《一代大商孟洛川》、《我的太阳》，填补影视市场商业道德题材的空白。之后，又选定儿童教育题材，紧抓儿童电影市场的空缺之处。在转型中始终坚守商业道德、教育题材的选材宗旨，对目前影视文化中浮躁、戏说、搞笑的纯娱乐导向有所修正，为影视行业发展树立了新的方向标。

同时，东方美亚作为行业引领者，正在尝试引入虚拟技术，制作虚拟影棚，为国内影视行业开辟新的道路。虚拟技术的引入将使文化和科技得到完美融合，将文化以虚拟科技的方式表现出来是当今世界的趋势，东方美亚的做法使我国与世界影视行业能够更好地接轨。

东方美亚在转型历程中，致力于让更多的人明白"商德"和"商道"，尝试让更多的人从正面了解非公有制企业及企业家群体。东方美亚的努力为企业赢得了市场，更让人们从不同的角度对民营企业及企业家有了新的正确认识，有利于树立民营企业家正面的社会形象。此外，东方美亚以其选材的真实性和积极性，不仅为民营企业家提供了具有深刻警示教育意义的商道楷模，也为我国文化传播领域的产业发展和企业经营树立了良好的典范。

东方美亚转型成功的主要经验在于：正确判断社会需求和政策导向的结合点，尝试以文化产品打造企业文化，以文化作品弘扬商业道德，有很强的社会正面影响力；在转型的过程中注意风险控制，采取逐步深入、适时确立自身独立性的策略，及时规划长期发展，形成系列业务支撑的文化产业实体，为企业的稳步健康发展夯实了基础；注意把握社会需求的发展趋势和政策导向，选准方向，及时行动；转型目标选择有前瞻性，转型行为有高度，转型进程考虑了阶段性特点，转型的具体做法适时而变，顺应环境需求。

（推荐单位：北京市委统战部）

专家点评

> 东方美亚从投资文化产品入手，进而将组织文化作品创作与制作影视产品结合，最终走向经办文化产业实体，致力成为集投资、研发、拍摄及制作于一身，兼顾文化推广与研究的企业。适时的行业退出，由表及里的阶段性转变，关注商业道德的文化弘扬，为促进发展方式转变提供了良好的例证。
>
> ——中国传媒大学教授　刘林清

企业家语录

★ 顺应改革开放的时代要求，做向文化产业转型发展的探索者。

——北京东方美亚影视传媒有限公司董事长

引领高端 LED 产业发展

——四川新力光源股份有限公司案例

尹　响

案例摘要

四川新力光源股份有限公司（简称新力光源）作为一家高新技术企业，成立十多年来，经历了从多元化到专业化，从专业化走向技术深化，从技术深化到引领产业发展三个阶段，特别是通过实施"聚焦"战略，通过专业化和技术创新，驱动企业和产业核心竞争力不断提升，探索到了一条可持续发展的道路。

引子：危机背后的转型

20 世纪 90 年代，随着人们生活水平的提高，计算机开始进入居民家庭，计算机网络也随之得到了更广泛的运用。出生于四川的张明敏锐地察觉到计算机普及背后蕴藏的商机，毅然下海，于 1995 年成立了新力集团，并成为当年成都磨子桥"电脑一条街"最大的电脑经销商，也是美国某知名电脑品牌在西南地区唯一的经销商。作为成都第一批 IT 公司，新力集团成立后不到两年就获得了几千万元的销售收入。但繁荣背后常常隐藏着不易察觉的危机，有一次公司努力签下了一个大单，眼看就能获得不菲的利润，但供货的美国电脑公司却在临近发货的关头将货品转给了另一家企业，让新力措手不及，从而失信于客户，并失去了这个利润丰厚的订单。这一事件让新力集团感受到单纯做电脑经销商面临的困境：仅仅做国外高科技制造企业的经销商，企业只能依附于别人存活；如果没有自主创新能力和核心竞争力，企业就没有抗风险能力，无法实现跨越式发展。

但要实现创新，以什么产品为突破口？研发技术最终能达到怎样的高度？创新的风险有多大？舍弃作为经销商所获的丰厚利润，投向全新领域，公司员工能否承受？带着这些问题，新力开始了从一个销售贸易企业转向技术研发企业的漫漫转型之路。

从多元化到专业生产稀土发光材料

"创新"这个词变成口号很容易，但实践起来却异常困难，为了寻找突破口，从 1997 年到 2000 年，新力集团尝试了很多产业，开始了多元化投资，尝试了包括领带加工、矿山机械、石材、园林绿化等产业方向。但是多元化经营的结果却是多而不专，集团无法专注于一个行业并找到利润空间最大的点。按照新力集团创始人张明的话来说，"早上可能还跟西装革履的社会精英打交道，下午就跟挽着袖子、裤管的包工头吵吵闹闹。每天喝很多酒，把身体搞垮了，但收获却很少。"在尝试了三年的多元化经营后，新力集团发现，不仅利润比之前做电脑代理经销时减少了，而且企业也并没有通过多元化找到自主创新的道路，和最初设想的通过技术创新拥有核心竞争力的目标似乎渐行渐远，这让新力集团深感不安和痛苦，为此，新力集团的高层遍寻"良师"、"高手"，希望能"问诊治病"。

2000 年左右，在一次与清华大学学者的随意聊天中，张明意外了解到，稀土超长余辉蓄光发光材料有一个核心功能，在吸收可见光 5～10 分钟后，即能在夜间或暗处持续发光 12 小时以上，余辉时间更可达 40 小时以上，而且可以反复使用，发光寿命长达 15 年以上。和传统的硫化物发光粉相比，稀土超长余辉蓄光发光材料具有无毒无放射性、初始亮度高、持续发光时间长、产品寿命长的特点，而且初期的研发投入并不需要太大，可以实现低成本创新。此外，在稀土超长余辉蓄光发光材料领域，我国具有自主知识产权，且技术达到国际领先水平；在资源分布上，中国的稀土资源占有率最高；并且，在这个领域我国还没有形成真正产业化的企业。当时，以硫化物为代表的发光材料已经在交通、广告、建筑等领域广泛应用。这意味着，如果能让稀土超长余辉蓄光发光材料替代传统发光材料，将会取得一个很大的成熟市场。

通过广泛而深入的调研和考证后，新力集团作出了一个关系企业未来命运的决定：将企业名称从新力集团变为新力光源，进军稀土超长余辉蓄光发光材料领域，将此项技术产业化作为公司的长远发展目标。自此，新力开始做减法，逐步退出矿山、石材和园林绿化等行业，并将此前积累的上千万元资金投入到稀土发光材料的研发当中。

虽然怀揣美梦，但公司在一开始就几乎陷入了"绝境"。由于市场对新技术、新产品缺乏认知度，新力光源很难获得订单，大量的研发资金无法通过市场获得足够的收益和现金流，公司负债水平不断提高，资金链日益紧张，甚至连发放员工工资都有困难，企业又一次面临险境，新力光源高层甚至一度怀疑这条技术创新的道路究竟是否正确。

黑暗过后，黎明终究会到来。2001 年，美国发生了骇人听闻的"9·11"恐怖袭击事件，非常偶然地让稀土发光材料制作的指示牌广为人知，而当时国内只有新力光源在稀土发光材料上有技术积累，新力光源多年的努力终于找到了突破口，成都、广州、深圳的部分街道、酒店、剧院的户外广告牌都使用了新力光源的稀土发光材料。2003 年，由于铺设简单且能吸收可见光自动发光，新力光源的长余辉稀土发光材料中标深圳地铁，被用作地面的导向逃生标识。随后，全国多个城市的地铁工程开始大规模推广采用新力光源的长余辉发光标识牌。这一年，新力光源的销售额首次突破亿元大关，年产稀土发光材料 500 吨，也成为国内最大乃至全球前列的同类产品生产基地。新力光源研发的发光材料生产线被列入成都市 2003 年重点工业技术改造项目，其核心产业稀土超长余辉蓄光发光材料产业化项目更被列入国家高科技发展项目 863 计划。新力光源第一次通过创新尝到了甜头，也更坚定了走持续创新的道路。

但意想不到的是，稀土发光材料技术领域的成功让新力光源这个名不见经传的后起之秀，突然成了全球照明大鳄的狙击对象。该技术一直由发达国家所垄断，国外巨头依托创新在全球市场上获得了丰厚的超额利润，一旦这一技术被中国企业或科研单位突破，这些跨国企业的优势将荡然无存。2006 年 3 月的一天，新力光源突然接到法院的传票，日本一家知名高科技跨国集团公司起诉新力光源的稀土发光材料侵犯了它们的专利权，要求公司立即赔偿 50 万元、关闭工厂、停止生产并销毁模具和设备。这让公司上下异常愤怒也备受打击，多年的努力和奋斗却变成了别人的技术和产品！但调查后发现的情况还更加糟糕：在此之前，这家跨国企业用同样的办法在美国、德国等地打赢了三场官司，都是有关稀土行业的知识产权诉讼。

虽然来者不善，但在生死存亡之际，规模相对较小的新力光源选择短兵相接，毫不妥协。之后，公司开始精心备战，上北京、下广东、赴长沙、去上海，前后反复几十次搜集证据。2008 年，经过长达 31 个月的拉锯战，新力光源最终打赢了官司，跨国公司申请的专利诉讼被宣判为无效！

从生产稀土发光材料到引领高端 LED 产业发展

进入 21 世纪，新材料领域的新应用和新课题不断出现，尤其是在全球气温上升、经济增长的单位能耗过高和环境污染问题越来越突出的大背景下，国家开始主动转变经济发展方式，调整产业结构，对新材料技术的使用和节能减排相关产业都日益重视。在照明方面，传统光源存在着耗电量高、重金属污染等问题，而新兴的 LED 照明技术则将半导体电子技术和照明发光技术有机结合起来，大幅度降低了照明技术的能耗和解决了重金属污染的问题。数据显示，2012 年中国 LED 行业总产值达 2059 亿元，同比增长 34%，其中，照明应用整体份额已经占到整个 LED 应用的 25%，成为市场份额最大的应用领域。

在这种情况下，新力光源再次面临选择：是单纯扩大稀土发光材料的规模，短期内获取更多的利润；还是立足将来，在新材料、半导体照明应用领域做出新的突破？经过长时间的多方调研和反复讨论、分析后，新力光源最终决定——用公司独有的稀土荧光粉技术研发高亮度白光 LED 灯，并成立光电事业部，将目标聚焦在 LED 照明应用领域。

2004 年，新力光源了解到，中科院长春应用化学所在稀土材料技术上有独特的优势，在国内乃至国际上都是首屈一指。在清华大学专家的牵线搭桥下，新力光源找到了中科院长春应化所的专家，经过交流才知道，原来他们也正在做将稀土余辉发光材料应用到半导体照明上的技术攻关，却恰恰苦恼于没有找到合适的企业做进一步的技术转化。新力光源有芯片和半导体照明技术的优势，两家机构的合作从一开始就碰出了火花。

经过长达 8 年的科技攻关，新力光源与中科院长春应用化学所联合研发的基于长余辉稀土荧光粉技术的全球首创交流 LED 照明技术正式应用，围绕这一技术研发的室内外照明产品正式登陆市场。与美国、韩国等企业通过大规模集成电路、多路芯片封装的高成本方案实现交流 LED 照明所不同的是，新力光源创造性地将可控余辉的稀土荧光粉与相匹配的驱动电路结合，实现了由交流市电直接点亮 LED 照明新产品。这一革命性的技术，不仅有效解决了传统交流 LED 技术不可避免的"频闪"这一世界难题，还提高了 LED 产品的寿命，降低了生产制造的成本与工艺难度，为 LED 照明推向民用市场注入了一股强大的力量。

2013 年 5 月 26 日，新力光源在成都对外发布了全球首创的基于新一代交流 LED 技术的光引擎。和传统照明设备最大的不同在于，内置光引擎的灯具没有传统意义上的灯泡，光引擎在灯具内直接发光，和传统直流 LED 照明产品相比，新一代交流 LED 光引擎的成本更低、可靠性更高、适应性更好。该技术和产品的推广及应用将从技术和理念上彻底改变照明和灯具产业，预计将形成上千亿元规模的新一代照明及灯具产业。6 月 16 日，由中科院数名专家组成的鉴定组来到成都，对长春应化所和新力光源合作研发的"发光余辉寿命可控稀土 LED 发光材料研发及其在半导体照明中的应用"项目进行了成果鉴定。鉴定组一致通过鉴定，并认为该项目在稀土发光材料和全球半导体照明技术领域取得了重大突破，原创性稀土发光材料有效解决了国际一直未能攻破的交流 LED 照明设备的频闪问题。该成果实现了从基础研究到产业化的跨越，达到了国际领先水平，使中国成为世界上唯一掌握用稀土荧光粉生产低频闪交流 LED 产品的国家。这一成果将使"成都造"LED 照明技术走向世界领先水平。新力光源研发的新一代交流 LED 照明设备比一般直流 LED 设备节能 15%，比一般节能灯节电 50%，而能耗只有传统白炽灯的 1/8 ~ 1/10。

在全球气候变暖和能源供应日趋紧张的大背景下，世界各国对节能减排都日益看重，LED 照明产品的全球化也在 21 世纪的第一个十年中日益显现，各国对 LED 照明产品的需求与日俱增。从 2009 年到 2013 年，新力光源开始尝试迈出国际化的道路。在国际市场引导下，新力光源先后成立了北美、英国、西班牙三个分公司，并通过极富竞争力的激励方式和薪资招募了来自华为国际项目部和在英国、加拿大、美国、西班牙等国有丰富照明行业从业经验的国际型人才。分别拿下了巴塞罗那地铁、巴西星巴克、加拿大大型超市照明工程等项目。与许多以代工为主的 LED 封装企业不同的是，新力光源在海外销售采用的是自主品牌、自己的销售团队。目前新力光源尚处于企业国际化的初期阶段，交流 LED 在海外战略、市场开拓、财务管理、人力资源管理、远程体系管理、渠道管理和品牌建设上还有很长的路要走。

成效与启示

从新力光源 18 年的发展历程总体看来，企业坚持采取"聚焦战略"，先后经历了三次转型，每一次转型都是痛苦的抉择和关系生死的，都在经历"惊险的一跃"。转型使新力光源获得了令人瞩目的成效。

新力光源的年销售收入从 2004 年的几千万元跃升到 2012 年的 3.2 亿元，年增长率超过 60%，海外销售收入从 2009 年的 5.73 万元增长到 2012 年的 560.41 万元，海外市场年均销售额增幅达到 213.47%。申请和获得近 600 项 LED 照明及稀土荧光粉的专利技术，通过 ISO9001 质量管理体系认证、ISO14001 环境管理体系认证、OHSAS18001 职业健康安全管理体系认证。由于技术稳定，新力光源的产品也得到了广泛的推广和应用。2008 年，承接北京奥运会 21 个场馆的标识系统；2010 年，成为上海世博会 LED 供应商；2011 年，获得国家"十二五"战略新型产业立项支持；2012 年，中标国家科技部大楼光源更新工程，"新力造"的 LED 光源使科技部大楼的整体电能消耗降低了72%。同年，新力光源的新一代交流LED照明技术被列为国家发改委2012年战略性新兴产业（节能环保）专列项和四川省战略性新兴产业。

新力光源的转型成功带给我们的启示有：

实施"聚焦战略"。在行业的选择上，新力光源以壮士断腕的勇气，实行"聚焦战略"，大胆地做减法，专业化让新力光源大幅度提高了效率，有效降低了交易成本，也让新力光源从迷茫中找到了未来可持续发展的道路。新力光源果断地把与长期目标不一致的公司关闭、转型，将资源资金和精力重点投入到稀土超长余辉蓄光发光材料及制品的研发，做行业内的"绝对冠军"，这是新力成功的重要原因。在LED的产品开发和市场开拓上，新力也将"聚焦策略"贯穿始终，把精力集中在道路照明、景观照明、太阳能LED照明、通用照明领域。

坚持以创新提升核心竞争力。新力光源能够从一个PC代理经销商变成一个引领全球LED照明技术的领军企业，得益于持续的技术创新和突破。由于半导体照明行业充满机遇，且前期进入门槛不高，从2005年到2012年，国内的LED企业如雨后春笋般涌现，LED产业出现了爆炸式增长，少数地方甚至出现了"家家冒烟，村村点火"的现象，但具有核心技术研发实力和核心竞争力的企业并不多。新力光源秉承"为人类照明生活更美好"的理念，通过持续的技术创新，积累了三代交流LED照明技术，努力实现从"新力制造"到"新力智造"的转变，向全球照明行业领军企业的目标稳步前进。在这一过程中，新力意识到要在险恶的国际知识产权战争中获得主动，不仅要在中国部署好知识产权保护，更要在全球范围内、在主要竞争对手的技术研发地，为自主技术构建知识产权的保护网络。

通过整合资源走共同发展之路。新力光源在多年研发生产稀土光源材料和LED产品的过程中，不仅依靠自身的研发力量，也积极与科研院所、行业内相关企业展开合作。目前，新力光源已经与长春应用化学研究所、清华大学、四川大学、成都电子科技大学等多所高校、科研机构建立起长期合作关系。这些合作单位拥有众多的专家和研究人员，能够针对不同技术点进行攻关科研，解决技术难题，不断优化产品；同时，他们站在学术科研领域的最前沿，能够在第一时间获得国际国内最新的科学理念、技术思

路，用于指导企业的产品开发。这些资源将为新力光源的稀土光源材料和
LED 产品项目提供强大的技术支持。2008 年 10 月，成都市科技局确定以新
力光源为主导企业，结合相关科研院校，成立了"成都市半导体照明工程技
术研究中心"。这一中心作为政府支持的平台，将整合科研、生产、市场的
多方资源，极大地加快半导体照明技术的发展，促进产品的不断完善，加速
产业化建设的步伐，为半导体照明的规模化、市场化奠定重要基础。

　　顺应时代，以节能减排为己任。LED 照明产品作为节能环保的绿色照
明产品，能够很好地替代传统光源，达到节约电能、减低电网负荷、降低
维护成本的效果。通过在地铁、道路、隧道等大规模、长时间的照明领域
推广这种照明技术，能够实现非常可观的节能效果。而节约电力消耗也就
减少了煤炭、石油、水等重要资源的消耗，并且极大减少了二氧化碳、二
氧化硫等污染物的排放。新力光源在公司转型再创业之初，就清醒地意识
到自己肩负的时代使命，就是要在应对全球气候变化的大背景下，在国家
加大节能减排和新能源产业的相关政策推动下，把握时代脉搏，调整发展
战略方向，以节能减排为己任，让"新力造"LED 照亮世界的每一个角
落，为地球——我们美丽家园的未来尽一份心力。

（推荐单位：四川省委统战部）

专家点评

　　新力光源发展中主要的特点是敏锐、专注、创新，并能整合资源
合作伙伴共同发展。新力光源敏锐地发现了长余辉发光材料的商机，
联合中科院长春应化所开发出具有自主知识产权的稀土长余辉发光材
料，成功实现了从传统行业到高科技行业的转型。新力光源通过在稀
土发光材料的持续研发创新，成就了新力光源在稀土长余辉材料领域
的领先地位。新力光源结合自己在稀土发光材料领域的经验，与中科
院长春应化所合作，开发出交流 LED 荧光粉，解决了交流 LED 的频
闪问题，实现了在 LED 照明领域的快速发展。

——中科院长春应用化学所党委书记、研究员　张洪杰

在新力光源的发展历程中，经历了两次重大的转变：一是从多元化到专业化生产稀土发光材料，二是从专业生产稀土发光材料到引领高端 LED 产业发展。第一个转变是革命性的转变，新力光源发现了稀土长余辉发光材料的商机，通过联合科研院所和自主开发，成功推出了稀土长余辉材料及制品，实现了企业的战略转型。新力光源逐渐关掉石材、园林等传统业务，聚焦稀土发光材料，实现了在稀土长余辉材料及制品领域的绝对领先地位。第二个转变是新力光源结合自身在稀土发光材料的技术优势，顺应节能环保的时代需求，与中科院长春应用化学研究所合作，产研结合，创造性地开发出交流 LED 荧光粉，并与交流 LED 驱动电路相结合，解决了交流 LED 最重大的技术难题——频闪问题，引领高端 LED 产业发展。

——中科院长春应用化学所研究员　李成宇

中国经济发展方式在转型，中国西部的发展方式也在西部大开发战略第二个十年计划的背景下发生着深刻变化，成都高新区也提出了转型发展的目标：着力打造高端产业集中区、高端人才集聚区、自主创新示范区、改革开放模范区和文明和谐首善区，力争到 2020 年建成世界一流高科技园区。而新力光源案例正是我国中小企业中具有很强代表性的转型案例，也代表着成都高新区的产业在发生着巨大变化。希望通过新力光源的转型案例，影响我国更多的中小型制造企业，从劳动密集型向知识密集型转变，从低端制造向高端制造和研发转变，使我国实体经济的实力更加强大。

——青年经济学家、成都高新区发展策划局局长　汤继强

企业家语录

★ 通过发展差异化产品来提高竞争力，以创新的心态适应转型的变化。用创新来驱动企业的发展，新力光源唯一不变的是变，变才能适应市场的发展，才能让企业更有竞争力。

——四川新力光源股份有限公司董事长

多维创新托起腾飞梦

——江西博能实业集团有限公司案例

彭 震 刘梦华

案例摘要 //

进入 21 世纪以来，我国的客车技术突飞猛进，与国际产品之间的差距日益缩小，而产品配置同质化的趋势却越来越明显。江西博能实业集团有限公司的上饶客车公司（简称上饶客车）冷静地洞察行业的变化与发展趋势，走自主品牌之路，把创新作为企业发展的根本动力，将创新成功植入研发、生产的每一个细节，从产品创新、到技术创新、到市场创新、再到管理创新，形成了上饶客车的多维创新机制。这种创新机制为用户带来最大的性价比，引领上饶客车走上差异化经营之路，迈上新的发展征程。

引子：传承历史 擦亮名片

有着 40 多年建厂历史的上饶客车厂原本是家小规模的地方国有汽车改装企业，20 世纪 80 年代初期，上饶客车以中国二汽的"东风"底盘为依托，制造了发动机后置式客车，使企业迅速步入了发展的快车道，"上饶客车"迅猛奔向祖国的大江南北，并成为国内首家客车出口企业。到 20 世纪 90 年代初，企业各类客车年生产能力达 3000 辆，团体客车国内市场占有率一度高达 30%，经济效益雄踞国内同行业三甲之列。

然而，从 1993 年开始，上饶客车内部人员冗杂、机制不活、研发不足等问题日益显现，而此时的国内客车市场伴随外资大量涌入，豪华客车、中巴车、轻型客车异军突起，业内呈现出重新洗牌、竞争加剧之势。在新一轮激烈的较量中，上饶客车渐渐败下阵来。从1993年至2002年，上饶客车的年产量一直在数百辆波动，企业效益连续十年下滑，众多技术精英流走他乡，客车市场份额大幅萎缩，出口业务也几近停滞。

2002年9月，在上饶客车厂步入低迷之时，作为全国民营企业500强之一的江西博能集团成功收购了江西信江集团，入主上饶客车。博能集团掌舵人温显来——一名本土成长起来的江西省优秀企业家，深情而坚定地对员工们说："上饶客车是江西和中国汽车工业的名牌，是上饶人民的骄傲，是上饶的城市名片，凝聚了几代人的心血与汗水。作为上饶人，我们都有一种魂牵梦绕的上饶客车情结。我们一定要传承光荣与辉煌，重塑上饶客车品牌，重铸上饶客车的辉煌，这是我们神圣的历史使命和不可推卸的社会责任！"

民企兼并国企，面临着跨越多个行业，经历多种企业文化，多种企业理念大碰撞与磨合的复杂背景。参与国企改革最重要、也是最艰难的工作，不是资产谈判和签订协议，而在于并购以后怎么办，也就是企业怎么整合、如何发展的问题。

入主上饶客车之后，温显来做的第一件事就是稳定企业、稳定员工队伍。员工的稳定是一个比较棘手的问题。破产的企业，员工期望值比较低，安置还容易一些。但作为原上饶市机械行业的骨干企业——上饶客车厂员工的收入在当地也曾处于中上等水平，衣食无忧。企业改制，他们最关心的是自己的收入会不会降低？福利还有没有保障？企业改制后能否有一个美好的前景？而一些吃惯了大锅饭、惰性又很大的员工则担心能不能适应民营企业的经营机制和管理方式？当企业改制工作全面推开，职工身份置换实施方案出台后，在原有的1000多名国有企业员工中产生了较大的反响，大部分员工表示理解，愿意接受，但也有一部分员工存在一些顾虑和想法，而恰恰在这时，国内一些同行业厂家纷纷以不同的方式，以短期的高薪诱惑前来招聘熟练工人和技术人才，员工队伍中出现了一些不稳定的苗头……

如何稳定员工的队伍，尤其是骨干员工队伍，实现平稳过渡？博能上饶客车的做法体现了四条原则：一是文化先行，以企业文化作为"黏合剂"，加快民企文化与国企文化的融合，以共同的价值观、经营理念和企业精神，统一思想，形成合力；二是采用"港人治港"、"澳人治澳"的模式，放心使用原国企干部，利用一年的时间作为过渡期，除了关键岗位，人员上基本不作大的调整，让每个人尽情施展才华；三是坚决按照国家政策置换国有企业职工身份，保障改制员工的切身利益；四是导入民营化机制和先进的管理模式，建立健全了现代企业制度和有效的公司法人治理结构，构造了高效有序的市场经营体系，推动用人制度改革，建立科学、合理的激励约束机制，使上饶客车在重组的当年里实现了"三大转变"——人心由"散"到"聚"，管理由"乱"到"治"，效益由"亏"到"盈"，企业的主要经营指标均实现了翻番的目标，企业平稳顺利地走上了健康的发展轨道。

自主创新走差异化竞争之路

企业完成重组后，博能集团对上饶客车厂进行了量身打造。博能集团总裁温显来认为："再铸'饶客'的新辉煌，关键是坚持走好差异化竞争之路。"上饶客车始终把企业战略管理放在了首要位置，把创新作为企业发展的根本动力，打造自主品牌，用卓越的创新管理模式，突破上饶客车的发展瓶颈。

持续改进现有主力车型团体车，使之更加美观、舒适、可靠。"刘翔速度，你们这种速度就像我们上海人说的'刘翔'速度。"2011年9月初，前来验收提车的上海客户对饶客人翘起了大拇指说。原来，上海客户2011年8月底向上饶客车厂订购了31辆豪华旅游客车，主要用于外籍人士的交通服务，对客车的安全性、环保要求很高，他们相中了上饶客车的全承载车身技术，要求配置欧三排放柴油发动机和名牌空调。当时，上饶客车厂刚刚完成搬迁，生产线还处在调整状态。这么短的时间，这么高的配置，饶客能按时交货吗？令他们惊讶的是，从设计、采购、生产、测试到全部完成交付，饶客人仅用了23天。31辆SR6102THC型高档豪华旅游车顺利发往上海，这是上饶客车重返上海这个国际大都市的大手笔。在这场对企业生产组织、员工队伍素质、产品技术和系统能力的综合考验中，饶客人赢得了满堂彩。

摆脱传统生产模式，大力研发具有自主知识产权的全承载客车，迅速切入中档客车市场，创出新的市场"王牌"。全承载客车由德国凯斯鲍尔公司首创，2005 年以来，上饶客车厂开足技术创新的马力，将飞机制造的鸟笼式全承载车身结构，与自己独创的发动机后置技术完美组合，开发出自主创新的全承载客车，得到了德国客车专家的肯定。这种客车舒适性更佳，车内承载空间更大，客户的可利用价值更高，在客车发生碰撞、翻滚时，车身整体受力变形最小，能更有效地保证乘客安全。这一创新实现了从客车以底盘为中心向以整车为中心格局的重大变革，对我国的客车工业产生了深远的影响。

开辟校车的新卖点。2007 年，中国的客车行业尚无校车的明确定义，更没有规范的国家校车技术标准。然而，校车的市场需求已经悄然启动。上海、广东等经济发达地区的"贵族学校"向上饶客车订购大量的团体旅游客车，用于接送学生。随着城乡教育尤其是民办学校、幼儿园的"井喷式"发展，上饶客车敏锐的触角感受到了校车市场的潜力。2008 年，上饶客车再次发扬敢为人先的创新精神，投入校车研发，并迅速推出系列产品。当年，首批 200 多辆上饶校车浩浩荡荡驰往广东。历经 5 年的探索与实践，迄今，上饶客车已拥有 5 米至 10 米不同规格型号的校车产品 20 余款，专用校车与高档豪华旅游客车、智能化特种车、纯电动车与新能源客车成为上饶客车产品体系的主体车型，成为国内为数不多的校车专业生产企业之一。广东龙涛教育集团评价："上饶校车具有特大承载能力，性能安全座位数多，我们很满意。"广东是校车使用大省，上饶校车与国内其他强势品牌相抗衡，销售量与保有量名列第一。

特种车研制异军突起。上饶客车开发的多功能高智能应急指挥车，具备卫星通信、3G 通信、远程视频传输、单兵侦察系统、视频会议系统，被列为国家"军地联合应急机动车载指挥所"专用车，广泛应用到武警、消防部队中，受到官兵的欢迎。适合城市管理应急的特种车也已推出。2012

年6月，2辆价值17万美元的纯电动客车发送台湾地区，标志着上饶客车与中国科学院联合研发的新能源技术有了新的突破。为城市环卫设计的纯电动环卫车业已投产。上饶客车新能源VIP接待用车等五款车型获得了市场准入资格，列入中国科学院"支撑服务国家战略性新兴产业科技行动计划"，得到了国家产业化专项资金的扶持，产能将达千辆以上，成为上饶客车新的效益增长点。

新的市场定位，引领上饶客车摆脱了"捡到篮里都是菜"的旧生产模式，开始走上了差异化经营之路。一项项改革迅捷推开，一项项管理日趋完善，一项项新品连绵而出……脱胎换骨的上饶客车，开始迈上了新的发展征程。实行生产组织优化，淘汰落后的生产线，削减冗员，降低成本，提高生产效率；瞄准市场需求，把握产品定位，确定团体客车的主导地位，兼顾旅游和城市客运市场；增强新产品的研发功能，建成了江西唯一的省级客车技术中心，加快新技术、新材料、新手段的应用，提高产品研发效率和品质品位；引入ERP现代信息、成本和物流管理、精益化生产和5S现场管理等手段，接轨国际客车技术，提高企业综合管理水平；加速与世界一流企业的交流合作，聘请国际著名客车专家指导新工厂设计和新产品研发，用先进理念培训员工，改造生产工艺、流程，提升产品技术水平，企业从用工、薪酬到销售网络、产品研发都进行了脱胎换骨般的改造。冲破逆境，走出低迷，上饶客车驶入了发展的快车道。

在新产品研发的全过程，饶客人始终坚持以客户价值为目标，贯彻集团的"与客户共赢、与股东共赢、与社会共赢、与员工共赢"的经营理念，敢为人先，大胆创新，涌现了一批优秀的技术人才。在产品开发过程中，上饶客车人真正做到为用户着想，为用户带来最大的性价比，实现了人无我有、人有我优的价值取向：用电子油门踏板为客户控制耗油量，节能降耗，从而降低客户的运营成本；特选大承载能力的东风专用客车底盘，为学校开发承载能力更大、座位更多的校车，最大限度地满足客户对座位数的个性化需求；针对北方寒冷地区柴油机启动困难的特点，给客车设计"油路切换系统"，配备两种燃料油箱，冬天里客车启动先用-10号柴油，运行中再切换使用0号柴油，降低燃油成本。针对南方夏天炎热、车内外温差大的情况，设计了"空调冷凝水降温系统"，采用空调运转的冷凝水给车身降温，既节约了能源，又给乘客舒适清凉的乘车享受。同时，瞄准市场的需求，准确把握产品的定位，突出差异化、个性化和市场竞争力，上饶客车形成了一系列新的产品优势。

正是由于上饶客车坚持把科技创新作为企业发展的根本动力，特别是围绕市场和用户，注重技术创新，提升产品质量，才迅速实现了企业的脱胎换骨、跨越发展。

退城入园整合产业链

2011年8月，上饶客车厂顺利完成了整体搬迁，在上饶市经济开发区博能产业园开始掀起新一轮的创业潮。

客车厂"退城入园"，是博能产业的重大发展战略。让制造型工厂从老城区退出，还给市民安逸的居住环境，从根本上改善了城市的环境面貌。客车厂"入园"，有利于提升园区形象，壮大园区工业实力。更重要的是，在发展线材产业的同时，博能集团投入巨资建成客车产业园，将极大地推动客车产能迅速扩张和企业健康发展，实现做大上饶客车、擦亮城市"名片"的夙愿。

这座现代化的工厂集聚了一流的冶金加工、焊装、涂装和检测设备，代表了客车行业的领先水平，具有全承载和半承载客车两条兼容性生产线，能满足不同规格、型号产品的生产需要，厂区花草树木环绕，道路及广场面积达2万平方米，绿化面积达59%以上，宛如一座花园式工厂。新生产线按年产客车10000辆的生产能力设计，拥有电脑系统即时监控生产实况；引入了国内顶级的物流公司设计，科学合理地布局了生产线；采用国际先进的高架网设计，车身构件、五大片焊装采用封闭环结构，确保骨架牢固可靠；车身骨架、焊接采用全承载结构与张拉蒙皮工艺，提升了客车的制造质量；先进的整车油漆涂装线把客车装扮得更加亮丽。

走进优美、整洁的现代化工厂，饶客人满怀信心地投入了新一轮的创业。上饶客车厂工人、全国劳模彭保强激动地说："上饶客车厂腾飞起来了！"哈尔滨松雷中学是新厂启用后第一个提车的客户，车队的王队长为此感到骄傲："我们对上饶客车情有独钟。这批 SR6990HA 型团体客车，是我们连续订购的第五批客车了。上饶客车的造型、外观和使用质量，都达到了我们的要求。"

新的平台，新的起点，如何实现企业发展的大跨越？创新，再度成为上饶客车新一轮创业的主题词。2006 年 8 月，上饶客车厂再次召开客车发展战略专题会，提出客车要全面走向"系列化、标准化、通用化"，引发了上饶客车技术改进与工艺创新的新热潮。底盘与车身脱开制造、扣合装配的新工艺使生产周期缩短近一半。

如今，上饶客车每年都有十多项新技术、新工艺或新材料被应用到客车生产中，现有产品已涵盖 8 大系列 50 多种型号，每款车型都形成了高中低配置，团体客车基本满足了客户个性化、系列化的需求。在高端客车方面的工作也已准备就绪。

牵手中科院，抢占新能源汽车产业制高点

2009 年，适逢国家吹响低碳经济和新能源汽车发展的时代号角，博能上饶客车意识到中国汽车经济的又一轮黄金发展时期即将到来。虽然新能源产业还有一段市场培育、政策和配套条件逐步完善的阶段，在短期内不可能给企业带来效益，但着眼于将来，着眼于对新能源汽车未来的期待，博能集团遂将战略目光转向新能源汽车领域，并强化与该领域内国际、国内的先进机构或企业的沟通和联系，以期把握时代发展趋势，靠大联强，借船出海，赢在未来。

中国科学院在新能源汽车领域拥有一流的技术人才、一流的研发能力、一流的技术和成果，并在电动驱动、电动控制和整车集成等方面取得了令人瞩目的成就。博能上饶客车与中科院的紧密合作，不仅提升了企业的品牌形象，还为上饶客车的创新升级、发展战略性新兴产业带来了"第二次飞跃"。

博能上饶客车为迅速掌握、发展新能源汽车核心技术，抓住进军新能源汽车产业重大历史机遇，大胆创新，组织攻关小组多次赴中国科学院洽

谈技术合作事宜。中科院所属的电动汽车研发中心、上海中科深江电动车辆有限公司的领导和专家也多次到博能上饶客车公司考察、回访，双方在"院地合作"，推动电动汽车产业市场化方面一拍即合，达成共识。

2010年9月1日上午，中国科学院与博能上饶客车公司的合作协议在南昌市滨江宾馆正式签订，中国科学院以品牌、资本、技术等无形资产和研发经费等作价入股上饶客车，在品牌、技术和资本上进行全方位的战略合作。按照协议内容，中科院将通过入股上饶客车的方式，联手江西省政府将共同打造一个国内领先、国际知名的新能源汽车研发生产基地。除此之外，中科院还与江西省科技厅签订了《江西省电动汽车产业发展合作框架协议》，上饶客车、中科深江还分别与南昌市公交总公司、南昌市旅游客运总公司签署了《纯电动城市客车适用协议书》和《纯电动城市客车试运行协议书》等四项合作协议。这几项协议的签订，为上饶客车的新能源汽车从研发生产到走向市场打开了通路。

随即，中科院电动汽车研发中心的大批专家和技术人员云集江西博能上饶客车公司，进行电动汽车产业布局和项目的研发，项目的研发团队包括国家"千人计划"专家两人，高级工程师16人，博士2人，硕士16人，打通了中科院从基础研究、应用开发、系统集成到技术转移转化和产业化的通道。

通过与中国科学院的技术合作，引进了84台（套）的研发测试设备，初步建立起了一整套完善的新能源客车整车设计开发、动力系统开发和整车控制系统开发能力。在中科院强有力的技术保障下，博能上饶客车调集一切有效资源，成立6个专项小组具体负责新能源准入相关工作，凭着强大的技术、全面的资料、合理的生产布局，一次性通过新能源汽车准入现场技术审核，顺利获得新能源汽车生产资质，并先后成功开发了7米纯电动VIP接待用车、7米插电式串联混合动力客车（增程式电动车）、11米混联式混合动力城市公交车、11米纯电动公交车等多款新能源汽车产品。

2011年4月，博能上饶新能源客车项目顺利列入中国科学院"支撑服务国家战略性新兴产业科技行动计划"，并被授予1000万元的产业化资金扶持。2011年年底，上饶新能源接待用车批量销往国内机场，用于贵宾接待和通勤。2012 年年初，上饶电动客车批量销往宝岛台湾。2012 年 7 月 28 日，博能上饶客车的新能源客车产业化项目在上饶经济技术开发区奠基，博能上饶客车有限公司投资 3.5 亿元，将建成年产能达 2000 辆的新能源客车产业化基地。2013 年以来，由博能上饶客车新能源事业部申报的 14 项专利相继通过了国家专利局审核，获得专利权。2013 年 9 月，博能上饶客车的天然气公交车批量投放江西省多条公交线运行。

成效与启示

光荣与辉煌，困惑与彷徨，是 20 世纪下半叶上饶客车发展的风雨历程，在上饶客车进入低谷时，温显来接管了上饶客车，担负起振兴民族品牌的重担，用科学的管理，敢为天下先的创新意识，努力打造自主品牌，精益求精，充分利用国内外资源，通过五年的发展，使上饶客车站在了一个新的高点，使"上饶经济名片"焕发出新的光彩。而今，上饶客车凤凰涅槃，浴火重生，以全新的品质与容颜，迎来了柳暗花明的又一春。站在市场经济的高地，上饶客车为未来发展描绘出了一幅恢宏的蓝图：抓住校车市场面临"井喷"的良机，加大对专用校车工艺装备和工装模具的投入，抢占市场先机，进入国内校车生产企业的第一方阵；加大对新能源客车产业的投入，完善技术性能，抢占行业地位；经过五年的努力，进入国内客车行业的第一梯队。

是什么力量使上饶客车焕发生机？上饶客车人铿锵有力地回答：创新。

创新需要造就自己的"拳头"产品，拥有自主知识产权。近年来，博能上饶客车公司每年在研发体系上的经费投入不低于销售收入的 5%，并以每年 10% 的幅度增长。同时，广招客车专业人才并提供优厚的待遇和生活的关怀，有针对性地制定了诸多的优惠政策，包括资助大学生购房的补贴、鼓励大学生在集团公司所在地安家落户的安家费、激励大学生成长的多通道晋升管理办法，建立了 ABCD 四级评价体系，对优秀大学生予以晋升和加薪。激发员工的创新热情，产品创新如虎添翼。

瞄准市场需求，引领市场潮流，饶客人的创新触角伸向市场的每个角落。注重加大公共形象和产品宣传，在中国客车网打出"团体经典，中国上饶"的客车品牌形象。与此同时，转变营销观念，将"产品开发部"改名"商品开发部"，按市场的需求搞开发，以商业的敏感做经营，将新产品尽快转换为市场畅销的拳头商品。

不断瞄准行业新标杆促进产品创新和升级。我国加入 WTO 之后，国内汽车工业的发展变化异常迅猛，业内竞争日趋激烈。面对传统产品技术优势的风光不再和市场的不断压缩，上饶客车人发扬艰苦奋斗和敢为人先的优良传统，准确把握市场行情和行业走势，向行业新标杆看齐，向世界新科技攀越，自主研发出当今国际最先进的车身制造技术——全承载结构，将客车技术提高到一个崭新的平台，同时把产品的自主创新与持续升级同步进行，推出系列新产品抢占市场制高点，为企业转型升级奠定了坚实的基础。

（推荐单位：江西省委统战部）

专家点评

　　民企兼并国企应该是一种"双赢"的行为。民企不但可以借此机会扩大经营领域，利用国企的产业基础、人才优势和市场份额来拓展自己的发展空间，还可以享受兼并行为带来的政策优惠；国企则可以通过兼并进行改制，解决企业发展中的体制困扰。民企兼并国企的成功案例不多，博能集团兼并上饶客车无疑是非常成功的。在全球经济持续低迷的大环境下，在产能过剩的汽车行业里，在异常激烈的市场竞争中，博能上饶客车完成了它的华丽转型，不仅成功化解了机制、管理和文化上的矛盾和冲突，而且通过独特的多维创新，为企业注入了新的活力：通过精准的市场定位，实现差异化经营；通过有效的资源整合，实现企业价值最大化。博能上饶客车为我们提供了一个机制转型、管理创新和产业升级的成功案例。

——品牌专家、北京大学 EMBA 特聘教授　朱向群

企业家语录 ///☑

★ 速度是企业制胜的法宝，品质是企业发展的基石，差异化是企业成功的途径。

★ 做企业，想象力非常重要，有了想象力，要大胆去尝试，及时去行动。

★ 小赢靠勤奋，中赢靠智慧，大赢靠创新。

——江西博能实业集团有限公司董事长

物联网产业的探索者

——福建新大陆科技集团有限公司案例

王　晶

案例摘要

　　福建新大陆科技集团有限公司（简称新大陆）是一家致力于前沿新兴领域"创新多元化发展"的民营高科技实业集团，1994年由18位知识分子白手起家，创办于福建省福州市。近20年来，新大陆紧紧把握国家改革开放和转变经济发展方式的变革发展主轴，践行"科技创新、实业报国"的理念与使命，成功实现了从行业信息化设备提供商到IT综合服务提供商，再到物联网企业的转变，完成了从低端到高端、从单一到综合、从传统到新兴的转型与跨越，是高科技创新型实业助力国家战略新兴产业发展的一个较成功的典型。

引子——蓝海中浮现新大陆

　　随着数字化生存时代的到来，我们的世界越来越数字化，从最初简单的文字、声音、图像数字化，到如今的多媒体、无纸贸易、电子商务……计算机以指数增长形式进入人类的日常生活中：在商界，计算机生意越做越火，声势一浪高过一浪，各类电脑公司层出不穷；在服务业，近年来兴起的与计算机有关的服务性行业正向着产业化方向迅猛发展；在出版界，电脑类图书和多媒体光盘火暴；通过网络服务器，一台台计算机就像人类社会的一个个神经单元被联系起来，并组成信息社会的一个重要的神经系统——互联网，使得世界各地的人们能够通过计算机方便地互相传递信息，共享硬件、软件、数据信息等资源。

20 世纪 80 年代开始，计算机技术异军突起，以席卷之势快速进入并占领全球市场。国际上 PC 机出现后，随之涌现出了一批国产品牌如"长城"、"浪潮"、"联想"、"东海"、"同创"、"方正"等。真正在我国工程界广泛应用计算机仅是 20 世纪 80 年代中期后，并且是日本 PC－1500 袖珍计算机在国内掀起的计算机热。随着改革开放的步伐加快，PC 机在国内的发展已经与国外同步。20 世纪 90 年代初，中国取消了计算机产品进口许可批文并同时大幅降低关税。由此，国内计算机产品市场日趋开放，以美国为代表的计算机跨国公司开始大举登陆中国。

早已瞄准这片蓝海的胡钢和王晶在 1988 年就下海创业，创办了实达电脑公司，并只用了短短 5 年时间就形成很大的规模及影响力。由于与股东在经营理念上存在重大分歧，1994 年，胡钢和王晶决意离开实达，携手 18 位科技人员，投入 150 万元资金创办了福建新大陆电脑公司。

从重研发、轻市场向市场主导、研发跟随转变

新大陆电脑公司创立之初，既无资金支持，也无知名度。想要发展壮大，首先要解决的就是生存问题。从 1993 年开始，国内计算机主流产品市场的战火越燃越烈，众多国内 IT 企业靠着贸易的积累已在 PC 零售、分销市场形成气候。在内外压力均施的情况下，新大陆若仍想在竞争激烈的计算机市场中分一杯羹实在是困难重重。但是，如果不做计算机，新大陆又应该如何定位？

恰逢此时，发达国家已经普遍使用金融通信网和信用卡等融合信息技术的金融工具来提升金融现代化水平。而此时我国金融电子化水平还十分落后，大量金融业务仍使用手工处理，经济运行过度依赖现金，以至于在信贷过度投放、通货膨胀时国内一度出现现金供应紧张的局面。现金的大量使用及"体外循环"，不仅对居民个人造成诸多不便，还带来逃税漏税、走私、洗钱、腐败等违法违规却难以监督的现象，严重扰乱了国家经济金融秩序……社会对金融电子化产品越发重视。然而，此时国内银行卡的发

展还处于初级阶段，发行规模有限、功能单一——这个缺口触动了胡钢和王晶敏锐的神经。

经过详细调查，他们发现，金融电子化产品市场具有电脑营销市场所不具备的回款快速、占用运营资金小的特点；另外，当时 IT 行业发展向好，IT 企业相较而言易于运营；更关键的是，此时国内主营金融电子化产品的企业屈指可数——这些优势对于初创企业来说无疑很诱人。种种利好的外部条件使他们毅然决定将新大陆定位为"行业信息化设备提供商"，避开在计算机主流产品上与大企业的抗衡，主营与金融、邮电等金融电子化相关的行业计算机外设产品。

定位明确后，新大陆迅速行动，针对市场缺口加大研发力度，并很快推出了一系列金融电子化产品。其中，一款 1995 年推出的国内首台"金卡键盘"系列银行终端设备使新大陆一鸣惊人。该系列产品的亮点在于"多功能一体化"——磁卡、IC 卡模块集成到传统键盘上，使其除具备普通键盘的功能外，还集成磁卡、IC 卡和 SIM 卡的读写能力，可直接读写 IBM、ISO 标准的磁卡和存折、ISO7816 协议的 IC 卡和 SIM 卡。这种从"只读"到"可读可写"的突破，几乎刷新了银行的终端应用，有效地解决了银行不同级别的工作人员在业务授权流程中的安全问题以及银行柜员桌面设备拥挤的问题。

为了紧紧抓住金卡工程飞速发展的大好时机、快速提升企业竞争力，新大陆开发新系列产品的速度从未放慢。短短两三年时间，新大陆又开发出包括 NL-320MSW 金卡终端、NL-320/480 系列终端、NL-800POS、NL101 系列金卡键盘、NL-880 客户自助终端等系列产品，公司主要客户包括建行、农行、工行、中行、交行、光大银行、兴业银行、招商银行等国内商业银行，人保、太平洋、平安等保险公司，福建兴业证券、新疆宏源信托等证券信托机构，各地金卡工程及邮储部门，成为国内最主要的卡系列机具供应商之一。

"行业信息化设备提供商"的准确定位使企业获得了惊人的发展速度，企业主打的行业专用设备也给企业带来了巨额利润：1994 年，新大陆实现"当年成立、当年盈利"；1996 年被国家科委首批认定为重点高新技术企业，推出国内首台一体化金融 POS 终端，系列终端产品跃入国内三甲；到1997 年，新大陆经营规模已达 2 亿 ~ 3 亿元，拥有员工 300 多人。

1997 年是新大陆创业的第三年。那时，初创不久的新大陆依仗技术研发，所有环节都以研发部门为核心运转。经过几年发展后，新大陆有了技术、行政、市场，已初具规模：新产品频频推出、业绩连连看涨，企业已经不是当初没有销售和行政部门的"小本买卖"。

然而，随着公司的发展壮大，当初随意轻松的公司氛围也带来了一系列企业病：研发团队与市场销售团队出现内耗、市场响应速度下降、业绩停滞。由于技术是产品的灵魂，因此技术人员、工程师在公司中是"天之骄子"，说一不二；企业内部"人治"盛行、制度松散，各层级员工之间的交流主要靠默契与信任。一段时间下来，越来越多的技术骨干员工积极性下降，一些员工甚至还对企业失去了信心而陆续离开，企业虽然录取了一批员工，但带来的只是数量上的变化，高素质人才极其匮乏。

"初创时大家都是凭着默契在一起做事，这个时候企业容易得到发展；但到一定的规模以后，就必须经历一个向规范化跃进的过程，这才是第一个坎，很多企业失败就在于这个坎过不去。"王晶如是说。很多刚刚起步的公司在面临企业病时多因问题处理不当而夭折，同样面临困难的新大陆也在积极找寻突破的办法。

适时，公司内原来"以产品研发为中心"的管理体制与市场销售团队新的"适应与服务市场"的呼声产生了较为严重的冲突，公司内部矛盾日益严重。胡钢和王晶也十分着急，两人常常探讨公司是否改革的问题不知不觉已到深夜。面对外部市场环境的变化所孕育的重大市场机遇，他们确信，新大陆原有管理体制已经开始束缚企业进一步发展。只有规范经营模式、管理模式、发展思路、企业文化，构建新的组织架构，公司才能脱胎换骨，飞速发展。

每一次体制上的改革都会发生利益冲突，这一点所有人都心知肚明，但他们万万没想到，这一次的强烈阻力竟然来自与他们同甘共苦多年的总工程师。这位工程师与创业人员有深厚的感情，并且是当时团队的核心人物，具有很大的行政权力。他坚决反对并抵触公司进行市场化改革，主张公司仍旧按照原来的发展模式经营。支持市场化改革的胡钢和王晶及其他人员此刻心急如焚，他们已下定决心，一定要改革，但怎样才能在改革的同时留下核心成员呢？经历多年的艰难困苦，大家早已结成兄弟情义，没人希望这份手足之情会在此刻分崩离析。

想到当年事，胡钢说："我们的改革本来可以提前一年进行，但就是不愿激化矛盾，才拖了许久。结果这一年也是新大陆最惨的一年，公司上下矛盾重重，领导人每天都在处理人事纠纷。政策的拖延使研发部、市场部两大支柱对公司失去信心，人才严重流失。"

恰巧，在1997年5月，新大陆电脑公司在软件服务领域的尝试取得首个实质性的突破：与福建省移动通讯局签订了合同金额逾5000万元的"移动通讯计费及综合营业系统"项目。这次合作证明公司的市场化改革对公司今后的发展大有裨益，也大大坚定了公司核心领导层推动转型变革的决心。他们决意，如果这位工程师还是固执己见，不肯接受变革，那公司就只有放手。

事情的发展仍不尽如人意。最终，总工程师依然带着一批骨干员工离开了新大陆，抽走部分主力，使得新大陆公司元气大伤。留下的人无不痛心疾首，其间的悲愤、后悔、惋惜、无奈，不一而足。然而，痛定更需思痛，1997年年底，新大陆高层领导人大刀阔斧，正式开始企业内部变革。

首先，将管理架构分割为两个体系——管理体系以及业务体系，一改原来产品以研发为重、脱离市场需求的体制，全方位向以市场为中心转型。具体做法是：业务上，把原有的与金融行业有关的业务脱离出来，单独成立金融产品公司，实现生产、研发、销售一条龙，新开发的业务则单独列出，由集团老总亲手接管；管理上，实行平台制，把所有技术研发人员划归到技术部，把技术服务划归到市场部。这种改革使得企业一切活动都要依据市场需求的反馈来决定产品的研发方向。为解决改革过程中遇到的思想阻力，公司还有意地邀请专业顾问到新大陆来讲课，对公司的经营方向、发展思路、企业文化等进行全方位研讨，保证全体员工思想的一致性。

其次，制订并实施"龙虎计划"，大力培养双向人才："龙"，管理人才；"虎"，专业人才。具体做法是：将干部管理分成两个系列——行政干部系列（管理层）与业务干部（专业人才）系列。公司提升每一个在某领域有突出业绩的专业人才为业务干部，虽不授予行政权力，但他拥有与行政领导同等的待遇；统一观念和思路，从基层干部到领导干部逐级培训，专项培养管理人员的组织管理能力和决策能力。

最后，公司借改革之机，进行产权结构调整。将部分股权让给更大的企业骨干群，通过将经理人发展为股权搭档的办法避免经理人与股东因利益分歧而产生的分裂；公司90%以上的员工都持有公司内部股份，以此来增强员工责任感，风险共担、压力共有，使得员工个人利益与公司的利益紧密结合。通过对财富的再次分配，建立利益共同体，真正把人心留下，保持再创业的的热情。

逢山开路，遇水搭桥。新大陆的管理层将管理中面临的问题当成企业经营的常态，并随时迎接冲击。1998年，新大陆公司营业额达到4.45亿人民币，同比增长54%，这个数字验证了新大陆变革的成功。2000年7月，公司作为国家科技部推荐的5家高科技企业之一，在深交所成功上市。

从信息设备提供商向IT综合服务提供商转变

随着股份制商业化转型的不断深入，一些大型国有企业开始迸发活力，金融财税、移动通信、高速公路、电子政务等行业迅速进入发展"黄金期"，也为新大陆电脑带来了两年的高速发展期。

当时，新大陆的业务模式已经初步分为"产业平台"和"信息服务"（系统集成与软件）两大块，其中，"信息服务"模块是公司看见产业有向应用与服务转变趋势时开始着力扩充的新业务，业务内容包括移动通信以及高速公路机电项目（收费、监管系统等）。2001年，公司还接手了数字福建的建设，开始向电子政务领域挺进。很快，业务规模不断壮大，信息服务业务在比例上已接近了原来主打的电子化产品业务。

然而，王晶等人却发现，尽管做的业务越来越多，但各项业务之间却是各自为政，集团的综合资源并没有得到很好的利用，优势没有被充分地发掘；原有产品在市场上反应平平，即使企业多次加大销售力度、采取各种促销措施也难以提升销售业绩……新大陆的发展再次遭遇瓶颈。

市场虽千变万化，但只要能抓住市场变化的核心——需求，公司就有突破的机会。究竟什么才是IT市场当下的核心需求？对于新大陆的决策者们来说，这个答案好似被一块薄纱遮住了，瞧得见一点轮廓却又看不清它的真面目。

2002年夏天，王晶带队拜访某银行总行IT部负责人。拜访中，对方的一席话给了王晶很大的震动："银行正在转型，我们从传统的银行业务正在向金融服务转型，银行间竞争日趋激烈。我们很希望你们这些IT厂家，能明白我们现在在想什么，帮助我们用IT服务来提升我们的竞争力。至于终端设备的采购，只是例行公事。"

王晶在酷夏里感受到了一阵凉意，她感觉这块薄薄的纱终于被揭开了！她猛然意识到：这正是新大陆发展瓶颈的症结所在——客户当下诉求的是一应俱全的IT服务而不仅是功能强大的产品设备，那么，新大陆就不能只是一味地提供产品，而更应该思考如何满足客户需求，发展IT综合服务，提升服务能力！

与银行负责人告别后，王晶立即赶回福州找到胡钢，激动地表达她这次出行的所闻所想。胡钢非常赞同她的观点，认为新的调整势在必行。二人迅速达成共识：新大陆要从原来的信息化设备提供商向"IT综合服务商"转型！

"IT产业已明显向应用与服务方向转变，光靠维持终端设备的市场份额已经不能提升我们的竞争力，我们现在要做的就是尝试转型，从设备提供商转向IT综合服务商的转型！"王晶在公司例行的干部会议上向在座的管理者提出两天前与胡钢探讨的结果，但由于想法尚在不成熟的阶段，具体该怎么做，二人当时尚未考虑周全，因此想法一经提出就遭到了绝大部分干部的反对："话是说的没错，可转型谈何容易？自从IBM收购了普华永道的PWC后，很多IT企业认为这是一个从设备制造商转向服务的大好时机并跟风转型，但结果怎样大家有目共睹，很多企业损兵折将，还差点赔掉了公司……我们真的要冒这么大的风险吗？"有的高管附和："从产品到服务的转型是系统转变的大工程，我们要转变的不仅是企业的观念、文化、思维方式，还有业务结构、管理机制、资源配置，挑战几乎是全方位的。要想一夜之间'脱胎换骨'，几乎是不可能的，稍有不慎，万劫不复！"公司高层再次在改革的节点上出现分歧，支持与反对改革的争论又一次激烈展开。

"弯是一定要转的，哪怕是转大弯，关键在于怎么转！"胡钢坚定地说。即使周围反对的呼声高涨，转型的想法依然不可动摇。会后，胡钢和王晶便反复组织高管围绕转型进行思想上的碰撞，在借鉴与调查的基础上制定科学、可行的转型方案。

在 2002 年 10 月的公司中层干部会议上，胡钢正式向公司全体骨干呈现了完整可行的"拐大弯"转型方案。会上，他对公司内外部环境、转型可能面临的市场风险、转型过程中各阶段策略等方面都做出了明确而具体的分析与规划。这一次，胡钢信心满满。最终，公司大部分骨干员工同意实施转型方案，新大陆从信息化设备提供商向 IT 综合服务商转型的大幕就此拉开。

向 IT 综合服务商的转型花了新大陆整整六年时间。转型时，董事会顶住了核心骨干层在观念上的不适应与思想压力，带领公司所有部门坚定地向软件服务业务倾斜；组织架构上，循序渐进地转变原有集中垂直管理的组织架构为"子公司＋事业部"的管理体制——业务单位成熟一个、独立一个，并针对业务单位设计合理的扁平化组织结构，赋予新兴业务单位更充足的经营自主权，使业务单位能够在独立运作的环境下大胆尝试各种业务模式，提升其工作积极性与业绩；提升软件服务业务的资金投入力度，投入量从原来的不足五成提至占总投入的三分之二；大力培育具有优秀服务能力的人才，尽全力让每个员工对客户需求能做到最快反馈，在技术创新体系（研发、生产、销售）下真正为客户有效地服务。

由于成功把握住了金融财税、移动通信、高速公路、电子政务等行业发展"黄金期"，新大陆在纯 IT 服务和基于 IT 服务的硬件产品上都有了长足的发展。实现转型之后，效果立竿见影：在新大陆成立的第十年，公司总资产从初始的 150 万元增至 15 亿元；2007 年，公司在软件服务上的营业收入和利润大大超过计算机终端设备产品，并且一直保持高增长水平。2008 年，新大陆终于实现了由"以信息化设备为主、软件服务为辅"调整为"以信息设备为支撑，软件服务为主导"的转变，华丽转身为 IT 综合服务提供商。

从 IT 综合服务到物联网应用

新世纪以来，建设创新型国家、提高自主创新能力、加快推进国家创新体系建设成为加快转变中国经济发展方式、赶超世界先进水平的必然要求和关键环节。作为科技型企业的新大陆，虽一直专注于技术创新，也陆续研发出许多国内首创的科技产品，却不曾拥有一款领先于全球的核心技术产品——这个现实让王晶等人颇为感慨。

自主核心技术的缺乏，一直是中国前沿高技术产业的软肋与切肤之痛。在风起云涌的外部环境变化中，新大陆必须有一款自主研发的核心技术产品，使得企业能够在行业中把握变化趋势、培育核心竞争力，继而走向产业化和国际化道路。那么，什么技术能够成为首选？新大陆的选择是二维码。

自主研发"中国芯"，拉开向物联网进军的序幕。事实上，新大陆与二维码的接触十分偶然。1999 年王晶从一个客户那里得知一个"二维码暂住人口管理系统"项目，项目要求用二维码技术制作外来人口暂住证，新大陆争取到了这个机会。然而，由于国内在二维码领域的研究起步太晚，当时只有国外才有成熟的技术，因此新大陆做项目时只能以高价采购进口的二维码识读模组，这让当时刚完成二次创业的新大陆捉襟见肘。有感于没有核心技术带来的挫败感，又隐隐觉得这一技术在防伪上会有很大的市场，通过大量的走访与调查，他们发现二维码的确存在巨大的市场前景。1999 年，董事会决定成立福建新大陆自动识别技术有限公司，专注研究二维码技术。

当时国际上码制技术已有多家企业研制成功，国内也已有上千家条形码或自动识别企业，但基本上都是系统集成商，其盈利模式是代理各个设备商的数据采集设备和底层软件，继而提供各种行业的数据采集解决方案，没有自主研发的核心技术。因此新大陆决定避开竞争激烈的二维码码制，把研发重心放在了识读方面。

由于二维码的研发投入巨大而效益回报几乎为零，此后几年每年年底，新大陆的员工们只能眼红着其他公司发的奖金而苦闷不已，员工情绪渐渐消沉；公司内部反声四起，很多人都纷纷斥责这种"烧钱"的行为，许多员工也因熬不住而离开公司。困难面前，胡钢坚定地说："创新就好比马拉松，只要咬牙坚持、一步一步前进，总有一天会看见终点。"

2005 年 11 月，在经历了六年艰苦的研发与孵化培育后，新大陆完全自主的二维码识读技术终于实现突破。相较而言，新大陆研制的二维码竞争力主要体现在图像采集和处理技术上，其核心技术体系"UIMG"在识别能力上与国际同类条码制造商的产品相当！研制成功后，新大陆一跃进入全球六家掌握了条码识读核心技术的企业行列，打破了国外二维码进口识读模组产品价格居高不下的市场垄断格局。

从二维码向物联网产业集群发展。二维码的成功研制为新大陆注入了强有力的能量。随着新大陆的 IT 综合服务转型的深入，企业的产业发展道路也越走越宽，这也为二维码的研制提供了源源不断的动力。但是，如果不将技术成果转化为经营盈利，研发就只会变成消耗企业资金的蛀虫。因此，新大陆的管理者们决定探索二维码所在的新兴产业——物联网，通过不断的产品深度研发和产业链的延伸，实现企业在物联网产业上的优化升级。

在一次企业会议上，新大陆的管理者们针对二维码的行业应用与商业模式创新进行了探讨，并制定了具体的二维码应用战略规划。很快，他们将眼光聚焦到两个领域：食品安全与支付运营服务领域。

食品安全一直受到国家高度重视。国内食品安全问题的层出不穷，全球口蹄疫、疯牛病、禽流感的频繁爆发，使政府在食品安全方面的监督力度必须逐年加大。在重大动物疫病方面，由于疫病常常发生在流通环节，在这个过程中很难找到疫病动物原产地，以至于贻误在第一时间内控制、消灭的机会，使疫情扩散。新大陆认为，可以尝试将二维码技术应用于动物疫病溯源之中，通过覆盖配种、培育、养殖、屠宰、批发、零售的全过程，第一时间查出疫病动物原产地并迅速采取措施，提高重大动物疫病防控能力，保障动物产品质量安全，实现肉品质量安全信息追溯。

金融电子信息化是新大陆创业后最早介入的行业应用领域。2005 年国内电子支付市场开始迅猛发展，手机业务发展也进入了成熟期。将二维码技术融入电子支付业务将是一个大胆的尝试——消费者用二维码结账时，只要扫描屏幕上动态生成二维码加密图像，取得并确认支付信息，输入制定支付密码之后即可结账。这种方式将一改支付传统、简化支付流程，甚至还能改变消费者日常生活消费习惯，为消费者带来巨大的便易——新大陆将此思路定为"电子回执"商业模式。

当众多物联网概念企业还在感叹"看上去很美，做起来很难"的时候，新大陆已经在播种、收获了。

新大陆在第一时间与中国移动、中国银联探讨和交流了"电子回执"商业模式创新思路，三方一拍即合。2005 年 6 月，新大陆与中国移动在上海发行了中国第一张二维码"电子电影票"。9 月，新大陆上海翼码公司成立，与中国移动、中国银联形成战略合作伙伴，开创国内电子支付领域首个"电子凭证"运营平台，联手打造"电子凭证"在手机上的应用。随后，新大陆开展"移动订票"、"积分兑换"、"电子 VIP"、"电子提货券"、"电子优惠券"、"自助值机"等多项电子凭证产品的业务应用解决方案以及业务运营支撑服务。

2005 年，新大陆与中国农业部合作，正式启动了动物防疫溯源管理工作。2006 年 11 月，随着中国首台智能溯源终端的诞生，新大陆在全国首家将物联网技术应用于中国动物疫病可追溯体系中，同年，新大陆取得了国内动物溯源领域 70% 的市场份额，成为名副其实的市场领先者。

在开展二维码应用的同时，新大陆一直没有停止对二维码的技术攻关。2010 年 11 月，新大陆在北京正式发布了全球首枚"物联网应用二维码解码芯片"；2012 年 2 月 15 日，二维码正式列入国家物联网"十二五"规划。新大陆紧跟政府政策与产业趋势，同年 6 月再次发布二代系列二维码解码芯片。中国人就此在二维码核心技术领域拥有了世界级的"中国创造"成果，在物联网感知识别领域占据了二维码的产业制高点。

从 IT 综合服务商向物联网企业转型。二维码的成功研发是新大陆进军物联网行业的基础。早在 2006 年，新大陆就已经开始筹划物联网战略布局，并在 2007 年公司召开的 IT 产业战略研讨会上梳理发展战略。二维码在自动识别产业和智能溯源领域的成功应用，让公司决策层敏感地意识到，二维码作为一种可跨媒介传输的图形信息载体，与移动通信、电子支付的结合，将有可能开创一个多方共赢、全新的"移动电子支付领域"，带来极大的商业价值与成长空间。新大陆此刻已显露出向物联网企业转型的苗头，在等待一个合适时机展示自己的力量。

转型的契机发生在 2008 年。这一年，国际金融危机的爆发对全球经济发展造成巨大震荡，我国实体经济也受到了严重的负面影响。年底，在福州西湖边的芳沁园招待所，胡钢在电脑公司战略发展研讨会上做了题为"化危为机"的报告，希望能够抓住这次危机中隐藏的发展机会，顺势向物联网企业转型，谋求新的突破。

胡钢在报告中提到，作为 IT 综合服务商，金融产品业务始终是公司业务的中流砥柱和最重要利润支撑点。然而，伴随着公司整体 IT 综合服务转型的成功，保持了十多年的金融产品业务开始跟不上公司发展的步伐，业务结构老化、产业价值链扭曲、运作效率低下的诸多问题显现。金融产品业务的转变，成为直接关系物联网战略聚焦转型成败的"攻坚战"。他在会上说道："新大陆能成功向物联网企业转型的关键就在核心技术、应用与商业模式的突破创新上。我们在转变的同时，要'有所为'——在核心技术、应用与商业模式上要有突破创新，还要'有所不为'——梳理原来盘根错节的传统业务，聚焦到物联网这一主轴上来。"

在会上，王晶形象地把物联网产业比喻成一架飞机，"核心技术"是这架飞机的动力引擎，而"应用"和"商业模式"则是飞机腾飞依靠的两翼。"有所为，有所不为，建立核心竞争力"的产业聚焦思路，成为全体与会人员的共识。

明确转型任务后，新大陆从 IT 综合服务商向物联网企业的转型立即紧锣密鼓地展开：

第一，针对金融产品业务进行系统性改革。首先，转变原有"子公司＋事业部"扁平化组织的管理体制为"集团战略管控型"运作模式，理清董事会决策层、公共资源及管理服务支撑层、业务单位经营层三个层次的职能和职责，明确协调运作的管理体制，提升优化企业运营效率；

其次，剥离金融产品业务中不适应市场新变化的终端产品线，聚焦物联网电子支付 POS 市场，同时收缩全国性的销售网络，建立适应"总行招标"的市场销售模式；再次，外移产品制造体系，摆脱金融产品业务发展停滞带来的产品链价值低的弊端，实现自有品牌外包生产；最后，实施技术研究院资源重组，把为业务单位提供产品研发与技术支持的后方服务部门——技术研究院改为战略技术研究院，有力地支撑并推进电脑公司物联网战略转型。

第二，在行业应用上，保持对智能溯源信息化应用的发展。通过不断努力与争取，2010 年，新大陆成为全国首家将物联网技术应用于肉菜追溯管理体系中的企业。新大陆智能溯源可追溯体系是食品质量安全信息化解决方案中的一个重要环节，目前已广泛应用于动物疫病防控、商业流通产品的质量安全追溯。2011 年新大陆再次在业内首创为肉菜追溯体系量身定制的食品安全数据平台，其中高端智能溯源电子秤产品在杭州肉菜追溯体系建设成功应用，得到了国家商务部的高度认可。新大陆由此成为业内最有影响力的智能溯源品牌之一。目前，作为国家商业部食品安全追溯的示范工程，正在建设中的杭州市肉类蔬菜流通追溯体系和福建省肉类蔬菜流通追溯体系已投入实际运行。

第三，在商业模式创新上，不断扩展创新以"电子回执"为代表的移动电子支付业务。从 2008 物联网战略聚焦转型开始，"二维码电子凭证"开始陆续为大型电信企业、大型银行、航空公司、电子商务公司、石油公司等机构采用，上海新大陆翼码公司凭借"安全可靠的电子凭证运营"，占据了二维码电子凭证交易 90% 以上的市场份额，成为当今国内电子支付领域二维码 O2O 电子凭证运营的"隐形冠军"。2011 年 4 月，新大陆首次在全国提出"易动支付"概念：利用手机、PDA 及掌上电脑等移动终端，将二维码技术、因特网、移动通信技术、短距离通信技术及其他信息处理技术完美结合，整合物的信息流（商品信息）、商流（货物信息）、物流（配送信息）、资金流（支付信息），实现线上线下、虚拟与实体、平面与立体的信息共享和应用，使对物的交易和支付全覆盖成为可能。

智能溯源应用和"电子回执"商业模式创新，是新大陆在众多领域探索物联网产业发展的典型。时至今日，新大陆在移动支付领域的金融营销支付"二维码电子营销平台",物流支付"COD 综合服务平台",在智能交通领域的高速公路移动智能终端应用、ETC 车辆联网收费管理、车联网公交系统与地铁系统主动信息服务已得到广泛应用,并正在云计算、大数据系统领域和医药冷链物流监控等进行物联网应用与商业模式探索。

成效与启示

创办至今,新大陆获得了中国驰名商标、国家创新型企业、国家级企业技术中心、国家级技术创新示范企业、国家高新技术企业、国家引进外国智力示范单位、国家授予的博士后科研工作站、国家规划布局内重点软件企业、工信部计算机信息系统集成一级资质、国际科技合作基地、全国企事业知识产权试点单位、国家认定的水和空气紫外线消毒技术与设备国产化基地、国家高技术研究发展 863 计划承担单位、中国软件业务收入 100 强、中国优秀诚信企业、福建省院士专家工作站等众多资质和荣誉。自公司创业第三年起,连续 16 年获得地方纳税大户称号,如今每年上缴各种税费 3 亿元。

新大陆科技集团成功转型发展的启示在于:

具有战略视野的前瞻性站位是成功转型的根本。对高科技民营企业来说,"转型本身不是目标,更高的发展层次与更广阔的发展空间才是彼岸。"一方面,企业在发展过程中根据自身的发展阶段和外部环境,不断进行变革和动态的战略调整是企业立于不败之地的法宝。另一方面,自觉地把企业发展战略与国家经济和产业发展趋势相结合,是民营高科技企业实现成功转型与可持续发展,在战略性新兴产业的发展中担当重要角色的重要基础。

创新精神是成功转型的不竭动力。创新是民营高科技企业的生命线。在创业初期,企业如果没有足够的技术实力,是难以生存的。而当创新融入企业的血液,走到"引领转变"的另外一个极致,我们看到的是新大陆在技术、产品、应用、商业模式等产业价值链上极具创造力的企业技术与管理创新,以及由此迸发出的巨大活力。

(推荐单位:福建省委统战部)

专家点评

　　企业与创新密不可分，企业家是创新者、革新者。在新大陆科技集团的案例中，我们看到创业者具有远大抱负的企业创新和变革之路，从IT产品制造商到IT服务和解决方案提供商，再到作为物联网企业中世界级的"中国创造"成果——二维码"中国芯"的诞生，新大陆率先从中国制造迈向中国创造，实现了创新的可持续发展之路，值得中国企业借鉴。

——北京大学经济学院副院长、教授　曹和平

　　对高科技民营企业来说，转型本身不是目标，寻找更高的发展层次与更广阔的发展空间才是彼岸。新大陆集团是这方面的典型案例，值得民营企业借鉴。一方面是"以内打外"，立足中国经济结构的调整，适时进行产业升级，寻找发展的基础和资本支撑，以拓展国际市场；另一方面"以外打内"，在国际经济的波动中，寻找机会，快速抓住核心技术，快速在中国市场变现，迅速向世界级的高技术公司迈进。总之"两手抓，两手都要硬"是企业占领战略性新兴产业的不二法门。

——中国信息经济学会副会长、中国科学院教授　吕本富

企业家语录

　　★ 企业外部的环境在随时发生变化，企业内部也在不断变化，"水无常形，兵无常势"，一个企业要想长久发展，不断壮大，必须审时度势，经常调整自己，包括企业的战略目标和管理方式，不断创新，一成不变是没有出路的。

——福建新大陆科技集团有限公司总裁

体育运动品牌国际化的新样本

——福建匹克集团有限公司案例

刘 翔 陈美玲

案例摘要

1989 年创立以来，福建匹克集团有限公司（简称匹克）以"创国际品牌"为宗旨，积极做好名称国际化、商标国际化、管理标准国际化、品牌国际化和资本国际化五大准备，为国际化铺路；以 NBA 主场赞助、签约 NBA 球星代言、携手 NBA 联盟、赞助海外顶级体育赛事和体育组织、设立海外代理机构、网点同步拓展为支撑的品牌推广立体化战略，推动品牌国际化进程；为实现"三个 100"的海外市场发展目标，从品牌、产品、渠道终端、市场等方面探索改革之道，成为一家专业化、可持续发展的国际化体育用品公司。

引子：代工计划遭变，催生自有品牌

20 世纪 80 年代初，福建泉州地区雨后春笋般地冒出了大批制作服装、鞋帽的小加工厂，现任匹克集团董事长的许景南也是这场大潮中的先锋。当时，美国耐克公司计划在泉州投资鞋厂，许景南于是将目光瞄准了运动鞋，希望为耐克配套加工。

然而，就在许景南将厂房建成之际，耐克却撤走了。许景南痛定思痛，"一不做，二不休，我要自创品牌！"他隐隐意识到，未来的市场很可能就是品牌的市场，得出这样的结论是因为："我去市场转了一圈，发现年轻人选衣服，开始看脖子上挂的铭牌了。"当时，国产运动鞋的生产刚刚起步，很多鞋企只顾着生产什么卖什么，业内人士形容这是"低头拉车"，而匹克由于早早提出创品牌，而被形容成"抬头看路"。

"行动派"许景南即刻用高薪将耐克撤走时留下的大部分技术人员、工人全部吸纳到自己的工厂，奠定了匹克运动鞋生产的高起点。1989年，许景南正式成立了自己的鞋服公司。

匹克建厂期间，篮球运动在美国的发展已经相当成熟，中国也正在大力发展这一体育项目。许景南意识到，篮球运动具有趣味性、挑战性以及普及性，肯定会越来越受国内运动者喜爱，未来中国的篮球市场必将大有可为。慎重考虑后，匹克果断地将品牌定位为"以篮球为核心的专业运动品牌"。1991年，匹克为八一队打造了国内第一双大码篮球鞋。以此为起点，匹克开始了打造中国专业篮球装备品牌的历程。

为匹克走向国际市场铺路

许景南不只是一个头脑灵活的生意人，更是一位目标远大的企业家，经历过耐克突然撤资事件，许景南已经深刻地认识到，走国际化路线才能让企业走得更远、才能在更高的平台上与大牌竞争。他很早就已经知道，匹克与国际大牌相比根基薄弱，要在经济全球化的大潮中实现"创国际品牌"、"建百年企业"的目标，如果不能在基础方面符合国际标准，根本无从谈及与耐克等国际品牌同场竞技。匹克必须走在前边，夯实根基，才能让国际化成为自己与众不同的优势。

确定国际化品牌名称。匹克公司刚成立时，品牌还不是"匹克"，而是叫做"丰登"，对于中国人来说这是一个吉祥的名字。许景南逐渐发现，很多国内企业在做国际品牌时，多数都会遇到名称上的障碍，即中国化的名字很难为外国人所理解和记忆。因此，经过与合作伙伴的研究，脱胎于奥林匹克精神的"匹克"在一年后果断取代了"丰登"。

"匹克"寓意不断攀越高峰的自我挑战精神。深刻的体育精神和容易发音的特点使其很快为全球消费者所接受，为匹克进入全球市场打下了良好的基础，而此次改名也成为匹克"国际化战略"迈出的第一步。

管理和质量标准的国际化。优质的产品是获得市场认可和信任的关键，许景南深谙此道，因而斥巨资引进国外先进生产线，学习先进生产工艺流程，规范生产管理程序，并且全面培训员工——聘请高级工程师为员工上课，建立起一整套完整的质量管理机制。

1996 年，匹克拿到了 ISO9000 国际质量管理体系和产品质量保证体系的认证，通过了 ISO1400 环保认证和 ISO8000 职业健康安全认证，成为国内运动鞋行业首批通过认证的企业。

商标国际化。1993 年，福建泉州匹克集团正式挂牌，同年在全球 65 个国家进行了商标注册，"商标是无形但最重要的资产，也是匹克未来能够参与国际竞争的先决条件。"许景南的商标保护意识非常强烈，并在之后的多年间持续推动匹克"商标国际化"的进程，至今已经在全球 160 个国家注册，每年的商标权维护费超过 200 万元人民币。值得一提的是，匹克商标在美国的注册用了整整 15 年的时间，而今匹克专卖店已经开到了洛杉矶。

品牌国际化。一个国际品牌一定需要国际高端组织和明星为其代言，这是不变的铁律。笼络国际高端赛事和明星资源，成为匹克为推进品牌国际化进行的"五大准备"之一。

实现资本国际化。2009 年 9 月，匹克体育成功在香港挂牌上市，实现了由家族式企业向公众企业的华丽转型。许景南董事长认为："香港是国际金融大城市，在这里更加有利于将匹克带到世界投资者的面前。"

至此，匹克已经完成了名称国际化、管理标准国际化、商标国际化、品牌国际化和资本国际化五个基础步骤。"下一步开始全力冲刺市场国际化。"许景南说，而这又将是一个长期的过程。

以"匹克模式"推进国际化品牌战略

2001 年，北京申奥成功，为中国体育行业未来的高速发展带来了契机。匹克是以篮球鞋起家，在当时拥有丰富的鞋类研发和生产经验，但是一个运动品牌要想在市场中占得更大席位，单纯依靠运动鞋并不足以支撑品牌和专卖店体系。当时的匹克面临内忧外患：销售渠道不畅——销售额长期在 1 亿元上下停滞不前、竞争者迅速崛起、成本居高不下、最初的创业团队分歧加大、缺少创新。匹克的领先优势正慢慢消失，匹克面临守疆还是拓土的抉择。

随着中国体育用品行业进入新的历史性发展阶段，匹克也从产品到管理进行改革，为"二次创业"进行准备。2002 年，匹克正式启动品牌专卖工程建设。2003 年，许志华任总经理后改变了多年以产定销的经销商策略，撤换了全国 30 多家办事处，换掉一半的经销商，重新建立了上千家专卖店，完成了从以产定销到以销定产的改变，实现了产销结合的品牌运营体系；同时，匹克扩大了产品品类，建立起相对全面的产品体系，由原来的鞋企转变为运动装备综合企业，在原有运动鞋的基础上增加了服装及配饰生产线。

2003 年，匹克如愿成为 CBA 战略合作伙伴。但到了 2004 年中旬，另一家同行竞争对手却以高于匹克数倍的价格与 CBA 运营商瑞士盈方公司签署了一份长期冠名合同，并垄断了各支参赛球队的比赛服。匹克的篮球专业化道路顿时失去最重要的舞台。

连遭挤压的匹克不得不把目光转向欧洲篮球。在一名希腊代理商的牵线下，匹克成为希腊国家篮球队运动装备的供应商。随后，匹克连续赞助了欧洲篮球联赛全明星赛等欧洲赛事。赞助欧洲篮球让匹克此后收获了一些海外订单，但其对国内市场的推动效果始终与 NBA 和 CBA 不可同日而语。

"NBA 是全球最顶级的赛事组织之一，拥有全球最出色的球员、最精彩的比赛，较强的商业性也利于我们借合作达成迈向国际的目标。"许志华说。据 NBA 中国公司提供的当时数据，中国的篮球人口已超过 3 亿人，其中 80% 是 NBA 球迷。许志华再次将目标转移到 NBA 赛场，"不能与 NBA 合作，我们就找火箭队。"2005 年 12 月，匹克成为火箭队的官方合作伙伴，一块印有鲜红匹克山峰标识的广告牌出现在休斯敦丰田中心球馆篮球架下方的显眼位置，成为首个亮相 NBA 比赛现场的中国篮球品牌。而真正让匹克进入中国消费者视野的，是其 2006 年 9 月聘请美国"梦七队"主力球员、NBA 火箭队球星肖恩·巴蒂尔为全球形象代言人。火箭队和巴蒂尔这样的组合很容易打动匹克的目标消费群——那些二三线城市的青少年球迷。把二三线城市作为核心市场也使匹克避开了与耐克、阿迪达斯的正面交锋，使专卖店的推展变得容易和快速。

初尝赞助 NBA 的甜头之后，匹克开始投入更多的资金获取篮球资源。匹克先与密尔沃基雄鹿队和新泽西网队签署了战略合作协议，随后又与 FIBA（国际篮球联合会）合作成为其亚洲区官方市场合作伙伴。代言人也继巴蒂尔一人后陆续签下阿泰斯特、穆托姆博、基德、武贾西奇等 NBA 在役球员。匹克如此顺利地获得众多篮球明星资源的一个幸运背景是：同时期很多中国运动品牌开始转向大众休闲市场，以期获得更大的市场空间。

2007 年，匹克成为 NBA 中国市场官方合作伙伴。NBA 中国区 CEO 陈永正当时对媒体表示，匹克对篮球市场更愿意持续投入，双方在篮球推广和市场拓展方面有着更加深入的契合。

目前，丰富的国际资源已经成为匹克核心竞争力之一：NBA 及 NBA 球星、WTA 和 WTA 球星、FIBA 的全球战略合作伙伴，塞尔维亚、伊朗、澳大利亚、科特迪瓦等十几个国家的篮球合作伙伴，2012 年伦敦奥运会的新西兰、斯洛文尼亚、阿尔及利亚、约旦、伊拉克、塞浦路斯、黎巴嫩七国奥委会合作伙伴……匹克正一步一步走上世界品牌的战略高地。

长期以来，匹克已成为 NBA 俱乐部里仅次于耐克和阿迪达斯的赞助商，但在美国市场，匹克的销售额几乎为零。现在，匹克把目光投向了美国零售终端货架上。匹克一方面与 Foot Locker 等专业零售商合作，另一方面则自行发展自营店。在美国体育零售市场，大型零售商渠道占据近 50% 的市场份额，2011 年，Foot Locker 在美国国内的销售额已经超过耐克、阿迪达斯在美的销售额。但在许志华看来，直营亦是必须——利益熏心的代理商无法承担诸如球员服务、研发等细致入微的工作，自营的效率亦更高。

"美国人崇拜科技含量，如果没有科技含量，再好的设计也无法支撑高价。"匹克美国 CEO 粟佳说。一位资深的美国买家曾告诉粟佳，现在市场上运动鞋类旺销的秘诀是超轻的重量以及看得见的科技含量——这亦成为现在匹克销往美国市场产品的两条军规。粟佳赶紧委托猎头公司招募合适的设计师，在一年的时间内，终于招募到来自耐克、新百伦等公司的四名设计师。粟佳还重新组建了销售团队，品牌总监来自耐克，其余员工则来自阿迪、彪马等，并对货品重新进行调整。目前，匹克的设计团队中，大约有 10 人的鞋类设计师将为美国市场独立设计产品，每个季度大约推出 50 ~ 60 个款型，一年约有 200 款鞋子推出市场，其中 20% 的设计将被淘汰。2011 年 12 月，匹克独自投资的首家篮球概念主题店在洛杉矶韦斯特菲尔德商场二楼试营业。3 个月后，另一家店铺在洛杉矶的好莱坞梅尔罗斯大街开业。

匹克用一系列令人感叹的数据践行着"让世界穿上中国鞋"的承诺。而匹克以 NBA 主场赞助、签约 NBA 球星代言、携手 NBA 联盟、赞助海外顶级体育赛事和体育组织、设立海外代理机构、网点同步拓展为支撑的"品牌推广立体化战略"也引起业界和媒体的关注，这一营销新模式得到了业界的广泛认可，被誉为"匹克模式"。

系统升级，应对危机

从 2011 年开始，全球经济疲软，体育用品行业也受到了挑战。在一场场危机中挺过来的匹克，此时依然相信自己会最先复苏。在许景南看来，"国际市场是我们一个很好的发展空间"，匹克坚信国际市场无限的发展潜力，正是这种信念给予匹克力量，大胆地逆势提出了"三个 100"（或"三百目标"）海外市场发展目标，即 5 年内匹克商标在 100 个以上国家注册，争取全球覆盖；匹克产品进入 100 个以上国家和地区；力争在未来 10 年内海外销售收入达到 100 亿元人民币。

为完成宏伟的"三百目标"，匹克制订了详尽的奥运发展计划，在品牌推广、产品研发、市场拓展方面全面发力。匹克早在 2011 年下半年就开始从品牌、产品、渠道终端、市场等方面探索改革之道，总体提升企业的灵活性，以应对未来两到三年的市场疲软期并争取率先复苏。

品牌升级：继续投放大量资源全力打造国际品牌、维护品牌价值，目前匹克正在由与第三世界国家的体育组织合作，向与欧美大国的体育组织合作升级的进程中，包括与德国篮协等实现合作组织升级；由签约和培养NBA年轻球员到签约最好的国际球员之一托尼·帕克等实现代言人升级。同时继续保持与知名赛事组织如美国职业篮球联赛（NBA）、国际篮联（FIBA）以及其他包括球队、赛事及运动员等推广伙伴合作，从而将匹克品牌推广至世界各地。

渠道升级：匹克集团自2011年已经开始优化分销渠道，为体育用品行业的未来发展做好准备。在零售网络方面，匹克继续通过分销商及零售网点营运商开设面积更大的零售网点，以及关闭更多面积较小、效率较低的零售网点。同时，将鼓励每个零售网点营运商开设更多零售网点以提升其市场应变能力。在分销商方面，匹克集团继续增加分销商数量以提升其竞争力，也鼓励分销商开设更多的自营零售网点以提高其效率及对市场变化的应对能力。同时亦强调提升单店销售能力。

终端管理升级：成立终端零售管理中心，针对终端网点的店面规范、形象统一、科学管理、特色经营等方面进行科学、有针对性的指导，推进"第七代店面"的试点和更新换代。匹克力求通过系统化、专业化的营销、服务知识培训以及户外拓展项目，提高终端的综合运营能力、营销能力。

产品升级：持续增加在新技术、新品研发方面的投资，提升产品质量。匹克在泉州技术中心的基础上，先后组建了广州研发中心、北京研发中心以及美国洛杉矶研发中心，四大研发设计中心构成了匹克的核心创新平台，吸纳了来自国内及美国等地的优秀科研人员和设计师300多名，从提升产品科技含量、丰富产品新颖款式等方面，面向国内及海外消费者开发出更加符合运动需求、更时尚新颖的产品，充分满足世界各地不同顾客群的需求。2012年上半年，匹克共向消费者推出了300款新鞋类产品，571款新服装产品及282款新配饰产品。

市场升级：推动匹克从中国市场到国际市场、从国际小市场到大市场的升级。借助与国际组织的合作，匹克实现了品牌输出，进入五大洲的中小国家市场且市场表现良好；通过NBA、奥运会等匹克又成功进入美国、加拿大、德国、英国等欧美大国市场。未来，匹克将继续加强与国际大中小各级组织机构合作，带动匹克品牌深入全球市场。

成效与启示

　　匹克脚踏实地、有战略、有计划、有步骤地推进国际化，被品牌中国产业联盟主席艾丰评为中国品牌国际化的新样本，被评为中国最具国际开拓精神企业奖。匹克从 2008 年到 2011 年，已经连续 4 年蝉联中国商业联合会发布的中国篮球鞋市场占有率排名榜首，国内市场占有率约为 14%。2012 年销售数据显示，匹克产品出口全球 80 多个国家和地区，拥有 200 多个海外代理销售网点，总销售额约 38 亿元人民币，海外市场销售额约 4 亿元人民币（见图 1）。

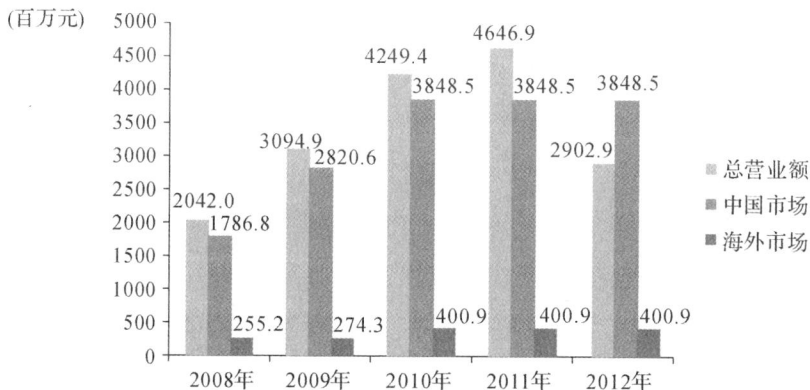

图 1　匹克近 5 年销售收入

匹克国际化之路主要有以下经验和启示：

　　国际化是系统工程，早准备才会早收获。一个品牌走出国门、进而落地到全球市场，必然面临一系列的门槛。从名称、商标、质量标准，到资金、资源、人才、企业责任本地化等，是每一个立志国际化的企业所面临的挑战，也是必经的过程。这就需要企业及其领导人具有全球化的大视野和高瞻远瞩的领导力，一点一滴做好准备工作，才能尽可能快速有效地融入国际市场，收获品牌国际化带来的市场价值。

　　做国际品牌要经得起诱惑，不懈追求是关键。国际品牌一定是一个专注的品牌。为实现"创国际品牌，建百年企业"的目标，匹克以"专注篮球"作为匹克长期不变的核心战略，积极进行篮球运动装备研发，同时与国际高端篮球赛事和明星资源达成合作，通过国际资源和创新产品的双重背书，打造"国际化、专业化、系列化"品牌形象。尽管在国际化的过程中会受到全球经济疲软、下滑的影响，但是匹克始终坚定自己的品牌定位，积累长效的品牌价值和长远的市场利益。

巩固中国市场的基础，才能更好地助力国际市场的发展。匹克是立足中国、走向全球的品牌，只有打好脚下的基础，才能形成自己的综合竞争力，成为自己应对国际市场残酷竞争的有力后盾。同时，只有在所在国的经营成绩和经验、所承担的企业公民责任获得国家、市场、消费者的共同认可，才能助力匹克在国际竞争的擂台上站得更稳、走得更远。

（推荐单位：福建省委统战部）

专家点评

匹克是中国自主品牌走国际化道路的突出代表。中国品牌国际化需要三个"心"，匹克具备这三个"心"。第一个心叫决心，国际化是匹克必须要做的一件事，不是可做可不做，而是必须做。第二个心叫信心，匹克在这一点尤其突出。虽然匹克的起点是一个家庭化的、比较小的一个企业，但它看到大势所趋，看到中国的崛起，它也就有信心多年坚持做一件事。我们要向匹克学习，增强自己的信心，这一点非常重要。第三个心就是耐心，匹克20多年坚持不懈，认准一个目标，一步一步地前进，这是很了不起的。中国企业应该要学习它的三个心：决心、信心和耐心，用这样坚定的精神支撑去打造品牌。

——品牌中国产业联盟主席、中国发展研究院院长　艾　丰

企业家语录

★ 强大的品牌一定是国际品牌。只有国际化的品牌才能屹立在世界品牌之林。

★ 品牌是一种精神。在国际市场上有属于自己的、值得骄傲的民族品牌，是几代中国人的梦，也是民族品牌的中国梦。

★ 品牌国际化不仅是民企义不容辞的责任，也是民企最大的荣光，更是我本人一生的追求。

★ 企业家作任何决策一定要有目的，企业的精力、资源、资本是有限的，我一生能做成一件事就足够了。

——福建匹克集团有限公司董事长

许景南

★ 新一代企业家要具备全球眼光，用全球的眼光来思考问题，善于用全球的资源来为企业服务。

★ 失败的企业有多种模式，而成功的企业只有一个模式，那就是规范。这是一个理想状态，但中间可能需要付出一些不理想的代价，这是我们必须要面对的。

★ 国际化是一项长期的工作，中国企业需要从传统的产品出口向品牌输出的方式转变。

——福建匹克集团有限公司总经理

许志华

在创新中打造现代生物化工产业

——济南圣泉集团股份有限公司案例

柏兴泽

案例摘要 //☑

> 济南圣泉集团股份有限公司（简称圣泉）曾经是一家地地道道的小型乡镇企业，最初只生产单一的、附加值低的化学品糠醛。30 多年来，圣泉集团坚持把创新放在突出位置，主抓技术创新、市场创新和管理创新，发展成为一家专注于各类植物秸秆的研究、开发与综合利用，涉足铸造材料、工业酚醛、生物质化工与生物质能源、新资源食品与生物制药、建筑节能新材料五大产业的精细化工企业。

引子：传统产业明天能否延续今天的辉煌？

济南圣泉集团股份有限公司始建于 1979 年，其前身是从济南轻工化学品搬迁到刁镇的一个项目，当时名为刁镇公社糠醛厂，是在"一五"建设期间前苏联援华的 156 个项目中的一个，主要是用农业原料玉米芯加工生产初级化工原料产品——糠醛。最初，由于原料收购不足，导致生产量不足，再加上产品技术含量低、品种单一，企业一直处于亏损状态。截至1985 年，企业已累计亏损 200 余万元。1985 年，公司更名为章丘县助剂厂，公司现任董事长、总裁唐一林受刁镇党委委托接管糠醛厂这个"烂摊子"成为公司发展史上的转折点。他上任后，先后到北京、天津、河北等地的糠醛企业考察，学习他们的先进技术和管理经验。同时把厂里许多与

糠醛无关的小项目撤掉，集中精力生产糠醛。在他的努力下，糠醛产量大幅度上升。当年，在国家政策性减免税收的情况下，糠醛厂奇迹般地扭亏为盈。

从植物秸秆中提取糠醛，然后做成糠醇，再加工成铸造用的呋喃树脂，这就是圣泉最初的发展套路。1986 年底，在北京、青岛等有关科研机构和大专院校的帮助下，在董事长唐一林的主持下，公司成功研发出国内一流、国际先进的 86 - A 型呋喃树脂，填补了国内空白，并获国家"七五"星火计划成果博览会唯一金奖。随后，公司投资 3500 万元，迅速建设了万吨糠醇和呋喃树脂生产线，形成了成熟的糠醛→糠醇→呋喃树脂产品生产链，实现了系列化生产。1990 年，公司投资 100 多万元，聘请了专家、学者担任顾问，选调了部分技术人员，组成了专门研究呋喃树脂的厂办科研所。目前公司生产的呋喃树脂技术全球领先，年产销量达 12 万吨，高居全球首位。后来公司又研发出冒口套、涂料、陶瓷过滤器等铸造用辅助材料，远销欧美及东南亚等 50 多个国家和地区，在全球范围内树立了圣泉的良好品牌。以呋喃树脂为主的铸造材料产业也成为圣泉发展的主导产业。

常言道"人无远虑，必有近忧"。唐一林明白，目前以呋喃树脂为主的铸造材料在国内市场份额已经占到近 50%，进一步拓宽市场难度很大；另外，随着科技飞速发展，传统产业升级换代步伐明显加快，公司传统产业的多数产品都面临着消失或者淘汰的困境和危险。一旦现有主导产业出现困境而又没有新的经济增长点出现，企业将会十分危险。他决定，在依靠现有传统产业的基础上，进一步发挥集团自身的科研和技术优势，做好传统产业和新兴产业的衔接，继续在农业废弃物和下脚料植物秸秆上做文章，通过技术创新将植物秸秆的价值挖掘到最大，主动实现传统产业向战略性新兴产业的蜕变和升级。

自主技术创新，传统产业向生物产业蜕变

企业转型发展，谈何容易，怎么转？这么多年来企业所依赖的一直都是铸造材料和工业酚醛这两大传统产业，是另起炉灶还是在现有技术优势

的基础上进一步开发新产品？经过深思熟虑，唐一林决定还是在植物秸秆这个大课题上做文章，这源于他出身农民，心中有一个梦想，要为中国的"三农"困境破题，实现"让粮食与秸秆同价，为农民再造一个地球"的梦想，让农民从事农业一样可以富裕起来，他把这样的梦想作为一份义不容辞的责任来经营，这更源于他对公司自主创新能力的自信。国家级高新技术企业，国家级企业技术中心，3 个国家认证认可实验室，10 个专业研究所，300 余人的科研团队……唐一林坚信，一根根秸秆、一块块玉米芯进了圣泉的车间，就可以变成一座座"金山"。

机会总是垂青有准备的人。正在集团领导寻找产业结构调整突破口的时候，一个在今天看来对圣泉发展有里程碑意义的机会不期而至，2005 年4 月国家发改委工业司召开"生物能源和生物化工产品科技与产业战略研讨会"，圣泉集团作为国内生物质化工行业的领军企业受邀参加，同中石油、中石化、中粮油、安徽丰原五家企业和中科院、清华大学、中国农业大学等十几家科研机构，联合探讨"非粮纤维素乙醇"的攻关工作。

非粮纤维素乙醇是相对粮食乙醇而言的，相比后者它具有"不与人争粮、不与粮争地、不破坏生态"等优点，在国际能源危机初显的背景下，开发可再生清洁能源成为各国的重点课题，因此纤维素乙醇的商业化生产一直是全球乙醇行业的目标。世界各国都斥巨资投入到非粮纤维素乙醇的研发上，并将其作为石化能源的最佳替代品，美国杜邦公司每年在非粮纤维素乙醇研发上的投入达到上亿美元。有的企业掌握了生产工艺，但由于在技术和生产成本上无法实现实质性突破，导致没有经济效益，不少项目被迫放弃或搁浅，部分已投产的项目因为亏损也难以正常运营。

我国作为一个农业大国，据统计，每年各类植物秸秆的总量超过 7 亿吨，从这一点来看生产非粮纤维素乙醇具有天然资源优势，并且技术路线上也是可行的。早在"十五"期间，有关部门就多次明确表示支持非粮纤维素乙醇的研发和应用，出台了一系列优惠政策，并将开发利用可再生的清洁能源列为国家重点战略之一。

一般情况下，生产每吨非粮乙醇，仅原材料和酶制剂两项成本就超过9000 多元，若再加上制造成本和其他费用，每吨总成本要超过 1 万元，商业化生产没有经济效益。技术可行但没有利润空间，圣泉在研发过程中也遇到了这个难以逾越的瓶颈。如何解决这个普遍存在的难题呢？大家一时都陷入了苦思，唐一林不想错过这个机会，公司技术副总江成真连同他所带领的科研团队结合全球对该课题的研究成果，加上多次的实验数据，发现生产纤维素乙醇来自于植物秸秆中的纤维素成分，但是植物秸秆的其他两种主要成分半纤维素和木质素在这个生产过程中被白白浪费掉了，而半纤维素可以生产糠醛，继而做呋喃树脂，这正是公司的优势产业，木质素也是一种非常丰富的资源，用途十分广泛。他们想，既然单纯的生产纤维素乙醇这一种产品很难有经济效益可言，那如果将三大成分全部有效提取利用，将产业链拉长，人家1条藤上结1个瓜，我们结3个瓜甚至4~5个瓜。如果能生产出一系列的高附加值产品的话，或许可以摊薄一部分纤维素乙醇的生产成本，使生产纤维素乙醇成本降低，商业化大生产或许可以成为现实。有了初步想法，但在实际研发过程中，还是发生了很多意外的"小插曲"。

2008年爆发了全球性的金融危机，对全球经济产生了广泛的影响，被称为"金融海啸"，随之而来的是市场疲软、发展放缓、原材料价格持续下滑、成本不断上升、需求明显下降、订单大幅减少，市场压力巨大，企业举步维坚、困难重重，很多企业处于生死边缘。圣泉也和众多企业一样，发展受到空前挑战，市场的惊涛骇浪以排山倒海之势汹涌而来，令人不寒而栗。此种情形下，如果没有新的项目、产生不了新的利润增长点，就有可能在危机中被淹没。但是形势的严峻性已让很多企业生存困难、举步维艰，谈及新项目更是望风而逃，不敢出击。就在此时，公司的研发人员在研究非粮纤维素乙醇课题过程中，意外发现一种稀有功能糖，这种糖能有效阻断人体对多余蔗糖的吸收，对"三高一超"患者病情能起到一定的抑制作用，这种糖就是L－阿拉伯糖。圣泉集团随即成立济南圣泉唐和唐生物科技有限公司，自主投资1700多万元建立了全国规模最大、级别最高的稀有功能糖应用实验室，并与中科院化学所合作建立"糖化学及生物工程技术研发中心"，致力于以L－阿拉伯糖为主的功能性系列产品的研发与应用。

目前圣泉唐和唐生产基地也成为世界上最大的 L－阿拉伯糖生产基地。唐和唐成功研发出包括食品级木糖、L－阿拉伯糖、大福降、和唐因子等在内的多种功能糖系列产品。自上市以来，坚持"讲究科学、体现道德、回归自然"的经营理念，口碑良好。2010 年 5 月，唐和唐产品经过层层审核，入选上海世博会山东馆（区）参展产品，成为"联合国馆特许经营商品"，被评为"中国国家馆永久展品"。唐和唐系列产品的问世是圣泉"种豆得瓜"的结果，使圣泉产业向新资源食品行业延伸，圣泉在唐和唐产品延伸的过程后期又向生物制药行业迈进。健康产业的诞生大大提高了圣泉的企业形象和品牌影响力。

从 2005 年到 2011 年，经过集团上下高层领导和研究所科研人员七年坚持不懈的研发创新，终于将之前的设想变为现实，初步打通了植物秸秆三大成分（纤维素、半纤维素、木质素）产业链之间的所有障碍，将所有成分全部有效利用，生产出高附加值的产品。更为重要的是，圣泉在全球范围内探索出了一条商业化生产纤维素乙醇的路子，今天，该工艺路线被正式命名为"圣泉法"工艺。使用该工艺建设的首条生产线已经于 2012 年 10 月份顺利投产，首条线可年产纤维素乙醇约 2 万吨，原料主要是植物秸秆玉米芯。这是全球范围内首条商业化大规模生产纤维素乙醇的生产线，创造性地解决了多年来困扰全球生物研发界"非粮纤维素乙醇"成本高的世界性难题，为纤维素乙醇商业化生产铺平了道路，同时也生产出了市场亟需的可替代石油的新能源、新材料产品。这是以农业废弃物和生活及工业垃圾为原料的生态经济发展道路上的一个重要里程碑。

如果不生产纤维素乙醇，对植物秸秆中的纤维素部分直接进行深加工，可以生产各种性能优良的纤维素助滤剂，广泛应用于石油、医药、日化、纺织、食品等行业，可显著提升我国在以上行业的全球竞争力。植物秸秆中的半纤维素部分则可以生产木糖或糠醛，这两种产品可以根据市场需求和原材料不同实现随意调节生产。木质素部分可提取出高活性木质素，作为橡胶补强剂，能使轮胎耐磨度增加 20% 左右，有效提高汽车的安全性能；用在砂轮上，能使切割效率提高 15% ~ 20%，目前已经向市场推出成品。另外，公司对木质素磺化、改性得到环保型的木质素染料分散剂，产品检测合格后将大量推广到涂料工业、染料工业、农药、石油工业等行业。该项目的顺利投产成为以农业废弃物和生活及工业垃圾为原料的生态经济发展道路上的一个重要里程碑。

市场创新，初步建立遍布全球的销售网络

市场创新也称营销创新，它是企业发展的重点。技术创新要做的是把好的产品研发出来推向现场，而市场创新要做的就是如何把产品转化成更大的价值或者利润。要把营销做好，首先最主要的一个问题就是如何贴近客户与市场。

企业是否成功，不在于是否进入世界 500 强，而在于能否零距离地接近客户、及时准确听到客户的诉求。企业无论是在顺境还是在逆境，最终解决的都是客户问题。在市场、客户萎缩的形势下，没有价值创新，就很难有新的客户需求。为此，圣泉改变以前"重生产、重技术、轻服务"的思想，重视价值创新，通过为顾客创造更多的价值来争取顾客，采取更加贴近客户需求的星级服务和大客户服务、开发策略，使客户在购买公司产品的过程中也享受了产品应用、技术指导等服务，从而开辟了一个全新的、非竞争性的"蓝海"。

圣泉通过产品和服务创新，全力帮助客户提高产品质量、降低生产成本、提高经营管理水平，加快实现产品结构调整和产业结构优化升级，主动攻占市场。切实从客户的实际利益和需要出发，连续启动了"全球全年 365 天 24 小时全面、全方位客户服务制"，此外，公司采用世界先进的凝固模拟（PROCAST）软件，为客户提供多功能、全方位的全面解决方案。在全球经济持续低迷的形势下，圣泉加快产品创新步伐、提升服务质量和服务水平，与客户同舟共济、共渡难关。

针对价值创新，公司在主导产品呋喃树脂的配套产品服务中推出"A＋B 固化剂自动控制仪"，免费赠送给客户使用，从而使客户生产实现自动控制，减少了铸件缺陷，解决了换季时固化剂的供应和搭配问题，大大降低了客户生产成本。因为铸造用呋喃树脂要加入固化剂才能固化，固化

剂冬季、夏季、春秋都不同，四个季节，一个季节3个批号，一共12个批号，用起来非常麻烦。当时日本发明了一种仪器，可以随沙温程度和气温情况不同，调整合理的配比注入其中，这就是"A＋B自动加入仪"，它是圣泉公司与山东大学自动化研究所合作自主研发的，作为一种科研成果与客户共享。该仪器全部对大企业、大客户服务，只能与圣泉的产品配套使用，这样就使竞争对手根本无法进入市场，建立起一种柔性网络，让客户在创造价值的体验中与圣泉融合在一起，从而赢得客户的认同，牢牢锁住客户群，既保护了客户的生存和成长，也保护了自身的生存和成长。

危机面前，墨守成规只有死路一条，开拓创新可能会柳暗花明。圣泉在国内市场上，从机床行业转到风电等行业，开发出客户需要的产品和服务；国际市场上，从需求萎缩的欧美地区转向中东、南美等地区，并进一步开发东南亚、东欧市场。因法国市场受危机影响较小，专门聘用法国员工成立法国业务部，加强对营销的倾斜，进一步优化销售队伍，不管企业经营多难，营销人员待遇不降、工资不减，营销人员积极性大增。同时根据市场发展需要，建立起一整套可行的制度，包括客户投诉处理机制、服务指标监测管理机制、完善的培训体系、大客户开发机制等，积聚可持续的竞争优势，确保和提高产品市场占有率。

管理创新，为企业做大做强注入新鲜活力

技术有了，营销有了，但企业下一步要做大做强，做成百年企业，最终要靠一套科学有序的制度来规范，圣泉这些年做得比较好的管理创新主要有两大块。第一是用人机制，第二是激励机制，其中激励机制更是民营企业的特色和优势。

圣泉倡导灵活多样的用人机制，倡导"用五湖四海的人干五湖四海的事"的人才理念，每年安排上千万元专项资金用于引进人才，招揽科技精英，建设企业"智力库"。董事长唐一林20世纪90年代去日本访问的时候深受启发，国外基本上是三分之一的人员在搞科研，三分之一的人员在做营销，三分之一是生产人员，只有10%是管理人员。后来去俄罗斯看到

七八千人的研究所，只有三平方公里的实验基地，密密麻麻的全是实验中试设备，甚至连停车的地方都没有。那次访问给唐一林的感触非常深，震动也非常大，他更加感到企业要发展离不开人才。目前圣泉集团拥有大中专毕业生1000余人，研究所人员350人，硕士学历以上研发人员150名。建有10个专业研究所和一家国家级企业技术中心，3家国家认证认可实验室，下一步圣泉计划打造千人科研团队，为企业的持续发展提供智力支持。

2007年年底，圣泉集团推出了两项让全体员工兴奋不已的制度：关键人才利润分享机制和五年千万元创新大奖制度。一方面，每年固定拿出公司10%~15%利润作为绩效奖金，以激发关键岗位、关键人才的积极性，与关键员工分享企业的利润增长和发展成果。另一方面，五年内安排千万元奖金，这是超出所有奖励之外的专项奖，奖励那些在科研、市场、生产与管理各方面工作创新中作出突出贡献的员工和管理者。唐一林说："要把创新精神注入企业的血液，作为企业文化建设的根本所在。只有这样，企业才能无往而不胜，企业的发展才有生机和活力，才能把打造世界级企业的宏伟目标变为现实。"这就意味着，公司所有员工都成为创新发展的主体。圣泉集团规定：创新奖分创新贡献奖、创新成果奖、创新激励奖等三个级别，最高奖励标准为10万元，特别突出的还另外奖励全家欧美游；此外，每年还评选出500多项合理化建议，进行不同程度的奖励。此外，公司还设有安全奖、专利奖等多种奖项，唐一林将此称为"立体式创新"，激活的是研发、生产、销售等企业运转链条上的每个细胞。彻底改变了"少部分人创新、多数人踏步"的局面，变成人人求创新、个个求先进，极大地激发了员工的创新热情，形成了全员参与的创新文化氛围。现在的圣泉，创新的企业文化基因已经移植到每一名员工身上，创新的种子已经在每个圣泉人的心里生根发芽，创新文化成为圣泉企业发展的文化内核。

成效与启示

圣泉转型后，按综合效益来算，原来旧的工艺方法生产一吨酒精需要秸秆6.5吨，而现在同样的6.5吨秸秆不但生产出了酒精，还有糠醛（木糖)、木质素、生物炭等，综合计算，目前一吨秸秆可以有效转化成高附加值产品0.9吨左右，经济效益非常显著。"圣泉法"工艺让秸秆的价值超过粮食已经成为现实，庄稼地里长出石油的"神话"在圣泉实现了。

作为一家土生土长的乡镇企业，圣泉从30年前濒临倒闭到今天五大产业蓬勃发展，从最初生产单一的化学品糠醛，到今天的百花齐放——飞机、高铁、汽车、笔记本电脑、苹果手机、钢铁、机床、船舶、楼房住宅乃至神舟飞船上面都有圣泉生产的产品；德国、印度、法国、波兰等地都有圣泉的正式员工；从当初那个让镇政府最头疼的"烂摊子"，到今天成为地方财政的支柱力量。

圣泉30多年的发展历程就是在创新中前行的过程。正是因为创新，推动圣泉的产业规模、市场竞争力、发展潜力等走到了世界前列，先后被国家科技部、农业部等部门评为国家级重点高新技术企业、农业产业化全国重点龙头企业，并成为行业内唯一一家拥有国家级企业技术中心的企业，成功入选中国民营企业制造业500强。在危机中圣泉发现，市场这张"大饼"的增长的确在变慢，但是"分饼"的企业也在减少，对有准备的企业来说，机会永远多于困难。在当前经济低迷的背景下，很多企业都在收缩战线，而圣泉则表现出逆势而上的良好态势，销售领域遍及全国及欧美、东南亚50多个国家和地区，涉足产业不断向新领域延伸，企业发展后劲强大。今天的圣泉已经完全摆脱了当年乡镇企业的影子，一步步实现了由单一产业向一体化模式迈进、由传统产业向传统和新兴产业并举的良好态势。

（推荐单位：山东省委统战部）

专家点评

　　创新是企业发展的永恒动力，济南圣泉集团股份有限公司从一家小型乡镇企业，发展成为呋喃树脂技术全球领先、年产销量第一的企业，再次验证了这一铁律。30多年来，济南圣泉集团股份有限公司始终坚持技术创新、管理创新、市场创新，由此不断推进企业发展。其经验有三：一是面向未来选择企业产品发展方向，从附加值低的化学品糠醛，发展成为一家专注于各类植物秸秆的精细化工企业。二是基于当地资源奠定企业产品发展基石，聚焦农业废弃物和下脚料植物秸秆，向战略性新兴产业的蜕变和升级。三是担当社会责任推动企业产品健康发展。企业通过技术创新，实现了"让粮食与秸秆同价，为农民再造一个地球"的梦想。

——中央财经大学商学院副院长、教授、博士生导师　崔新健

企业家语录

★圣泉出现全员创新的文化氛围是日积月累的结晶。一个企业，创新不容易形成，更不容易出成绩，一旦有了业绩，一切将会成为历史。

——济南圣泉集团股份有限公司董事长、总裁

小茶叶　大文章

——信阳市文新茶叶有限责任公司案例

朱志功

案例摘要

> 信阳市文新茶叶有限责任公司（简称文新公司）以保障质量为理念，实施品牌战略，采取"公司＋基地＋农户＋合作社"的生产经营模式，围绕"心容天下，复兴名茶"的核心价值观，坚持专注、专业做茶，立志将小茶叶做成大产业，小题目做成大文章，小产品做成大民生。目前，公司从种植到销售，形成了完善的产业链条，产品取得了有机茶认证、绿色食品认证、QS 认证以及 ISO9000 质量管理体系认证。

引子：不能让信阳毛尖的招牌砸掉

信阳处于我国南北交汇地带，不仅宜居，而且物产丰富，茶叶则是其中的一种。多年来，信阳毛尖茶名气、品种、产量、销量越来越大，已是信阳农业经济的一大支柱产业。

1989 年，为了摆脱家庭贫困，家住信阳市平桥区农村的刘文新来到市内，在幸福路茶叶市场摆摊卖茶叶，经过几年的打拼，有了自己的门店。1992 年，成立了信阳市文新茶叶有限责任公司。

20 世纪 90 年代初，市场上信阳毛尖鱼龙混杂，新茶还未上市，各种包装盒却到处都是，以假乱真。由于湖南、湖北气温相对高些，采茶时间较信阳提前，很多茶叶贩子从南方购买大批茶叶冒充信阳毛尖，还有一些小商贩把小山茶也兑成信阳毛尖以劣充好，极大地损害了信阳毛尖的品质，破坏了信阳毛尖的形象和声誉。

对茶叶有着深深感情的刘文新内心有着深重的危机感：很多人只知信阳毛尖，却不知信阳毛尖的品牌价值；只知信阳这个产地，却不知信阳毛尖所蕴含的深层次的茶文化。唯利是图、目光短浅的一些市场行为如果继续下去，"信阳毛尖"这个招牌迟早会被砸掉！

责任感使刘文新意识到，必须创名牌，创叫得响的茶叶名牌，才能真正使信阳毛尖名扬天下。

从收购原茶到建立自有基地

"得茶源者得天下"几乎是茶叶行业经营者的共识，茶源之于茶产品就如布料之于衣服，好的茶源是茶叶质量的保证。刘文新曾这样形容茶源与茶产品企业的关系："茶源和企业是一对孪生兄弟，茶源兴旺则茶业兴旺，两者密切结合，才能促进茶叶行业的健康发展。"文新公司深知做到"质量第一"，茶源是根本，因此在文新公司，茶源状况与企业的成长具有同等重要的意义。

与众多从事茶叶经营的公司一样，文新公司成立之初并没有自建茶园的实力，茶源主要是茶区茶农。每到新茶上市季节，公司都要组织员工到茶区收购鲜叶或茶农已炒制的成品茶叶。千家万户的东西难免良莠不齐，加之茶叶种植零散，有些品种老化，种植、炒制手段落后，难以保证产量和质量。为了解决信阳茶区在种植、加工、销售等方面各自为政的状况，在行业内做成品牌，公司从1996年开始进行改革创新，在茶叶的种植、加工方面，以信阳毛尖茶的主产地"两潭一寨"（黑龙潭、白龙潭、何家寨）、"五云"（车云、集云、云雾、连云、天云）等为中心，用五年时间，开发出无公害、无污染的有机生态茶园三万亩。同时加强茶园管理，促进优质高产，制定培育茶园标准化制度，做到茶园不施用国家明令禁止的农药品种，积极推广茶园病虫害的农业防治、生物防治技术和以施用有机肥为主的茶园培育技术。茶园示范基地建设的推动、带动作用是巨大的，现已带动、辐射茶园面积 30 余万亩，有力地保障了茶源的供给。

为了确保"文新"牌信阳毛尖滋味纯正、营养丰厚的纯天然品质，文新公司投资近亿元，在茶区建设现代化的有机茶叶加工厂、茶叶保鲜库，以静电捡梗、远红外烘焙、微波杀青等现代化生产线取代传统的茶叶加工生产方式，抓住茶叶的加工、储存、运输等各个环节，实施全程质量安全监控，确保消费者喝上放心茶。

从"公司+基地"到"公司+基地+农户+合作社"

2004 年上半年，在公司的一次收茶座谈会上，一个跟随文新公司多年的老茶农向刘文新建议：为避免一些分散的茶农向茶叶里掺杂、造假，可以将茶区茶农以某种形式与公司联合起来，形成产、供、销一条龙的一个组织，将大家的责、权、利明晰，这对茶农、公司将是一件大好事。

此建议提出后，得到部分参会人员的认同，但也有人提出了反对意见。他们说，茶农分散销售茶叶，确实方便了有不良企图的人参杂使假，但公司不需要考虑保障茶农的权益，也省去了培训、管理茶农的义务。

文新公司管理层多次讨论，形成一致意见：为了保障大宗优质茶源的获取，不仅要成立组织，而且还应该是一条龙的，即"公司+基地+茶农+合作社"。文新公司管理层一致认为，作为经营者，应该直面经营风险，主动促进生产经营方式的转变。值得讨论的不是该不该成立组织的问题，而应该是如何成立组织的问题，以及为保证组织的顺利成立和扩大，给茶农哪些保障和优惠政策的问题。

文新公司最终确立了"公司+基地+茶农+合作社"的发展战略，从企业发展的角度看，这个战略是切实可行的：一是可以用提高收购价格，提供技术服务的办法吸引茶农加入；二是应大力宣传"公司+基地+茶农+合作社"一条龙生产的好处，那就是茶农只管种植，收购、加工、销售由公司和合作社负责；三是由于收购价格的提高，可以实施统一的组织管理，茶叶的质量、数量能够得到保证，产品在市场将会更受欢迎。

路线确定了，文新公司从此全力推进"公司＋基地＋茶农＋合作社"的"四联"建设。文新公司组织专门人员，成立"四联"建设领导小组，去茶乡进行实地考察调研。自2004年起，文新公司开始在茶区的几十个村组建"四联"组织，共建立合作社组织48个，参加茶农户数1.7万户。"四联"组织机制的建立，促进了公司、基地、农户、合作社之间的相互联合，互动发展，形成运转良好、结构紧凑的有机整体，进一步调动了茶农发展茶叶生产的积极性。随着公司无偿为茶农提供技术服务，定期举办茶叶种植、采摘、炒制等技术培训，赠送制茶设备、茶具和茶叶技术书刊，实行长期合同制，保价收购、让利茶农等一系列惠及茶农的措施实施，种茶难、卖茶难的问题得到了解决。

文新公司采取"公司＋基地＋茶农＋合作社"的贸工农一体化、产供销一条龙的新运作体制，实行统一规划、统一供种、统一指导、统一收购，与茶农共同发展、共同致富，已在茶区显示出明显的效果。直接受益的3万多户茶农人均年收入增加25％以上，公司的规模、产量也在扩大。快速致富起来的茶乡已被市、区、乡政府将其列为第一批社会主义新农村建设示范点。

从绿茶到红茶

2009年12月27日，河南省委主要领导同志到信阳调研视察工作时就茶叶产业开发专门提出，信阳盛产优质绿茶，但产品过于单一，只产绿茶，夏秋茶叶鲜叶资源没有得到充分挖掘利用，造成茶叶资源的浪费。信阳可以尝试创新茶叶产品，开发信阳红茶加工，加大夏茶采摘力度，增加群众收入。

一席话点醒信阳人，在场的刘文新兴奋不已。作为立志一辈子只做茶的文新公司创始人，他觉得这是一个改变信阳只产绿茶、产品单一的现状，进一步发展壮大企业，同时使茶农增收的重要思路。他立即召开包括技术人员参加的办公会，讨论省委领导的建议。但大家认为，搞红茶虽是好事，但似乎不可行。因为公司一没经验、二没技术，更何况生产红茶从古至今都是长江以南才适合。但刘文新最后还是说："我认为，书记讲得很有道理，对我们提高茶叶资源利用效率，实现企业更好发展很有指导性。路是人走出来的，事是人干出来的，没有风险，没有创新，哪有企业的发展？开发红茶这条路能不能走得通、走得好，我们要细致研究、大胆尝试。"公司抽调科研人员，成立了信阳红茶工程研究中心。没有技术，出去取经。公司在全国十几个省生产的红茶中选定同信阳毛尖一样于1915年荣获巴拿马博览会金奖的"闽红"品种为工艺基础。为研发信阳红茶，文新公司采取了"嫁接"的方法，从卢书记科学点题到2010年4月13日"信阳红"诞生，仅用了106天。时间虽然不长，但为保证质量，从试制成功，到品质鉴定会，再到新闻发布会，文新一步一个脚印，"文新·信阳红"最终获得金奖。

信阳红的研究生产，大大提高了茶叶资源的利用率，大幅度提高了茶农收入和茶企效益，优化了茶产品结构，打破了高纬度地区不能生产红茶的传统观念，结束了红茶不过长江的历史，促进了思想观念和经济发展方式的转变，为中原茶产业发展增添了新的活力。刘文新感概地说："世上无难事，只要肯攀登。"历经信阳红茶的实践，文新团队深深懂得这样的至理名言。信阳红茶从无到有的科学点题，从小茶叶到大产业的勇于实践，从小品种到多样化的不断提升，一路走来，一路探索，一路自信。

心有多大，舞台就有多大

随着人们生活水平的不断提高，茶叶消费群体逐年增加，茶叶消费市场也不断扩大，消费群体也普及社会的各个层次，但茶行业品牌竞争日益激烈，市场的进一步拓展成为文新公司面临的又一考题。刘文新在公司高层管理人员会议上提出，要有危机意识，公司产品销售要全国化，不留死角，文新茶要服务全中国并走向全世界。

思想统一后，上至总经理、副总经理，下至有关部门人员，用了三个月的时间，跑遍全国市场，经过充分的调研和论证，制定出了直营销售和加盟销售分阶段占领全国市场，然后向欧美等国际市场拓展的决策。即河南以郑州为中心向外辐射；华北以北京为中心、华东以上海为中心、中南以武汉为中心、华南以广州为中心、西南以成都为中心、西北以西安为中心向外辐射，逐步占领周边市场。

文新茶叶的直营、加盟连锁发展基本上分为三个阶段实施，第一阶段是在河南以郑州为中心，在18个地级市加盟连锁加直营专卖店，同时建茶艺馆，严格按"五个统一"复制信阳的营销形象和营销网络；第二阶段，在全国各省会城市建立文新茶叶专卖店及茶叶代理商，最后发展成信阳模式的一店一馆制；第三阶段，深入全国二线城市和县级城区，铺设代理网点、商场专柜、酒庄酒店等。

"智者贵于乘时"。公司强有力的物流配送保障以及成功的样板间收益是文新加盟计划的重要筹码。每家加盟连锁店、直营店都得到文新公司保质高效的配送服务和丰厚的利益回报。

为保证公司市场拓展计划的顺利进行，2009年10月8日，公司领导层在拓展方式上作出以下决定：一是开展全国范围的广告媒体宣传；二是参加全国各地举办的大型相关展会，通过展会平台洽谈加盟，促进市场拓展工作；三是公司市场拓展人员到各地实地考察，联系当地经营投资者寻求合作；四是在当地设立办事处或成立分公司，并以直营带动加盟经销的形式，开拓当地市场。

公司通过加大品牌宣传力度，实现"文新"形象转型。首先，通过平面媒体、网络、电视、户外广告、展览会等，将企业宣传片、内刊《文新茶》、年刊《文新果实》以及各类活动海报、写真、卡片、宣传册等进行宣传。公司还不断举行活动加强品牌市场影响力。到2011年，文新、八马成功签署战略合作协议，豫闽茶企"联姻"，双方在互惠共赢的原则下实现战略合作，深度挖掘河南茶产业发展潜力，促进信阳毛尖走向全国。这是文新茶走出信阳、走向全国，打造信阳毛尖品牌的重要转折。

成效与启示

信阳市文新茶叶有限责任公司成立至今，已经发展成一家集"文新"牌信阳毛尖和"文新"信阳红茶种植、加工、销售、科研、茶文化于一体的省级农业产业化龙头企业，在郑州、北京、武汉等地分别成立了分公司，在全国各地有直营专卖店158家、加盟经销商318家，拥有茶叶加工园区和茶文化科技园区各一处，信阳毛尖茶叶研究院，信阳红茶工程技术研究中心各一所。"文新"牌商标先后荣获"中国驰名商标"、"中国名牌农产品"，文新公司被评为"全国青年文明号"、"AAAA标准化良好行为企业"、"全国茶业行业百强"等荣誉称号。

凭借"以质取胜，品牌兴业"的发展思路，文新公司在过去的20年中得到了快速发展，尤其是在实施名牌战略中成绩突出，先后获得了"中国驰名商标"、"国家AAAA标准化良好行为企业"、产品取得了有机茶认证、绿色食品认证、QS认证以及ISO9000质量管理体系认证、"省级农业产业化重点龙头企业"、"全国茶行业百强企业"等多项荣誉。

文新公司的转型发展，在取得丰硕成果的同时，也提供了有益的启示。

转型发展要有勇于创新的魄力。世界上唯一不变的就是变。"能够存活下来的不是那些最强壮的种群，也不是那些智力最高的种群，而是那些对变化做出最积极响应的种群。"企业要想持续发展，就务必要感知变化，了解变化，适应变化，坚持那些符合当下和未来发展要求的优点，调整并改变不足之处以适应变化。要做到这些，必须有开放的思维、快速的行动，敢为人先，勇于创新。

转型发展要有远大目标。"知止而后能定，定而后能静，静而后能安，安而后能虑，虑而后能得。"有远大的目标，才会心平气和，才会虚怀若谷，才会眼观六路，才会敏感于变化，才会不放过任何一次成长的机会。文新公司一直把成为全国顶级茶叶企业作为发展方向，为实现此目标，寻找来自于社会和行业的每一次发展的可能，启动并接受痛苦但适应于未来的每一次变革。从最初的租门店卖茶，到进入产业化产、供、销一条龙，文新公司在向成为顶级茶叶企业的目标一步步迈进。"有伟大的梦想，就有伟大的事业"，全体文新人在梦想的召唤下，审时度势，厉兵秣马，艰难困苦，玉汝于成。

转型发展要有危机意识。"安而不忘危，存而不忘亡，治而不忘乱。"不夜郎自大，没有永远的成功，更没有永远的领先。了解感知行业巨变，承认对手成长，直面所有的困难，开动脑筋，团队作战。转变经营战略，调整营销模式，不断研发新产品，提高管理水平。强化质量保障体系和成本控制体系，降低成本，提高效率，从全面质量管理到现在正在推行的精益化管理，都是文新公司居安思危谋求持续发展的生动实践。

（推荐单位：河南省委统战部）

专家点评

信阳市文新茶叶有限责任公司20余年的发展经历，在信阳的民营企业发展史中非常典型，其在复兴信阳毛尖茶、开发信阳红茶的过程中，秉承"做茶专业、做业专注"，以复兴名茶为其使命，在信阳市浉河区打造以茶叶为产业集群和信阳众多茶企中具有引领作用。特别是"公司＋基地＋农户＋合作社"的茶叶种植、加工、销售、茶文化旅游一条龙的运作机制，提高了企业规模化、产业化、现代化的生产水平。

几次转型及时、有效，企业得到快速发展。尤其信阳红茶的研制成功，突破了千百年来信阳只产绿茶的历史，为夏、秋茶的大规模生产提供了可能。企业凭借"以质取胜、品牌兴业"的发展思路，先后获得了"中国驰名商标"、"省级农业产业化重点龙头企业"、"全国茶叶行业百强企业"等多项荣誉。

文新公司的转型发展具有示范、借鉴作用：一是复兴了信阳毛尖名茶地位；二是扩大了信阳毛尖茶的知名度；三是扩大了信阳毛尖、信阳红茶的种植、生产，形成集群规模，成为信阳农业经济发展的一大支柱产业；四是"做茶专业，做业专注"的理念坚持，最终将小茶叶做出了大文章、大产业、大民生、大形象。

——河南省茶叶工程技术研究中心主任、研究员　吕立哲

企业家语录

★我们爱茶，茶是我们的生命，茶是我们的事业，我们一生中只做一件事，那就是用心做好茶。

★ 我相信，有梦想、有机会、有奋斗，一切美好的东西都能实现！"国人好茶梦、茶农幸福梦、文新家人梦、名茶复兴梦"，就是我人生持之以恒、不懈追求的文新梦。

——信阳市文新茶叶有限责任公司董事长

刘文新

让传统中药焕发现代魅力

——云南云河药业股份有限公司案例

刘　剑　孔娅丽

案例摘要

云南云河药业股份有限公司（简称云河药业）创办于 2001 年，起步之初是一个面临停产的国有企业，改制 11 年来，适时转换经营体制，始终坚持自主创新，借助独家产品优势，大力实施品牌战略。从零资产起步，如今已发展成为集药材种植、药品研发、生产和销售为一体的集团化公司。目前正紧锣密鼓地开展 IPO 上市前培训，已成功实现由一个面临困难的小型国有企业向酝酿上市的现代化药企转型。

引子：深山中的"龙"、"虎"奇药

云南地处我国西南边陲，素有"植物王国"、"药材之乡"的美誉，天然中药材资源居全国首位，在著名的"云贵川广，地道药材"中首屈一指，其中蕴藏着两颗明珠："龙血竭"和"虎力散"。"龙血竭"（古称"麒麟竭"），明朝药学家李时珍称它为"活血圣药"。千百年来，中医药研究的成果证实了"龙血竭"在活血、止血等方面的独特功效，而将它作为中医伤科的重要药材。"虎力散"，20 世纪初期便已在滇南马帮中流传应用，战争年代作为伤科用药救治伤员发挥了重要作用。由于人们服用后效果奇佳，有"力行全身，药到病除"之奇效，故被称为"虎力之药"。

20 世纪 50 年代，为了改变我国广大城市缺医少药的状况，周恩来同

志曾发出了"开发南药"的指示，一场轰轰烈烈的中草药群众运动在全国兴起。正是在这样的历史背景下，1958年，滇南名医毛灿文先生将祖传秘方、云南白药的姐妹药"虎力散"药方捐献给了个旧市政府，云河药业的前身——个旧市制药厂由此创立。

转变经营机制，云河蜕变

随着改革开放后风起云涌的市场竞争，长期受计划经济影响和体制束缚的个旧市制药厂由于技术设备等条件的限制，无法满足市场的需要逐步陷入生存危机。1999年一位名叫刘剑的广东人带着自主研发的"龙血竭胶囊"来到了个旧，和他的合作伙伴胡松谋一起，与个旧市制药厂签订了合作开发"龙血竭胶囊"的产业化项目协议。昔日颇为"神秘"的宫廷用药"龙血竭"和祖传秘方"虎力散"在个旧开始了产业化生产之路。仅用了一年的时间，龙血竭胶囊单品种产值和销售收入就过千万元，超过个旧市制药厂其他60余个品种的收入总和，"龙"、"虎"奇药逐步从西南边陲走向全国。

进入2000年后，在计划经济体制下运营的个旧市制药厂由于受经营体制的先天制约，产品出现滞销，生产处于半瘫痪状态；再加上资金的严重匮乏、厂房及设备的陈旧、技术的落后，让个旧市制药厂的发展举步维艰。按照当时的政策要求，全国的制药企业必须在3年内通过严苛的GMP认证，否则将关闭停业，个旧市制药厂陷入前所未有的困境。此时，与制药厂合作了一年多的刘剑和胡松谋却发现了困境背后蕴含的市场发展潜力，经过论证，他们向市委、市政府提出了收购药厂股权，谋求更大发展的申请。

2001年年末，个旧市委、市政府顺应市场发展趋势，在多方听取职工意见，并几经考察、论证与研讨之后，果断作出"靓女先嫁"的重大抉择，将个旧市制药厂国有股权出让给了以刘剑、胡松谋为代表的三方股东。至此，企业发展摆脱了体制上的桎梏，在第一次转型中顺利蜕变，扬帆启航。

GMP 技改初现成效，云河化蝶

改制后，公司更名为"云河药业"。新一届股东会立足于长远发展，对医药产业的发展趋势进行了清晰定位。刘剑认为："云南天然的中药资源优势必促其成为全国最主要的原料药及制剂生产基地，个旧药厂拥有独特的产品结构和良好的品种剂型，具备做强的基础，只要我们转变经营方式和服务理念，全面通过 GMP 认证，就一定能够取得成功。"

在坚定了投资决心后，面对 2000 多万元的技改资金缺口和非常局限的银行融资渠道，刘剑和胡松谋抱着破釜沉舟的决心和勇气，四处奔波筹款，多年经营积累的积蓄投完了不够，向亲戚朋友借，能借的都借遍了，用自己的住房抵押贷款……两人倾尽所有，筹得钱款全部投入到技改项目中。

刘剑和胡松谋将自己的心血全部注入了自主创新的发展中。为了解决工艺问题，公司以高于总经理的薪酬聘请了国内一流的注射剂和胶囊剂生产专家，严格按照 GMP 的标准对产品工艺流程和生产流水线进行设计和技改。按照 GMP 实验室规范要求，投重金引进美国、日本等国生产的高精度药品专用检测仪器、设备，保证了检验水平高标准。历经两年多，符合 GMP 标准的现代化标准厂房和仓储大楼相继落成，新引进的具有国际先进水平的硬胶囊自动生产线投产。2004 年，云河药业的 11 个剂型，60 余个产品全部通过了国家首轮 GMP 认证。

在解决了硬件缺陷后，公司开始推行"全员参与创新"活动，并深入到生产车间指导员工开展创新活动。他们鼓励员工说"公司是坚强后盾"，"要从身边的工作入手开展工艺技术创新，要勇于尝试与发现"，"对创新行为产生的损失，由公司承担"。公司还通过人力资源管理的持续创新为企业创造更多赢取市场的机会。通过"请进来，走出去"的方式，加强与科研机构及高等院校的横向合作，聘请一批业界资深专家担任云河药业的技术顾问，定期对员工进行 GMP 教育、职业技能培训和技术交流，还选派具有发展潜力的员工外派深造，对积极上进的员工提供带薪培训，对取得大学文凭或专业技术资格的员工给予补贴和奖励。

正是在这样的感召下，公司的创新工作取得了可喜成绩。"龙血竭"在提取过程中经常发生炽灼残渣超标的问题，公司组织具有丰富生产经验的一线员工和具有专业素养的研究人员组成项目攻关小组，提供其攻关必备条件，营造自由的研讨氛围，终于攻克了技术难题。后期产品按国家质量标准检验全部合格，且疗效也大大优于同行业同类产品，并获得了国家级保密专利。"龙血竭"的系列产品"复方龙血竭胶囊"是云河药业历时 10 年自主创新研发的专利新药，得到了国家发改委、国家中医药管理局 2010 年现代中药高技术产业发展专项支持，并向国家申报了火炬计划。

制定战略打造品牌，云河蝶舞

完成技改后的云河药业为了尽快打造云河品牌，抢占市场，采取了一系列的变革措施。

结合实际制定战略。作为年销售收入和产值仅 4000 多万元的小企业，怎样才能从全国几千家制药企业的竞争中脱颖而出呢？云河药业在充分定位后，确立了"立足民族药，创新产业链"的发展路线，明确提出要在 3 年内销售收入超亿元，5 年内翻一番，10 年后实现"龙血竭系列"、"虎力散系列"、"香果健消片系列"三个重点产品各实现产值 10 亿元，参麦和丹参注射剂等中药注射剂产值 10 亿元的发展目标，真正实现跨越式发展。在对产品进行了充分分析，对市场做了全面调研后，管理团队制定了"大品种产业化"、"敏捷制造，快捷供应"、"让利于经销商"等产销策略，以保障目标达成。

创新管理促进产销协同。云河药业结合自身实际，从人、机、料、法、环等基础工作入手，导入了 7S 现场管理体系和精益生产管理，进一步引进智能化生产线和完善软硬件配套措施，改良提升了生产循环系统，大大减少了流程中高耗低效的现象，有效降低了库存周期。云河药业专门在昆明投资设立了销售公司，通过专业化、系统化管理的引入，开始推行深度营销管理和产销虚拟经营模式，逐步实现产品无缝监控，服务全时测评，并以设置区域经理的方式，建立了覆盖全国的 24 小时服务响应渠道，赢得了经销商和合伙伙伴的认同。

引入智力支持产品系列化发展。云河药业与中科院昆明植物研究所、浙江大学、广东省药物研究所以及中药研究所等机构全面合作，不断创新研发新产品。为了确定"香果健消片"的抗病毒作用，胡松谋与在中科院武汉病毒研究所工作的老同学联系，希望以"香果健消片"对婴幼儿 EV－71 病毒的治疗效果为基础，进行深入研究。老同学欣然同意合作研究，并帮助云河药业进行"香果健消片"抗病毒的体外和体内实验，取得显著疗效。因此，公司在 2011 年联合中国中医科学院中药研究所和中国科学院武汉病毒所向国家科技部申报了三项"'十二五'期间重大新药创制"项目、"虎力散"大品种二次开发项目、"香果健消片"抗病毒项目、"复方龙血竭胶囊"Ⅳ期临床实验项目。其中，"复方龙血竭胶囊Ⅳ期临床实验项目"顺利通过科技部"'十二五'重大新药创制项目"评审。公司还独立完成了"香果健消片"、"败酱片"、"复方丹参片"、"清火栀麦片"等八个产品改薄膜衣片的工艺实验和注册工作，使这些传统药品再次焕发了青春。

延伸产业链确保药源质量。为了保证药材的质量，公司结合个旧市生物资源种植发展规划，成立了"云南云河生物科技有限责任公司"，并分别在红河州多地实施了万亩龙血树种植项目和虎力散原料药材人工驯化试验种植项目，以"公司＋基地＋科技＋农户"的方式，计划在"十二五"期间逐步扩种到 5000～10000 亩的规模，使之达到 GAP 的各项要求，成为云南药材种植产业化的龙头企业，带动少数民族山区的广大农民脱贫致富。

成效与启示

经过十多年的艰难探索，云河药业的总资产比改制前增长了 56 倍，年产值增长近 10 倍，年利税也增长了 13.5 倍。今天的云河药业已发展成为下属 2 家全资子公司，拥有覆盖全国 31 个省、市、区的办事处和经销商队伍，成立了北京事业部和国际部，并在老挝投资办厂，在越南投资办公司的集团化公司。被认定为国家"GMP 认证企业"、"高新技术企业"、云南省"省级企业技术中心"、"省创新型试点企业"、"中国中药企业品牌百强企业"。更值得称道的是，12 年的转型发展之路，云河药业经历了困境、彷徨、挫败、危机等困难，但始终立足特色产品，秉承自主创新理念，靠高标准拓展市场，注入人文理念，集中展示了企业家的智慧和全体云河人的坚定信念。

云河药业从濒临破产的小型国有企业发展到如今集新型药品研究、开发、生产和销售为一体的高新技术企业拥有符合 GMP 标准的大、小容量注射剂、胶囊剂、片剂、颗粒剂、酊剂、合剂、中药原料药等 11 个剂型共 70 个品种规格的现代化药品生产线。有 22 个品种列入国家基本药物目录，另有 7 个品种列入国家基本药物目录云南省补充目录。"龙血竭胶囊"、"复方龙血竭胶囊"、"败酱片"均列入国家高新技术产品目录范围，有 5 个产品获得国家中药保护品种证书，拥有 11 项国家发明专利证书和 5 个外观专利证书。"龙血竭胶囊"和"虎力散胶囊"被评定为"云南名牌产品"。在全国"龙血竭"生产企业中，创下了"龙血竭胶囊"质量、产量、产值、销量的四个"第一"，"虎力散胶囊"单品种销售过亿元的辉煌业绩。"云杉牌"和"云河"商标被评定为"云南省著名商标"。云南省生物医药产业领导小组办公室 2011 年编制的《云南省生物医药产业发展报告》有关数据显示，在云南省医药工业规模以上的企业中，云河药业已排名第 19 位，成为重点扶持的 20 家龙头企业之一。

云河药业为我们带来的启示是：

成功源于责任。云河药业的转型成功，魂在责任。正是源于对社会和全体员工的责任感，公司多年来，始终坚持安全制药，首批通过 GMP 认证，建立多种规格的药品生产线，也正是这份责任感推动公司不断突破创新，创造新的成绩。

成功基于专注。人不能没有理想，企业不能没有目标，"根治民族医药，服务人类健康"，云河药业及其掌舵人将这一理念作为自己的使命，专注于民族医药的研发，历经坎坷却从未放弃，在不断的创新中突破，在不断的突破中发展，最终让滇南奇药闻名于天下，造福苍生。

成功在于转型。顺势而为，以转型促发展，云河药业的成功离不开两次重要转型。1999 年，顺应国有企业改制大潮，企业创始人果断收购，变国有企业为国有控股企业，到 2001 年进一步改制为民营企业，真正拉开了云河转型的大幕。改制后的云河用了 4 ~ 5 年的时间对技术人员、机器设备、物料和生产线等各个环节进行了创新和突破，使云河真正成为一个现代化企业。到 2012 年，企业进一步由有限责任公司改制为股份有限公司，进行现代化、制度化、流程化和标准化的升级，并积极开展 IPO 项目，增强企业的发展潜力和动力。

成功需要制度创新。在云河发展的每个阶段，是配套的制度创新奠定了企业稳步向前的基石。改制后的云河药业结合自身实际情况，在产品研发、管理模式、销售方式等方面都进行了孜孜不倦的探索创新。针对特色产品"龙血竭"的开发，从坨状原料药到散剂，到制成胶囊剂，再到复方胶囊，始终通过创新研发，确保了主导特色产品的市场占有率。

（推荐单位：云南省委统战部）

专家点评

云河药业仅仅用了十多年的时间，发生了巨变，实现了"龙"腾"虎"跃。主要成功在以下方面：第一，充分体现了现代法人治理结构的优势。企业转制，实现了利益主体、责任主体的统一，调动了管理者的积极性，不仅将股东方的特色产品"龙血竭系列"做大做强，还将原企业的"虎力散"、"香果健消片"扩充为系列产品，并获得了多个云南名牌与著名商标称号。第二，技术、研发、创新是企业成长的动力，制药企业更是如此。正是由于云河药业对技术、人才的持续投入，奠定了企业的地位与未来发展基础。第三，领导是企业发展的关键。云河药业的主要领导者专注于民族医药的研发，甚至将家庭财产用于企业发展。同时不忘员工福利，员工满意度大幅提升。有效的组织治理、社会责任、战略与市场规划，使企业的凝聚力空前提升，充分说明了领导对现代企业发展至关重要的作用。

——昆明理工大学管理与经济学院教授、博士生导师 张悟移

企业家语录 //☑

★ 企业要持续发展，就必须坚持走科技创新之路。

★ 原料是我们产品质量的源泉，是产品质量的根本保证，原料质量不过关，后续的一切生产作业再好都是白费劲。

——云南云河药业股份有限公司董事长

从小炼油到大石化

——宁夏宝塔石化集团有限公司案例

李 华

案例摘要

在石油炼化行业，国有企业在国内原油开采、加工和成品油销售方面长期占据着绝对优势。地炼企业要想在石油化工行业立稳脚跟做大做强，成功的机会可以说微乎其微。但是，偏居大西北一隅的宁夏宝塔石化集团有限公司（简称宝塔石化）从一家小型民营炼化企业起步，通过调整发展战略，适时转变发展方式，不仅幸运地生存了下来，而且冲出宁夏，走向全国，迈步国际。

引子：石头缝里播下希望的种子

"大漠沉睡了多少年，改革的春风把她吹醒，宝塔石化的创业者，把希望的种子播下，我们顶烈日，我们战严寒，我们顶风沙，我们流血汗……"，这是《宝塔之歌》开篇的歌词，也是宝塔石化集团艰难创业的真实写照。

20 世纪 90 年代，伴随中国改革开放步伐的深入，国家吹响了西部大开发的号角，并从国家能源安全的战略高度决定对陕甘宁地区地下油气和矿产资源加大开采力度。当时正在高校教书的宝塔石化集团创始人孙珩超敏锐地预感到：这块沉睡多年的土地蕴藏着无穷潜力和巨大商机。他毅然放弃安逸体面的待遇，投身商海，将自己打拼多年的积蓄投入到全然陌生的石油化工行业，并从此开始了一条波澜壮阔、艰难曲折的创业之路。

民营企业从事石油化工，与国有企业竞争，如同石头缝里求生存。孙珩超把自己的企业命名为"宝塔石化"，有着企业文化培育方面的深刻用意。他希望赋予企业延安宝塔的生命力，传承延安精神，成就一番事业。他相信，有了"宝塔"这个光辉四射、锵然有声的名字，有了宝塔的精神作为脊梁，宝塔石化一定能汇集众志、排除万难，在荒凉的戈壁大漠竖起一座座钢铁的宝塔，建成现代化的企业。

跨越地炼行业生死门槛

创业艰难百战多。在石油化工这样的资源行业创业，初期的艰辛和阻力是难以想象和言表的。1997 年 1 月 17 日，孙珩超多方筹措资金，收购了银川市郊南梁农场一家濒临倒闭的小炼油厂。当时，这个小厂只有一套年产 5 万吨的小常压装置，设备简陋，产能低下，装置无法正常运行，生产处于半停工状态。企业员工不足 50 人，厂区杂草丛生，垃圾遍地，既没有职工宿舍也没有职工食堂。孙珩超一边高薪聘请专家搞技改，一边和职工们一起劳动，整理厂区，清理场地。经过 5 个多月的检修和改造，工厂就生产出首批合格成品油，产品投放市场后反应良好，供不应求。一个多月后，孙珩超又兼并了灵武矿务局下属的一家化工助剂厂，经过技术改造后投产运行。经过孙珩超及其创业团队的努力，两个厂当年实现盈利，生产能力和销售收入也达到接管之前的 3 倍，同时还解决了 150 人的就业。

然而，当宝塔石化还是摇篮中的婴儿时，1999 年国家石化产业政策提高了门槛，明令对 100 万吨/年以下的小炼油厂进行清理整顿。面对刚起步的厂子和产业政策改变的现实，孙珩超清醒地认识到：国家产业政策调整是大环境使然，是经济效益与社会效益的客观要求，必须从"加大技改力度，加快产品升级，强化环境治理，改善产品质量"入手，尽快提升企业竞争力和履行社会责任的能力。面对环保与质量这道生死门槛，面对国家产业政策的调整，尚未发育成熟的宝塔石化没有心存侥幸、等待观望，而是迎难而上，从技术水平、产能规模、产品质量、环保配套四个方面奋起直追，勇敢坚定地冲向这道生死之门，迅速向地炼行业"及格线"靠拢。孙珩超请来了兰州石化炼油厂、中石化的炼化专家，对宝塔石化基地的炼化装置进行技改指导，将最早耸立于芦花基地的两个低产能的炼油装置废弃，取而代之的是一组组现代化的炼油塔罐拔地而起。1999 年 8 月 1 日，宝塔石化冷榨脱蜡生产线在二厂建成投产；2000 年 11 月 25 日，宝塔石化一厂、二厂被政府确定为兰州大学、宁夏大学、银川大学、北方民族大学教学实验工厂、生产实习基地；2001 年 3 月 20 日，宝塔石化第一套催化装置破土动工；2002 年 12 月 8 日，宝塔石化 100 万吨重交沥青项目开工建设；与此同时，宝塔石化快速推进原油脱盐脱水、常压蒸馏、减压蒸馏、催化重整、加氢裂化、延迟焦化、炼厂气加工等产业链延伸项目的前期规划和论证。

在与生存问题顽强拼搏的同时，宝塔石化积极实施"走出去"战略，按照"沿边沿海、靠近国门"的布局思路，加快产能提升和布局优化步伐。目前已形成宁夏银川、广东珠海和新疆奎山三个石油化工生产基地，已形成和将形成炼化总规模达 2500 万吨。其中，宁夏 500 万吨已建成投产，珠海 1000 万吨、一期投运、二期在建，新疆 1000 万吨一期在建。经过 16 年的不懈努力和持续投入，宝塔石化在化工技术和装备配套方面已经初具规模，年生产加工能力已达到并超过国家政策要求。

打造技术密集型高端产品

孙珩超在创业初期就制定了宝塔石化三步走的战略目标：第一步是求生存，通过动员各种社会力量，集中精力把重油催化项目建成投产，使宝塔石化走出石油加工的初级阶段，使之符合国家和石化行业的要求；第二步是谋发展，通过积极调整产业结构，实施沿江沿海靠近国门的战略布局，实现企业的健康持续发展；第三步是创伟业，通过主动对接国家石化产业政策和服务地方经济社会发展，让宝塔石化的事业成为利国利民、造福一方的伟业。

正是基于这个战略目标，在生存问题基本解决、从高管到员工都认为该歇歇脚时，孙珩超又把目光瞄向了远方。他邀请中央赴宁博士团专家、国内知名经济学者为集团总体发展战略"把脉号诊"。经过专家组的科学论证和认真探讨，最终确定了石油化工与煤化工并举，以产业链延伸为主线，以产能布局优化和成品技术升级为重点，实现可持续发展的战略思路，着力打造以油化工为主导，煤化工为基础，天然气化工为补充的现代化能源化工企业。

石油化工方面，宝塔石化在提高成品油、MTBE、丙烯、聚丙烯等产品质量的基础上，进一步着力完善和延伸产品上下游产业链，重点以汽油重整、油品加氢、延迟焦化、聚丙烯为主，向深度加工和高端产品延伸。按照"油头化尾"的循环经济产业链模式对宁夏基地现有炼化装置进行技改升级，实施上下游装置配套运行，同时，按照炼化一体化的工艺流程和设计思路，积极推进新疆奎山和广东珠海两个1000万吨级的石化加工基地的项目建设。

煤化工方面，宝塔石化在做好煤炭、天然气、矿石等资源储备的前提下，聘请国内煤化工领域权威专家，按照最先进的技术工艺，围绕煤热解联产清洁液体燃料、煤基PVC联产乙二醇、煤气化接制油联产烯烃三条产业链进行煤化工项目的规划建设。目前在宁东基地临河园循环经济示范区和新疆奎山基地的煤化工一体化项目正在有序推进。

石化行业作为资金和技术密集型的行业，要实现产品升级和产业链延伸，不仅需要大规模的资金投入，更离不开科技研发力量的有效支撑。宝塔石化在创业之初就意识到了科技兴企的重要性。在企业生存问题尚未有效解决时，孙珩超就不惜重金邀请石化专家并招募技术骨干，着力打造宝塔石化自己的科技团队。2003年6月，投资成立了宁夏宝塔石化集团设计院；2004年12月，成立了宁夏宝塔石化集团应用技术研究院。后来又相继成立了宁夏宝塔石化煤化工研究院、宁夏宝塔化工装备设计研究院和国家级煤化工检测重点实验室。目前，宝塔石化已拥有2个国家级重点实验室和1个省级企业技术中心、1个院士工作站、2个博士后科研工作站、1个煤化工研究院、1个装备制造设计研究院、1个石油化工机械轴承研究所，并已建成国家石油化工专家服务基地。2013年1月，宝塔石化又对旗下的科研单位进行整合，成立了宁夏宝塔石化科技实业发展有限公司，集中科研技术力量，开展技术研发和攻关，为企业跨越发展提供科技支撑。现有专业人员达 1400 人，其中技术人员 650 余人，具有高级技术职称人员 126 名，中级技术职称人员 183 名，相当一部分是国内石化行业知名的专家学者，形成了石油化工、煤化工、装备制造、环境保护等领域的科技人才和研究团队。

近年来，宝塔石化科技研发团队组织实施了一大批技术改造项目，在扩大产能、提高质量、节能降耗和环保治理等方面取得了显著效果，并先后为宁夏芦花基地、宁东基地、珠海基地、新疆基地数十套装置进行了设计、改造，出色完成了工程设计项目，为宝塔石化的超常规发展立下了汗马功劳。近年来，宝塔石化科技公司在科技研发、成果转化、技术引进方面突飞猛进，已取得专利 10 项，其中发明专利 1 项，实用新型 9 项，正在申请专利 9 项，全部为发明专利。最近两年的一组数据最能说明问题：2011 年，集团科技投入达 1.54 亿元，完成科技计划项目 64 项；2012 年，集团科技投入达 1.78 亿元，完成科技计划项目 54 项。

宝塔石化在不断提升科技研发水平支撑服务企业发展的同时，还积极推进科技成果输出。2013 年 6 月 8 日，由宝塔石化科技公司承揽设计、宝塔化工装备公司制造的首个涉外油田伴生气回收利用装置，满载 40 多辆卡车，发往哈萨克斯坦。这标志着宝塔石化集团的科技力量、研发能力和装备制造水平已经显著提升。

发展配套产业强化产业互补

随着宝塔石化项目建设逐年增多，需要采购大量的化工设备，每年还有大量的设备需要检修和维护。但是，宁夏乃至西北地区都没有上规模的化工设备制造单位，从外地采购既浪费资金又耽误时间，还容易影响建设工期。于是，宝塔石化决心建立自己的化工装备公司，以满足企业自身项目建设和发展需要。2007 年 6 月 6 日，宝塔石化收购已经破产的原银川拖拉机厂，投资近 3 亿元，重新组建成立了银川宝塔石油化工机械制造有限公司，开始从事石油化工装备、压力容器制造及大型石化设备检修等业务，对宝塔石化的主业形成了强有力的补充。

在化工装备制造项目上的成功实践，让宝塔石化尝到产业互补和多元并举的甜头。但由于受厂房、设备及加工设计资质的局限，初期只能加工制造小型的塔罐、容器，大型的化工设备还不具备生产条件，企业急需扩大规模。2009 年，恰逢银川市国家级经济技术开发区扩容，市委、市政府积极鼓励宝塔石化在装备制造区块筹建新厂。2009 年 4 月 19 日，宁夏宝塔化工装备制造公司在银川市国家级经济技术开发区奠基动工，历时一年半，一个占地 345 亩、拥有制造类专业标准厂房 2.35 万平方米、年加工能力 4 万吨的大型化工装备制造企业正式竣工投产。公司业务涉及石油化工、煤化工、压力容器制造与销售，成套化工装置开发、制造与销售，大型化工生产装置维、检修，装置设备安装工程，化工零部件委托加工，机械设备测绘与设计等领域，成为西北石油化工机械装备制造和安装检修服务的主流企业，为宁夏及周边化工基地建设进行配套服务，填补了西北地区化工机械装备制造业的空白。

随着企业快速发展和产能提升，宝塔石化的职工招聘需求急剧增长，技术人才、管理人才可以引进聘请，但一线职工和技能队伍的文化素质、业务素质却不是一时半会能解决的。职工的素质参差不齐，这成为困扰企业发展的突出问题。

大学教师出身的孙珩超有着浓厚的教育情结和学院情结。他一直设想，如果把企业挣到的钱拿来创办一所大学，再让办学培养出来的人在企业成为主力军，岂不是一举两得的好事？说干就干是孙珩超做事的风格。他多方奔走，到自治区、银川市政府申请批文，制定学校规划，到各地聘请教授，租用办学地点。1999 年 10 月，自治区人民政府、自治区教育厅、银川市政府相继发文，批准创办银川大学，宁夏唯一一所民办大学就这样正式挂牌诞生了。

银川大学创办之初，只有中专班，教学地点和办公地点是租用的一个两层旧楼，教师们没有星期天，宿舍、教室都是由老师和同学们一起打扫的，连宿舍里的高低床都由教师们安装，招生的条幅也由老师自己制作。

学校起初仅开设石化、文秘等专业和中专班、高职班，后来又租用了宁夏农学院的两栋楼，连办公带教学，还兼学生住宿。由于学校设施简陋还寄人篱下，当时还曾遭到了一些人的耻笑："这哪里是办大学，和要饭的差不多。"银川大学的创办人孙珩超却回答："路是人走出来的，困难一点，可怜一点，有什么，你们等着看吧！"他以银川大学校长的名义，向区内外一批知名专家和著名学者发出了邀请函，高薪聘请到银川大学任教或兼职教学。

2003 年，恰逢宁夏大学王太校区（原宁夏农学院）打算转让，宝塔石化抓住这个千载难逢的机遇，经过协商，最终出资 2700 万元取得了转让权。从此，银川大学有了自己固定的校址，学校占地面积 1200 亩，建筑面积 19.46 万平方米，开始走上正规办学和快速发展的轨道。2004 年，银川大学被教育部列入全国统一招生的普通高校序列，由此踏上了跨越式发展的新征程。在 2006 年、2007 年两年中，银川大学迎接了多次评估，结果全是优秀。2012 年 3 月 29 日，国家教育部正式批准银川大学（银川科技职业学院）升格为本科层次的银川能源学院。

经过 14 年的发展，银川大学现已形成以工科为主，文、管、法、农多学科协调发展的本科职业教育院校。学校总资产达 7.2 亿元，现有全日制在校生 10024 人，教职工 520 人，其中副教授以上教师 148 名，具有硕士、博士学历 95 名，外籍教师 6 名，专业带头人和中青年教学科研骨干 77 名。学校设有 11 系 3 部、37 个统招本科、专科专业和 56 个成人本科专业。专业设置以能源化工为特色，在为宝塔石化集团输送大量合格人才的同时，为宁夏自治区煤化工、石油化工和能源电力企业培养了大批实用型、技能型人才。14 年来，银川大学累计毕业学生达 1.5 万人，毕业生一次就业率连续 9 年保持在 95％以上，被国家教育部评为"全国毕业生就业典型经验高校"，两次被宁夏自治区政府评为"全区高校毕业生就业先进单位"。目前，银川大学正在朝着"校企合作、工学结合、产学研一体化"的方向稳步发展，按照新的办学理念和要求，配置教育资源、创新教育模式、发挥育人效益。

成效与启示

经过 16 年励精图治，不断改造、治理和发展，宝塔石化在民营炼化企业中占据了一席之地，在宁夏经济总量中也具有一定分量。如今宝塔石化已由名不见经传的小炼油厂成长为具有一定行业影响力的石化企业，被宁夏回族自治区政府列为重点扶持的石化企业。宝塔石化目前已形成以石油炼化产业为主，延伸煤化工、教育科研、资源开发、装备制造、生态旅游的产业格局，企业总资产达 250 亿元，员工 1.5 万人。2012 年，宝塔石化集团位列宁夏百强企业第 3 位（民企第 1 位），中国化工企业 500 强第 37 位，中国民营企业 500 强第 213 位。宝塔石化集团作为一家民营企业，在一无国家投入、二无原油资源的条件下，涉足垄断性极强的石油炼化行业，本身就具有很大的挑战性。在 16 年的发展过程中，宝塔石化不仅没有衰退，反而越做越强，从"小炼油"逐步发展到"大石化"，这充分体现出企业不断转变发展方式，顺应国家政策形势的结果。宝塔石化在转变发展方式上的典型性在于，企业能够通过发展战略的制定与实施，适应国家产业政策和行业要求，进而实现持续健康发展。

宁夏宝塔石化集团有限公司成功转型的主要启示是：

一是战略要有前瞻性。对于企业的成功，宝塔石化集团董事局主席孙珩超常说的一句话就是"我们选择了一个好行业"。宝塔石化抓住了国家在宁夏宁东基地规划建设能源化工基地的政策机遇，通过走可持续发展道路，在不断转变发展方式中，求得企业的生存和发展，顺应了国家的产业政策和形势。

二是战略要有系统性。当 20 世纪 90 年代小炼油遍地开花时，孙珩超敏锐地意识到，国家肯定要调整产业布局和整合资源配置。宝塔石化迅速作出"扩大生产规模，提高产品质量，加强环境治理，延伸产业链"的决定，在短时间内顺应和适应了国家产业政策的要求。

三是战略要有开放性。宝塔石化在创业之初就明确了"立足宁夏，面向全国，走出国门"的发展定位，公司积极实施"沿边沿海，靠近国门"

的战略布局，从陆路、海上、国外多渠道获取资源。与国内多家大型企业开展合作，广泛参股，多渠道经营；在省会城市开设分公司，在珠海、新疆建设炼油生产基地；走出国门，与哈萨克斯坦、哥伦比亚、俄罗斯、加纳等众多国外公司开展战略合作。

四是战略要有灵活性。宝塔石化集团具有民营企业特有的灵活优势。首先企业能适应不同发展阶段的需要，在体制机制改革方面调整优化，不断完善法人治理结构和现代企业制度；其次敢于逆势而上，在国际国内经济形势低迷时期，大胆决断，抢先涉足宁夏宁东能源化工基地、珠海高栏港经济区、新疆独山子经济开发区项目化工建设，积极获取资源，建设化工生产基地，在优化布局、提高产能和延伸产业链的同时，及时把握住了难得的发展机遇。

（推荐单位：宁夏回族自治区党委统战部）

专家点评

　　宝塔石化集团案例深刻总结了宝塔石化集团作为民营企业在国家产业政策不断调整的大背景下，以明确的指导思想作出战略选择的可贵经验，特别是阐明了宝塔石化集团的几个主要特色：一是顺应国家产业政策调整和转变生产方式的要求，不守旧，不观望，而是积极抓住机遇，主动调整结构，转变方式，加快升级。做到这一点，关键在于企业领导人的发展意识、战略眼光和决策能力。二是切实做到高度重视科技和人才，把科技的注入和人才的培养当作企业的生命，把具体措施落实到发展的各个环节上。三是充分发挥民营企业机制灵活的特点，转变单一产业的局限，适应市场，多元发展。

　　——宁夏大学原党委书记、校长，教授，博士生导师　陈育宁

企业家语录

　　★ 一定要给那些想干事的人一个机会，一定要给那些有创造力的年轻

人一个发展的空间。

★ 事情和流程都在变，时间和空间也在变，如果我们还是用老方法，老手段解决问题，不去接受新理念，转变思维方式和解决问题的办法，就会制约企业的发展，甚至会断送我们的事业。

★ 职工是立企之基，人才是强企之本。领导者对职工和人才不仅要关心到、问候到、保障到，而且要切实解决好他们的实际困难。

——宁夏宝塔石化集团有限公司董事长

太阳光芒暖高原

——云南省玉溪市太标太阳能设备有限公司案例

白云珠　何　平

案例摘要 //

云南省玉溪市太标太阳能设备有限公司（简称太标公司）创建于1996年，其前身是一家生产螺丝的小企业——太极山标准件厂。17年的发展，企业已从当年的参与市场竞争、捕捉市场热点的参与者，转变为引领行业发展、制造市场热点、推动行业升级与进步的领跑者。太阳能热水器生产从手工敲打的5万套生产线到30万套，再到100万套的自动化生产流水线，实现年产值近20亿元，税收1.5亿元。太标用自身一步步的发展，印证着云南太阳能产品制造业的坚实轨迹。通过技术创新、营销创新、服务创新，一个集太阳能热水器研发、制造、安装、销售、售后服务为一体，向规模化、产业化、高端化发展的太阳能集团全面形成。

引子：张永林看上了太阳能

云南省纬度低、海拔高，太阳辐照光热资源丰富。20世纪70年代中期，云南电子设备厂和昆明师范学院物理系的部分专家先后研制成功太阳能灶、太阳能浴室等产品。得天独厚的资源和气候，促成云南太阳能热利用技术从20世纪70年代起步后，就率先于全国大面积的普及推广。

20世纪70年代末期，在城乡建设的进程中，城乡居民对洗浴热水的需求增长迅猛，太阳能热水器已经成为提高人民生活质量的一种标志性产品。太极山标准件厂厂长张永林留心观察到，云南玉溪多家太阳能热水器企业的销售商都需排队拿货。他看准了太阳能具有的清洁、再生和安全等显著优势，决定把钱押在从未涉足过的产品上。凭借"太阳能是取之不尽，用之不竭的资源，太阳能产业可以做上几代人"的朴实想法，厂里40多名工人从车螺丝改行，敲起了保温箱。由于正值太阳能热水器发展的上升期，这个每天只有三四十台产量的手工作坊的产品供不应求，转行一次成功。

在提升品质、品牌中蓄积势能

公司刚入行时，云南只有20多家太阳能热水器生产厂家，市场需求的火暴始料未及，工厂每天都热火朝天忙生产，还是满足不了客户需求。有的客户为了提前拿到货，托人找关系，遇到大单更是忙得不可开交。然而，就在这样一种看似喜人的形势下，一场危机却悄悄地降临。

1999年，玉溪遇到前所未有的霜冻。太标生产的平板太阳能热水器许多部件都被冻坏。企业为此停产一个月，全员出动免费为客户更换冻坏的部件。在一台台热水器的部件更换中，工人们看到了平板太阳能的劣势，却苦于没有替代产品。用张永林的话说是："只顾低头制造，没有创新，更忽略了危机"，这一困境摆在了太标厂乃至整个云南太阳能热水器生产的厂家面前。

经过深刻的反思，太标公司转年就提出了"科技创新发展才是硬道理"的理念，以自主研发为主，以产、学、研及企业间技术合作等多种形式为辅，开始进行新技术、新工艺、新材料、新产品的研究与应用等多项科技创新活动。一方面，与云南师范大学太阳能研究所合作，在平板不耐冻、真空管技术又不太成熟的情况下，合作研发了模块式的产品，并不断进行更新换代，致力于如何提高热效率的研究。另一方面，太标还着手进行了研发团队的建设，每年的研发费用投入不低于销售额的4%。针对高端人才难以引进的现实，公司一是与大专院校合作，通过行业内多年研究的专家提升产品的研发水平；二是自主培养，引进人才，组建企业的研发队伍；三是不断掌握国内外太阳能热水器生产的最新动态，每一道工序都与新技术对接。每次研究遇到瓶颈，公司就邀请国内外专家进行技术攻关。

同时，公司严格按国家管理体系认证及云南省的质量奖要求，建立严格的质量管理体系，开展全员培训，做到每年有计划、每月有考试。虽然员工感到压力明显加大了，但大家高兴地说，自从有了培训，他们不但有了更多的素质提升机会，而且也从不断规范的管理中看到了公司未来发展的前景。

在太标上下以技术提升和质量管理为基础开发新产品的过程中，品质、品牌意识也逐步变得清晰。公司管理层提出："产品可以被竞争者模仿，品牌却是独一无二的。"按照这个理念，公司把经营品牌提到了企业发展规划中，为长远发展确立了一个重要的方向。

营销战略差异化——做家乡人民的太阳能产品

伴随产品品质、品牌提升和生产能力的提高，2002 年开始，太标启动了营销战略的布局。

对于资金、技术相对落后的太标，如何铸造出适合自身实际、带动企业加速发展的引擎？公司管理层的思路被两年前公司营销人员在少数民族地区推广的一个事例所触动。

2000 年，太标公司面向全省建立网点。在云南德宏州的一个少数民族地区，太标的销售人员把太阳能热水器摆放在了老百姓赶集的地方，打开水龙头邀请路过的群众洗手。当老百姓的手接触到热水，祖祖辈辈以柴火烧热水的他们得知只要把设备摆放在太阳下就会产生热水时，都惊奇万分。

云南是率先在全国进行大面积普及推广太阳能产品的省份。想到还有老百姓不知太阳能为何物，张永林说："作为云南的企业，何不把生产的方向对准云南，放在最基层的群众，这样既可扩大企业的销售面，又能让老百姓在提高生活品质的同时少砍柴，保护得天独厚的森林资源，既提高经济效益，又彰显企业的社会效益。"

公司的营销思路豁然开朗，把产品推广的重点放到乡镇，在致力于为基层老百姓的服务中打稳太标发展的根基。太标太阳能"做家乡人民的太阳能"的理念应运而生。随后几年，以品牌为支撑的服务网点不断向全省推开，2006 年全省 126 个县的网点全部建立为乡镇达到 700 多家、全省共1300 多家网点的建立打下了坚实的基础。

然而市场的风云总是多变的。2008 年，国际金融危机爆发，许多中小企业生产经营一度下滑。同时，2008 年 4 月 1 日，《节约能源法》正式实施，从法律层面明确提出"国家实行节约资源的基本国策，实施节约与开发并举"的战略。嗅到商机的企业又不断加入太阳能这一行业，太阳能产业产能过剩对太标的挑战更为严峻。

2008 年年底，太阳能产品纳入国家家电下乡政策，使太阳能企业迎来了一次扭转困局的机遇。能否被列入国家家电下乡产品，是太标是否能在挑战面前胜出的一次"大考"。云南 200 多家太阳能生产企业铆足了劲，势在必得。太标产品能否顺利通过这次考试，企业的生产、技术、销售、服务等重要环节都要经历史无前例的检验。

2009 年 4 月 24 日，备受关注的全国家电下乡产品项目终于迎来了开标！太阳能热水器产品项目的竞标企业数量创全国家电下乡投标之最，成为开标时间最长的项目。在云南 200 多家太阳能热水器生产企业中，太标凭借稳定的质量、可靠的产品、完善的销售网络体系和健全的售后服务体系，在家电下乡投标中脱颖而出，成为云南两家上榜企业之一，而太标公司是云南唯一一家全系列中标的品牌。这就是说，农村消费者购买太标太阳能会获得 13% 的政府补贴；同年 7 月份云南省出台相关政策，对 7 家省内太阳能企业进行补贴，太标又名列其中。这样，农村消费者购买太标太阳能会获得双重的补贴。对太标来说，这些重大利好机会千载难逢，不仅在太阳能企业遇到困境的形势下取得了极大的政策支持，而且也顺势做实了"做家乡人民的太阳能产品"的理念。

2009 年 8 月 11 日，太标公司首批 160 辆售后服务车开向云南的广大农村，为太阳能下乡提供全方位的服务。云南交通不方便，而家电下乡针对的是农村消费者，售后服务车的配发让太标经销商的销售、售后服务的范围和机动性得以质的飞跃，为太标迅速全面占领云南市场起到了关键作用。这一年，太标的销售收入比 2008 年增长了 1.5 倍。在启动家电下乡和售后服务车交接之际，张永林宣布，将在未来实施 1 万家太标 5S 店项目，1 万辆售后服务车配套，使太标产品辐射全国。

家电下乡撬动了广大农村太阳能产品需求，给老百姓带来了实惠的同时，也给太标带来了品牌推广效应。太标以提高品牌形象、优化产品结构、实施产品高端化策略为方向，积极实施品牌战略。加强行业及大众市场宣传，采取 5S 店和乡镇服务网点直销的方式，通过网络升级、店面升级、售后服务升级等方式建立完善的网络、渠道和服务体系。充分发挥太标科技的技术和研发优势，瞄准产业发展的中高端需求，增加中、高端产品的研发，以高品质的产品、合理的价格来赢得市场、赢得客户，不断扩大市场份额。期间公司成功打造的促销模式有"炒店"、"炒商"、"炒单"、"以旧换新"、"宣威模式"、"施甸模式"等，一场场促销活动引爆市场，产品销量爆炸式地节节攀升。在巨大的经济效益面前，张永林并未满足于"小富即安"，而是时刻保持着逆水行舟、时不我待的危机感。太标公司从家电下乡中获得的企业效益随着万家 5S 品牌店和万辆售后服务车项目的实施，再次投入到产品市场的开发和对经销商的支持中。在 2009 年公司财务报表的统计里，太标对经销商的支持和补贴超过了从国家获得的补贴。随着产品市场的不断开发，越来越多的老百姓认同了"家乡人民的太阳能"太标品牌。2009 年，根据全国家电下乡太阳能热水器产品企业销售情况统计数据显示，太标公司家电下乡产品销量名列全国热水器行业销售第四名，占据了云南 76% 以上的市场份额。2010 年到 2013 年，太标公司连续四年中标，中标型号数量位列全国前五甲。

引领太阳能产业高端化发展

有效的营销策略和国家有利政策的牵引，扭转了太阳能行业的困难局面，使云南的太阳能产业进入快速复苏期。但家电下乡政策到 2013 年就截止了，太阳能企业的综合实力、应变能力将面对更加严峻的考验，新一轮的洗牌和博弈即将上演。太标需要以一种全新的姿态迎接挑战。一个更高、更大、更强的蓝图，在公司进入发展快车道的 2010 年就摆在了太标人的面前——将太标太阳能打造成全国领先的太阳能企业，引领太阳能产品向高端化发展。

高端化的产业需要新的发展平台。太标占地面积 60 余亩的原址已难以容纳公司的再次嬗变。2010 年 4 月 10 日，太标公司启动了一个自身发展史上划时代的工程，在玉溪市研和工业园区，投资 7.5 亿元人民币建设占地 576 亩的太标工业园。工业园生产规模为年产 100 万套太阳能热水器及 2000 万支真空管，并设立制造中心、研发中心、营销中心、物流中心、节能旅游示范中心，满足研发、生产、销售、物流、观光示范旅游等需求。2011 年 7 月 3 日，对于太标公司来说注定具有里程碑的意义。在这一天，太标研和工业园区开始正式启用。该工业园区的启用使太标公司成为西南地区生产规模最大、技术走在前列的太阳能热水器制造企业，形成与建筑一体化相结合的壁挂式、阳台式、斜屋顶式太阳能热水器、空气源热泵等产品的产业格局，一举奠定了在西南太阳能行业发展的龙头地位。

高端装备和研发是高端制造的支撑。为满足产业升级、技术进步的要求，太标花巨资引进了大批国内乃至全球顶级的太阳能生产制造设备。拥有全球首条全自动精准灌注发泡生产线后，不仅保证热水器水箱保温层的高闭孔率，还令保温层达到每立方米 40 千克的"黄金密度"，使水箱保温效果达到最佳；采用窑炉熔炼面积达到 27 平方米的全国最大全电窑炉，实现了下料、配料、控温的全自动化，保证了真空管的高品质长寿命；国内目前最先进的八室真空连续镀膜生产线、全球最环保的排气生产线……确保太标产品的高品质，体现出了太标在实现太阳能企业高端化发展的远见卓识、宏伟战略和企业综合实力。太标还不断在产品研发方面关注未来潜力市场，寻找机会点。公司采取"内引外联，强强合作，优势互补"的模式与国内外各大专院校、科研院所如云南师范大学、云南大学、国家、省太阳能研究院所等单位建立了良好的技术协作关系。通过企业自主开发为主，以产、学、研及企业间技术合作等多种形式为辅的方式开展新技术、新工艺、新材料、新产品的研究与应用等多项科技创新活动，对加快企业科技成果转化，产品质量的提升起到积极作用。公司的发展不拘泥于当前的产品结构，而是通过研发中心的建立，紧密跟踪国内外市场需求动向和最新技术进展，不断拓展太阳能应用领域。致力于面向云南的太阳能产品研发和应用，相继开发出与建筑一体化相结合分体承压平板型阳台壁挂式太阳能热水器、高端整体发泡平板集热器、太阳能空气集热器等产品，申报专利 36 项，其中发明专利 4 项。太阳能空气集热器利用空气动力学原理，在国内首次采用双层多通道结构，选择性太阳能吸收层制备技术（整板磁控溅射），轴流风机和双层聚碳酸酯盖板作为元件进行创新性生产。该太阳能空气集热器在工农业预热干燥（卷烟企业、制药企业、野外作业企业和果园制干企业）、家庭供热采暖领域以及办公楼宇、学校等具有良好应用前景，目前已在红塔集团试点成功，该技术利用太阳能空气集热器进行仓储快速发酵，应用后将为云烟之乡的烤烟事业作出巨大贡献。针对云南高原地区的地板采暖项目已在云南多个地区推广应用，药材的干燥、蔬菜的脱水、光伏发电……太标的领域不断拓展。

产品高端化必然要求开拓新的市场。太标将走出云南，走进全国，走向世界作为发展的目标去追求。2010 年是太标公司迅速发展的一年，在半年内就新建立了 300 多个省外营销网点，开发了贵州、四川、广东、广西、湖南、湖北、江西、安徽八省，每个省均设立办事处。截至 2013 年年初，太标累计开发了 2000 多个销售网点，成功开辟省外市场。太标从毗邻云南、一年四季光照足、运用太阳能热水器潜力巨大的东盟国家入手，组建了东盟市场国际业务部，在缅甸、老挝、马来西亚、越南自建网络拓展市场，迈出"走出去"的步伐。2010 年 4 月 6 日，太标公司应邀参加老挝波乔省会晒市举行的国际商品交流展会，首次亮相于国际市场，产品就受到了关注。2011 年以来，太标公司共接待了来自东南亚各国、印度及南非等地的几十批国外客商，获得国外客商的一致好评。

成效与启示

太标公司从一家只有 40 多人的民营小企业，转型到环保节能的太阳能产业，历经了太阳能热水器从生产 30 套到 3 万套、5 万套、30 万套，直至

100万套，并且具备了生产2000万支真空管、10万套热泵、10万套不锈钢承压水箱，以及与建筑一体化相结合的壁挂式、阳台式、斜屋顶式太阳能热水器、空气源热泵等产品的能力，形成了完整的产业格局。

太标现已成为西部地区生产能力及规模最大、自动化水平最高、最先进的太阳能热水器生产基地，正式跻身全国太阳能领军品牌行列，实现完整的太阳能产业链。已全面通过 ISO9001：2008 国际质量管理体系认证、ISO14001：2004 国际环境管理体系认证，中国国家强制性产品3C认证，CE 欧盟认证，具有太阳能热水器安装、维修一级资质。此外，公司相继通过了环境管理体系认证、金太阳认证、职业健康管理体系认证，在规范化经营管理上不断迈出新步伐。

同时，太标以忠实履行企业责任、社会责任为己任，截至2013年上半年，累计推广太阳能约427.4万平方米，创出节能555.62万吨标准煤、减少二氧化碳排放近1453万吨、二氧化硫排放近4.615万吨、氮氧化物排放近4.1万吨的优良成绩，为绿色环保事业作出了积极贡献。

从螺丝厂转型为太阳能企业，从云南人民的太阳能到走出国门，太标从中获得的有益启示有：

转型升级，理念是前提。太标的主导产品是太阳能热水器，太阳能是资源潜力最大的可再生能源，是无形的、可持续利用的绿色资源宝库。结合产业特点，太标经营管理团队提出"行环保之事，利国计民生"的企业使命，在这个理念的引导下，太标公司专注于太阳能热水器行业，并不断研发创新，促使企业一步步走向成功。

转型升级，产业是关键。可以说，产业的选择对于转型是否成功起着关键性的作用。17年前，太标由一个生产螺丝的小厂转为太阳能产品的生产，看重的就是太阳能这一取之不竭用之不尽的资源，决定了他们"也许可以做上几代人"的企业发展目标。

转型升级，市场是核心。转型后如何寻找切合自身实际、加速发展的投放项目引擎，是企业转型成功的关键。太标的成功，就在于没有好高骛远的跟风，而是采取差异化的策略，利用云南得天独厚的气候资源，把企业发展的第一步植根于云南的广大乡村，服务于最基层的群众，取得了经济效益和社会效益的双丰收。否则，企业项目投放方向不准，再好的优势也无势可言。

转型升级，创新是基础。只有创新企业才能掌握主动权，不"受制于人"，只有创新企业的产品才会具有唯一性，处于领先地位，占据市场。而技术、人才、资本是创新的三大要素，太标正是紧紧围绕这三大要素，使企业在不断创新中处于西南地区领先的地位。

（推荐单位：云南省委统战部）

专家点评

　　清洁能源、独特技术和市场潜力，转变生产方向，提升产品质量，强化技术创新，深度营销和差异化营销，打造品牌，是成功转型和升级的较为典型的案例。该企业看准市场机遇，就地取材，果断地投资清洁、安全的太阳能热水器，转变生产方向；随着市场竞争加剧，提升产品技术和打造品牌就是唯一出路，该企业采取产学研联合，注重技术创新，不断改进产品性能和质量，强化差异化营销，开拓多层次市场，准确理解国家政策，不忘社会责任，服务广大消费者，实现了技术水平和利税的较大飞跃。产学研联合搞技术创新，开发差异化产品，开拓各层次市场，较为成功。根据市场变化适时调整策略，重视借用外力，强化技术创新，强化差异化市场营销，服务社会，对各类成长中的企业都有一定借鉴意义。

——云南财经大学教授委员会主席，经济研究院院长、教授　王学鸿

企业家语录

　　★ 产品可以被竞争者模仿，品牌却是独一无二的。太标坚持让利经销商，帮助经销商成功，以市场博取大势，以创新铸就品牌。

—— 云南省玉溪市太标太阳能设备有限公司董事长